Michael Krupp

Zionismus und Staat Israel

Ein geschichtlicher Abriß

Mit einem Geleitwort von Teddy Kollek

Gütersloher Verlagshaus
Gerd Mohn

Originalausgabe

Ein **NES AMMIM** Buch

Zum besseren Verständnis des Judentums und Israels

Die Deutsche Bibliothek – CIP-Einheitsaufnahme

Krupp, Michael:
Zionismus und Staat Israel: ein geschichtlicher Abriß /
Michael Krupp. Mit einem Geleitw. von Teddy Kollek. –
Orig.-Ausg., 3. durchges. und erw. Aufl. –
Gütersloh: Gütersloher Verl.-Haus Mohn, 1992
   (Gütersloher Taschenbücher Siebenstern; 791)
   (Ein Nes-Ammim-Buch)
   Früher als: Gütersloher Taschenbücher Siebenstern; 1070
   ISBN 3-579-00791-2
NE: 1. GT

ISBN 3-579-00791-2
3., durchgesehene und erweiterte Auflage (13.–15. Tsd.), 1992
© Gütersloher Verlagshaus Gerd Mohn, Gütersloh 1983
Umschlagentwurf: Dieter Rehder, Kelmis/Belgien,
unter Verwendung der Farbradierung »La Terre Promise«
von Hartmut R. Berlinicke, Wildeshausen
Satz: pagina GmbH, Tübingen
Druck und Bindung: Clausen & Bosse, Leck
Printed in Germany

Inhalt

Geleitwort

Zionismus ist wahrlich ein schillernder Begriff. Aber ungeachtet der internen politischen Differenzen, bleibt Zionismus schon 3000 Jahre seinem Ursprung treu. Damals wurde das von König David eroberte Zion zur Davidstadt und zu Jeru-salem, zur Stadt des Friedens. Der Begriff Zion erhielt neue geographische Dimensionen und konnte somit der Ideologie Zionismus ihren Namen geben. So wie das heutige Jerusalem aus dem damaligen Zion entsprungen ist, blieb der Zionismus immer mit Jerusalem verbunden.

Von allen politischen und internationalen Ideologien und »ismen«, wie der Faschismus, der Kommunismus, der Sozialismus, hat sich nur der Zionismus bewiesen, zwar mit großen Schwierigkeiten, aber dennoch. Der politische Zionismus der letzten hundert Jahre, wollte ein Obdach für die in der Diaspora lebenden Juden aufbauen. Mit großer Trauer erinnere ich mich unserer verzweifelten Versuche während der Nazizeit größere Zahlen von dem Tode geweihten europäischen Juden nach dem damaligen Palästina zu bringen. Mit großer Freude nehme ich heute teil bei der Aufnahme der Juden aus der Sowjetunion und Äthiopien, wenn auch dadurch der Aufgabenberg meiner Stadtverwaltung um etliches größer geworden ist.

Doch Jerusalem soll auch Stadt der Friedens sein und bleiben. Das seit 1967 vereinte Jerusalem soll nicht ein Hindernis, sondern Beispiel für Gleichberechtigung, Toleranz und Demokratie werden. Das vereinte Jerusalem behandelt alle seine Einwohner gleichberechtigt, ob Israelis oder Palästinenser, ob Juden, Moslems oder Christen und hofft so zur Brücke des gegenseitigen Verständnis und gemeinsamer Zusammenarbeit zu werden.

Ich habe eine Theorie, die ich noch nicht bewiesen habe, aber ich glaube an sie und sehe in ihr ein Symbol: Wenn die Bürger Jerusalems, Juden und Araber, sich im Schatten der Bäume, die an den Straßenrändern wachsen, bewegen, vor Hitze und brennender Sonne geschützt – werden sie nicht so erbost sein, weniger hassen und sich nicht so oft ärgern. Das Problem ist bloß, daß die Bäume langsam wachsen. Sie nehmen keine Rücksicht auf die Politik. Es gibt schon ein bißchen Schatten in der Stadt, und ich glaube, daß der Haß und die Leidenschaft abgenommen haben. Aber das ist ein langwieriger Vorgang, der viel Geduld erfordert. Darüberhinaus muß man natürlich vieles auf dem Gebiet der Erziehung, sowie auf dem kulturellen und zozialen Sektor verändern, um unser Ziel, ein verhältnismäßig ruhiges Jerusalem, zu erreichen.

Teddy Kollek, Bürgermeister von Jerusalem

Aus dem Geleitwort
zur ersten und zweiten Auflage

In der Kritik der Politik der israelischen Regierung wird das Hauptübel im Nahen Osten meistens übersehen, nämlich die Ablehnung der arabischen Welt, den Judenstaat in ihrer Mitte zu akzeptieren und mit ihm friedliche Beziehungen aufzunehmen, damit also dem Beispiel des ägyptischen Präsidenten Sadat zu folgen. Alle kriegerischen Auseinandersetzungen um Israel seit 1948, aber auch die Abhängigkeit Israels von der Unterstützung durch die USA, die mangelnde Bereitschaft großer Teile der israelischen Bevölkerung, die Lebensrechte der Palästinenser anzuerkennen, und alle Fehlentscheidungen israelischer Regierungen sind Folgen dieses Hauptübels und nicht etwa Wesenserscheinungen des Zionismus. Man kann im Interesse der Zukunft Israels nur hoffen, daß die jetzigen Anzeichen für eine Gesinnungsänderung im arabischen Lager sich verstärken und auf eine israelische Politik stoßen, der die Gesinnung des Friedens wichtiger ist als die Besiedlung der besetzten Gebiete.

Für uns Nichtjuden und besonders für uns in Deutschland bringt das jetzt wieder zunehmende Unverständnis für die Bedrängtheit Israels und für Ursprung und Wesen des Zionismus die besondere Gefahr mit sich, daß - auch zu unserem eigenen Schaden - das alte Gift des Antisemitismus sich wieder auszubreiten beginnt. Zu viele Deutsche meinen, durch Fehlverhalten der Israelis seien wir Deutsche nun entlastet von der moralischen Hypothek, die durch die im deutschen Namen begangene Judenvernichtung auf uns liegt; oft werden die Kriegsopfer im Libanon gleichgesetzt mit den Opfern der Nazis, oft wird die gegen uns sich richtende Anklage umgedreht in eine Anklage gegen Israel. Die Ungerechtigkeit, die darin liegt, ist ein Indiz für den antisemitischen Untergrund, der wieder hoch kommt. Bei jedem anderen Staat wird zwischen Regierung und Volk unterschieden. Bei keinem anderen Staat wird wegen Fehlhandlungen der Regierung das Existenzrecht des Staates in Frage gestellt. Keinem Volk wird das

Streben nach eigener Staatlichkeit als Rassismus ausgelegt. Wo jüdisches Unrecht größer gemalt wird und mit strengeren Maßstäben gemessen wird als Unrecht anderswo, wo die bewundernswerte Tatsache, daß trotz des äußeren Drucks die Demokratie in Israel bisher in Takt blieb und sich in Massendemonstrationen gegen die Politik der eigenen Regierung äußert, ignoriert wird, da regt sich Antisemitismus in moralischer Tarnung.

In Wirklichkeit ist auch die tatsächlich problematische Politik der israelischen Regierung immer noch eine Folge dessen, was Jahrhunderte lang und erst recht in unserem Jahrhundert den Juden von Christen und Deutschen angetan worden ist. Immer noch stehen die Juden unter der Erfahrung der Verfolgung, die sie so lange erlitten haben und deren Wiederholung da und dort noch nicht ausgeschlossen ist. Unvergessen ist ihnen die Erfahrung, wie die übrige Welt sie untätig ihren Todfeinden überlassen hat. Es bedarf vieler neuer Erfahrungen der Solidarität von unserer Seite, bis diese langen Erfahrungen nicht mehr ihr Verhalten und ihre Sicherheitspolitik bestimmen. Recht zur Kritik an israelischer Politik hat deshalb nur der, der solche Solidarität tätig beweist und der in seinem Bereich, also bei uns, alles Regierungsunrecht, alle Entdemokratisierung, allen militaristischen und rassistischen Geist in seinen verschiedenen Formen, allen alten und neuen Nazismus und jede Spur von Antisemitismus entschlossen und wachsam bekämpft.

Das trübe Kapitel der Judenfeindschaft und des Unverständnisses für Judentum und Zionismus samt allen Folgen, die das hat, ist noch lange nicht abgeschlossen. Deshalb möge dieses Buch, dessen Verfasser als Christ und als Deutscher seit Jahren in Israel lebt, in tätiger Solidarität mit den dortigen Menschen, gerade heute zu einem besseren Verständnis für Judentum und Israel beitragen.

Helmut Gollwitzer

Vorwort

Die zionistische Idee ist in einer Spätphase anderer nationaler Wiedergeburtsträume entstanden, in einer Zeit von Jugendbewegungen, Weltverbesserungsutopien und der Hoffnung auf einen unaufhaltsamen Fortschritt der Menschheitsgeschichte. Zwei Weltkriege haben einen Trümmerhaufen dieser Ideen und Ideale zurückgelassen.

Was ist aus dem zionistischen Traum geworden? Der Jude und Marxist *Ernst Bloch* hat eine einfache Antwort:

> »Doch all das (aller enthusiastischer Aufbauwille) hat nur befördert, daß der Staat Israel, durch die Flucht vor dem Faschismus bevölkert, selbst ein faschistischer geworden ist... Ein Ende des Tunnels ist in Sicht, gewiß nicht von Palästina her, aber von Moskau; – ubi Lenin, ibi Jerusalem... Hic Rhodus, hic salta! *Überall* ist Zion nach der Intention der Propheten, und der Lokalberg in Palästina ist längst ein Symbol geworden.«

Das hatte Bloch noch in seiner Wahlheimat DDR gesagt. Eine typische Antwort für viele nichtzionistische Juden.

Aber auch zionistische Antworten dürften recht verschieden ausfallen. Die einzelnen Zionisten verfolgten ganz unterschiedliche Ziele. *Pinsker* und *Herzl* hatten einen Judenstaat geplant, gleichberechtigt unter den Nationen und assimiliert an sie; *Achad Haam* ein geistiges, die Judenschaft in aller Welt erneuerndes Zentrum; *Martin Buber* das Reich Zion, das in die Welt ausstrahlen, sie verwandeln und den Anbruch der Königsherrschaft Gottes herbeiführen soll.

Die nationalen Vorstellungen von Pinsker und Herzl sind am ehesten Wirklichkeit geworden. Es gibt heute den ›Judenstaat‹. Zu Anfang dieses Jahrhunderts hatte es noch nicht danach ausgesehen. Palästina war ein verwahrlostes arabisches Land. Weniger als ein Prozent des Judentums lebte dort und stellte keine zehn Prozent der Gesamtbevölkerung. Das Judentum galt als dekadent, nur auf einige Berufe hin spezialisiert, nicht in der Lage, ein Staatsvolk zu sein, ein Volk ohne gemeinsame Sprache, in alle Weltteile zerstreut, ein Volk vor dem natürlichen Untergang, von aller Welt angefeindet.

Fünfzig Jahre danach hatte dieses Volk nicht nur den größten Angriff auf seine Existenz überlebt: Ein Volk der Antike war in die Geschichte, in die Gemeinschaft der Staaten zurückgekehrt, ein Volk wie alle Völker, mit einer Regierung, einem Parlament, einer Polizei, Schulen und Krankenhäusern, einem Heer. Israel war eine Realität geworden, für einen jungen im Land geborenen Israeli so real wie Amerika für einen jungen Amerikaner.

Im Unabhängigkeitskrieg errang der junge Staat die Sympathien der fortschrittlichen Welt. Gegen eine überwältigende Übermacht hatte sich der Kleinstaat Israel behaupten können. Die Sowjetunion war die erste Großmacht, die den neuen Staat diplomatisch anerkannte. Wenn sich auch bald das politische Rollenspiel vertauschte, galt bis in die Mitte der sechziger Jahre Israel als ein Staat, der um sein Leben zu kämpfen hatte, der ein integrierter Teil der Dritten Welt war und für Fortschritt und Bekämpfung von Hunger und Armut eintrat. Dies wandelte sich schlagartig 1967, als Israel im ›Sechstagekrieg‹ gegenüber Ägypten, Jordanien und Syrien siegreich blieb und große Gebiete dieser Länder besetzte. Israel wurde bald als Besatzungsmacht der Unterdrückung des palästinensischen Volkes bezichtigt. Die Bezeichnung Zionismus galt als Schimpfwort und gleichbedeutend mit Rassismus und Imperialismus. Der Libanonkrieg brachte eine Steigerung dieser Anfeindungen. Die harte Bekämpfung des Aufstands der Palästinenser durch israelisches Militär haben diesen antiisraelischen Trend nur verstärkt.

Es wird schwer möglich sein, das, was heute in Israel geschieht, zu verstehen, ohne die Vorgeschichte des Staates Israel zu kennen, jene siebzig Jahre von den ersten zionistischen Siedlungen in Palästina und vom ersten Zionistenkongreß 1897 in Basel bis zur Staatsgründung 1948. Ebenso hilfreich ist die Kenntnis der Geschichte der ersten vierzig Jahre dieses Staates, seiner politischen Strömungen, Richtungskämpfe und Machtwechsel.

Zionismus ist ein schillernder Begriff. Es hat nie *den* Zionismus gegeben. Die Geschichte des Zionismus hat immer einen Wettstreit innerhalb der Bewegung um das wahre Ideal des Zionismus gekannt. Dabei gingen die Meinungen weit auseinander. Der Kampf um die eigentliche Bedeutung des Zionismus wurde mit aller Härte geführt und ist auch heute nicht zu Ende. Es gibt unter den Führern des Staates Israel ganz verschiedene Vorstellungen über seine Verwirklichung. Das Buch versucht, dem Leser Material an die Hand zu geben, sich in der Auseinandersetzung besser zurechtzufinden.

Die dritte Auflage ist gegenüber der zweiten Auflage wieder beträchtlich verändert worden. Manches wurde gekürzt, so besonders die Vorgeschichte des Zionismus, die demnächst separat in einem besonderen Buch erscheinen wird. Neue Dokumente sind aus den Archiven zur Veröffentlichung gekommen, so daß Teile des Buches umgeschrieben werden mußten. Selbstverständlich ist die zusätzliche Zeitspanne, die seit der 2. Auflage verstrichen ist, behandelt worden.

Das Buch ist inzwischen zu einem Standardwerk für jeden geworden, der gut, schnell und zuverlässig über Vorgeschichte und Werden des jüdischen Staates informiert werden will, ohne dabei durch allzu wissenschaftliches Detail den Überblick zu erschweren. Möge die Neuauflage dazu behilflich sein, Vorurteile abzubauen und dazu verhelfen, angesichts der häufig sensationellen Berichterstattung über die Vorgänge in dieser unruhigen Region die Zusammenhänge mit sachlicheren Augen zu sehen und zu verstehen.

Bei der Herstellung des Buches waren mir wieder viele Freunde behilflich; bei der Durchsicht und mit vielen kritischen Anmerkungen: Stefan Voss, Andreas Wagner, Daniele und Hella Krupp und besonders Astrid Fiehland van der Vegt; beim Computersatz Frau und Herr Ott, Herr Reiner und die Firma Pagina. Allen sei herzlich gedankt, ebenso dem Verlag für die Neuauflage.

Jerusalem, im Herbst 1991 *Michael Krupp*

1. Die Vorgeschichte

Die religiöse Zionssehnsucht

Wenn auch der Zionismus eine von jenen nationalen Bestrebungen war, die Ende des 19. Jahrhunderts vielerorts aus dem Boden schossen, so gehen doch seine Wurzeln weit in die Vergangenheit, ja, bis in die Antike zurück und sprengen auch das, was man gemeinhin als Nationalismus bezeichnet. Dies zeigt schon die Wahl des Namens 'Zionismus', eines religiösen Begriffs, für die nationale Bewegung des Judentums zur Wiedererrichtung einer nationalen Heimstätte. Der Begriff 'Zionismus' wurde allerdings erst spät geprägt, nachdem die Sache, die er bezeichnete, längst da war. Er taucht zum ersten Mal in einer Schrift 'Die nationale Wiedergeburt' von Nathan Birnbaum auf. Auch andere nationale Bewegungen haben religiöse Wurzeln, aber nirgendswo ist das Bindeglied zwischen einem Volk, einer Religion und einem Land so eng gewesen wie im Judentum und seiner Rückkehrbewegung nach Palästina, oder wie Juden sagen, ins 'Land Israel'. Der Name 'Palästina' ist die gehässige Bezeichnung der Feinde Israels für ein Land, das sie ihm in einer verheerenden Niederlage abgenommen hatten. 'Palästina', 'Philisterland' nannten es die Römer nach Zerstörung des Tempels, als ob es hier schon keine Juden mehr gäbe. Zwar war den Juden Jerusalem seit dem verlorenen Bar-Kochba-Krieg im Jahr 135 n.Chr. verboten, die jüdische Bevölkerung stellte aber noch einen beachtlichen Teil der Bevölkerung im Lande Israel. Die Juden lebten in den Bergen Hebrons, in der Küstenebene zwischen Gaza und Haifa, dem historischen Philisterland, und besonders in Galiläa und im Golan, wo sie es immerhin, wie es die wiederaufgefundenen, wunderschön ausgeschmückten Synagogenreste beweisen, zu einem bescheidenen Wohlstand gebracht hatten.
Aber die Existenz Israels im Lande Israel war gefährdet. Nachdem die christliche Kirche Staatskirche geworden war, hatte sich die Lage der Juden in Palästina erheblich verschlechtert. Das Judentum wurde zur ›gottlosen Sekte‹ er-

klärt. Die christliche Gewaltherrschaft bedrängte in erster Linie die Rabbinen. Immer mehr von ihnen wanderten nach Babylonien aus. In dieser Bedrängnis wurden die talmudischen Grundsätze zum Wohnen im Land formuliert, die sich durch den ganzen Talmud ziehen. Dort heißt es unter anderem:

»Man wohne stets im Land Israel, selbst in einer Stadt, die in der Mehrzahl aus Heiden besteht, und wohne nicht außerhalb des Landes, selbst nicht in einer Stadt, die in der Mehrzahl aus Israeliten besteht. Wer nämlich im Lande Israel wohnt, dem ist es so, als habe er einen Gott, und wer außerhalb des Landes wohnt, dem ist es so, als habe er keinen Gott... Wer im Land Israel wohnt, ist ohne Sünde... Wer nur vier Ellen im Lande Israel wandert, ist dessen sicher, daß er der zukünftigen Welt teilhaftig wird; selbst eine Sklavin im Land Israel ist dessen sicher« (Talmud Ketubbot 111a).

Je größer die Bedrückung der Juden in Palästina wurde, je mehr Juden dieses ihr Land verlassen mußten, um so stärker wurde die Sehnsucht nach Rückkehr. Im Achtzehnbittengebet, dem jüdischen Hauptgebet, beten Juden dreimal täglich:

»Stoße in das große Horn zu unserer Befreiung, erhebe das Panier, unsere Verbannten zu sammeln, und bringe uns zusammen von den vier Enden der Erde. Gelobt seist du, Gott, der du die Verstoßenen deines Volkes sammelst!
Nach deiner Stadt Jerusalem kehre in Erbarmen zurück, wohne in ihr, errichte sie bald in unseren Tagen als ewigen Bau, und Davids Thron gründe schnell in ihr. Gelobt seist du, Gott, der du Jerusalem erbaust!
Unsere Augen mögen schauen, wenn du nach Zion zurückkehrst in Erbarmen. Gelobt seist du, Gott, der seine Gegenwart nach Zion zurückbringt!«

Und nach jedem Passahfest rufen die Scheidenden sich zu:

»Nächstes Jahr in Jerusalem!«

Mit der Vertreibung der Christen durch die Moslems verbesserte sich die Situation der Juden im Lande. Durch den wirtschaftlichen Niedergang des Landes durch Mißwirtschaft und arabische Brüderkriege sank aber auch die jüdische Bevölkerungszahl im Land Israel.

Mit den Kreuzzügen traf die Juden Palästinas wie überall dort, wohin die Kreuzfahrerheere gelangten, ein furchtbares Schicksal. In Jerusalem und anderen Zentren der Kreuzfahrer wurden die Juden lebendigen Leibes in ihren Synagogen verbrannt. Die Zahl der Juden sank auf den niedrigsten Stand der Geschichte der Juden im Land Israel. Knapp 1000 Familien überlebten die Kreuzfahrerherrschaft.

Nach der Befreiung des Landes setzte ein neuer jüdischer Einwandererstrom aus dem bedrängten Europa ein. Im Jahr 1211 zogen dreihundert Rabbiner und Gelehrte aus Frankreich und England nach Palästina, um damit gegen die Unterdrückung in ihren Gastländern zu protestieren. Eine andere Gruppe nannte sich die ›Trauernden um Zion‹; über sie schrieb *Benjamin von Tudela*:

»Sie aßen kein Brot und tranken keinen Wein. Sie waren mit schwarzen Gewändern bekleidet und lebten in Höhlen. Sie fasteten ihr ganzes Leben mit Ausnahme des Sabbats und der Festtage und beteten unaufhörlich für die Rückkehr der Verbannten Israels.«

Am Ende des 13. Jahrhunderts begab sich *Rabbi Meir von Rothenburg* mit einem Auswanderertrupp aus Deutschland auf die Reise ins Gelobte Land, unterwegs aber wurde er von König Rudolf von Habsburg festgenommen und blieb bis zu seinem Tode in Haft, weil Rabbi Meir nicht duldete, daß die jüdischen Gemeinden Lösegeld für ihn zahlten.

Auch in *Spanien* nahmen die Verfolgungen zu. Im Jahr 1267 ging *Rabbi Mosche ben Nachman* von dort nach Palästina und brachte hierher die *Kabbala*, eine mystische Strömung des Judentums, die als Reaktion auf die vernünftig logische Religion – gerade eines *Maimonides* – entstanden war. Die Kabbala fand in Galiläa ein neues Zentrum und bestimmte für die nächsten Jahrhunderte die Einwanderung nach Palästina, indem sie durch ihre Lehre, die dem Land eine erlösende Funktion zuschreibt, messianische Bewegungen hervorrief. Durch die Kabbala wurde Israel wieder zum geistigen Mittelpunkt der weitverstreuten Judenheit.

Allen messianischen Bewegungen im Judentum ist der Gedanke gemeinsam, daß der Messias das weit zerstreute Volk gegen alle Widerstände der Feinde zurückbringen und Gott dann seine Königsherrschaft für ewig antreten wird. Im *Buch Sohar* faßt die Kabbala ihre Lehre zusammen: Die *Schechina*, die göttliche Einwohnung, ist die himmlische Entsprechung von Volk und Land Israel; Volk und Land gehören daher aufs engste zusammen. Was dem einen begegnet, das wirkt sich auf das andere aus. Als Israel sein Land verlassen mußte, wurde dieses zur Wüste. Indem Volk und Land auseinandergerissen wurden, spaltete sich auch die göttliche Einwohnung. Da aber Israel Mitte und Ziel der Weltgeschichte ist, ist auch die Welt zerrissen; erlöst wird sie erst durch die wiedererlangte Einheit von Volk und Land Israel. Dann vereinigt sich auch Gott wieder mit seiner Entsprechung, der göttlichen Einwohnung.

Im Jahr 1517 kam Palästina für die nächsten vierhundert Jahre unter osmanische Herrschaft. Die Türkei war schon bisher Auffangland für die aus Europa flüchtenden Juden geworden; so entstanden jetzt auch in Palästina günstigere Bedingungen für eine jüdische Ansiedlung, wenn das Osmanische Reich auch eine Massenansiedlung niemals zuließ. Doch ruhte die Hoffnung, in Palästina einen eigenen Staat aufzurichten, seit dieser Zeit nicht mehr.

Josef Nassi war der erste, der an die Verwirklichung dieses Gedankens ging. Als Sohn einer im Jahr 1492 aus Spanien vertriebenen Familie richtete er an die venezianische Republik das Ansinnen, ihm eine der unter der Verwaltung Venedigs befindlichen Inseln zu überlassen, um dort Juden ansiedeln zu können. Als diese Pläne scheiterten, trat er in türkische Dienste, wurde 1566 *Herzog von Naxos* und erhielt vom Sultan als Geschenk für seine Verdienste die Ruinen von Tiberias am See Genezareth und sechs anliegende Dörfer. Josef Nassi baute Tiberias wieder auf, pflanzte Bäume und plante, hier Juden anzusiedeln und einen Judenstaat zu gründen. Seine Pläne scheiterten allerdings am Widerstand der Araber.

In dieser Zeit glaubten sich viele Juden schon nah am Ziel. Der jüdische Abenteurer *David Reubeni* brachte um das Jahr 1530 mit seiner Behauptung, über ein nubisches Heer zur Eroberung Palästinas zu verfügen, die europäische Judenschaft in beträchtliche Aufregung und konferierte über seine Pläne mit Papst und Fürsten. Von ihm angesteckt, trat *Shlomo Molcho* in Italien auf und verhieß den Messias für das Jahr 1540. *Jizchak Lurja* aus Palästina weissagte das Auftreten des Messias für das Jahr 1564; sein Schüler *Vital Calabrese* glaubte, daß sich in seiner Person diese Prophezeiung verwirkliche. *Rabbi Josef Karo* verfaßte in Safed 1567 den *Schulchan Aruch*, eine Auslegung der Gebote, die für das gesamte europäische Judentum verbindlich wurde, weil sie in Palästina geschrieben war. In Galiläa erklärte Karo:

»Nach nahezu fünfzehnhundert Jahren Exil und Verfolgung hat Gott sich wieder seines Volkes und seines Bundes mit ihren Vätern erinnert und brachte sie zurück aus ihrer Gefangenschaft, einen aus einer Stadt und zwei aus einer Familie, aus allen Enden der Welt zum Lande des Ruhmes.«

Im Jahr 1621 wanderte *Rabbi Jesaja Horowitz* von Prag ins Gelobte Land.

»Jeder Mann von Israel«, so schrieb er, »muß das Land Israel umarmen, zu ihm wandern und von den entferntesten Teilen der Welt, getrieben von der Liebe seines Sohnes zu seiner Mutter. Es ist recht, daß die, die außerhalb Palästinas wohnen, nah oder fern, sich danach sehnen, das Land zu erreichen; denn so, wie der Allmächtige sein Volk erwählt hat, so hat er auch sein Land erwählt. Israel kann nur als ein Volk betrachtet werden, wenn es in ihm wohnt.«

Das 17. Jahrhundert wurde das klassische Jahrhundert messianischer Schwärmerei. Für das Jahr 1666 hatten christliche Phantasten in England die Rückkehr Israels nach Palästina verheißen; dort würde sich ganz Israel zu Jesus Christus bekehren. Der Gedanke der Rückkehr hatte auch bei Juden offene Ohren gefunden. *Sabbatai Zwi* (1626 – 1676) hielt sich für den erwarteten Messias. Er versetzte wie kein anderer die gesamte jüdische Welt vom Jemen bis zur Türkei, von England bis zu den Marranen in Spanien, in Unruhe. Mit ›gepackten Koffern‹ warteten viele Juden auf den Aufbruchbefehl nach Palästina. Auch gebildete christliche und jüdische Denker, so der Philosoph *Baruch Spinoza*, glaubten an eine baldige Heimkehr des jüdischen Volkes. Die Türken erkannten die Gefahr, verhafteten Sabbatai Zwi und zwangen ihn zum Übertritt zum Islam. Viele Anhänger ließen sich dadurch nicht beirren, der Messias müsse erst bis zur letzten Tiefe hinabsteigen und verborgen bleiben, bis sich seine Pracht offenbare. So hielten sich Reste des *Sabbatianismus* in der Türkei bis in die Gegenwart und wurden zur Wurzel neuer messianischer Bewegungen.

Als Gegenbewegung zum Sabbatianismus ebenso wie zur Orthodoxie förderte der Chassidismus die Auswanderungsbewegung nach Palästina in großartiger Weise. Auch für die Chassidim war die Rückkehr nach Palästina der Anfang der Erlösung.

Im Jahr 1777 wanderten dreihundert Chassidim nach Safed, wo *Rabbi Mendel* aus Witebsk anerkanntes Haupt der chas-

sidischen Bewegung wurde. In den nächsten Jahren folgten
Tausende von Chassidim.

Als Sechsundzwanzigjähriger machte sich *Rabbi Nachman von Brazlaw* auf die Pilgerschaft nach Palästina. Die großen Schwierigkeiten, denen er auf seiner Wanderschaft begegnete, legte er symbolisch aus. Die Leiden, die er erlebte, seien die Leiden des Landes. So trat er schließlich in Konstantinopel als Narr auf. Nach der Rückkehr gab er vor, verwandelt zu sein.

»Ich habe«, erklärte er, »die Erfüllung der ganzen Thora erlangt, und hätte man mich sogar an die Ismaeliten in ferne Länder verkauft, wo es keine Juden gibt, und hätte man mich dort Vieh weiden lassen und sogar, wenn ich nicht mehr gewußt hätte, wann Sabbat und Festtage sind, und hätte weder Gebetsmantel noch Gebetsriemen mehr gehabt und kein Gebot mehr mir zuhanden, ich hätte doch die ganze Thora zu erfüllen vermocht.«

Anfänge im Westen

Das christliche England hatte schon seit Beginn der Neuzeit für die nationalen Belange des jüdischen Volkes großes Interesse gezeigt. So war es nicht verwunderlich, daß ausgerechnet hier die erste Anregung zur Errichtung eines jüdischen Staates in Palästina erfolgte. 1838 erschien im *Globe*, dem Blatt des englischen Außenministeriums, ein Artikel, der die Ansiedlung von Juden in Palästina erwog. Dieser Plan kam nicht von ungefähr. Im Jahr 1833 hatte *Mehemed Ali*, Vizekönig von Ägypten, einen Aufstand in Syrien und Palästina, die damals eine politische Einheit bildeten, unternommen und das von ihm beherrschte Gebiet von der Türkei abgetrennt. Die Möglichkeiten für ein englisches Eingreifen schienen im Zeitalter des Imperialismus gegeben. Englische Regierungskreise sprachen sich für eine Neutralisierung dieser Gebiete aus, um hier eine jüdische Ansiedlung zu ermöglichen. Zahlreiche Pfarrer der englischen Hofkirche unterstützten diesen Plan. Auch der bekannte Staatsmann *Disraeli*, ein getaufter Jude, trat offen dafür ein. Die Gesichtspunkte dafür waren durchaus realpolitischer Art. England dachte damals bereits an den Zerfall des türkischen Großreiches und wollte die Verteilung dieser Gebiete, die als Verbindungswege nach Indien von großer politischen Bedeutung waren, möglichst so regeln, daß die europäischen Großmächte davon ferngehalten würden. In einem jüdischen Gemeinwesen, das mit englischer Hilfe errichtet werden sollte, sah man einen guten Bundesgenossen. Außerdem traute man den Arabern eine Kultivierung des völlig verwahrlosten und versteppten Landes nicht zu.

Da brach im Jahr 1840 in Ägypten und Palästina eine Revolution gegen Mehemed Ali aus. In der Folge davon und auf Grund eines angeblichen Ritualmordes an einem christlichen Priester kam es zu antijüdischen Pogromen in Damaskus. Mehrere hundert Juden wurden zu Tode gefoltert und erschlagen. Diese Vorfälle erregten in Europa, gerade auch in England, erhebliches Aufsehen. Der jüdische Philanthrop *Sir Moses Montefiore* begab sich mit dem Franzosen *Adolphe Cremieux* nach Damaskus. Hier verhüteten sie weitere Pogrome und ein Übergreifen auf die Türkei. Auch die englische Regierung griff ein und ließ Truppen in Syrien landen. Beim Einmarsch in Damaskus erklärte ein Oberst *Churchill* in einer Rede:

»Möge Israels Befreiungsstunde nah sein. Möge die jüdische Nation noch einmal unter den Mächten der Welt ihren Rang und ihre Stellung einnehmen. Die Nachkommen der Makkabäer werden sich ihrer Vorfahren würdig erweisen.«

Als die Engländer dann aber zur Stärkung des Osmanischen Reichs Syrien an dieses zurückgaben, schienen die hohen Erwartungen auf Gründung eines Judenstaates zerbrochen.

Der Gedanke, einmal entfacht, sollte aber nicht mehr verlöschen. Moses Montefiore (1784 – 1885) setzte sich besonders dafür ein. Er besuchte siebenmal in seinem über hundertjährigen Leben Palästina. Sein Ziel war vor allen Dingen, die Lebensverhältnisse der orientalischen Juden in Palästina zu bessern. Im Jahr 1857 gründete er vor den Mauern der Jerusalemer Altstadt die erste, nach ihrem Stifter benannte jüdische Siedlung, Jemin Moshe, die aber erst später bezogen wurde, weil die Widerstände jüdischer orthodoxer Kreise innerhalb der Stadt selbst noch zu stark waren und man Angst hatte, die schützenden Mauern der Altstadt zu verlassen.

In der Schweiz trat *Henri Dunant*, der Gründer des Roten Kreuzes, für die Rückkehr der Juden nach Palästina ein. Auch in Frankreich bildete sich ein Kreis jüdischer aufgeklärter Akademiker, der sich mit der Rückkehridee beschäftigte. Sie gründeten unter der Leitung von Adolphe Cremieux im Jahr 1860 die Gesellschaft *Alliance Israélite Universelle*, die einen ersten Zusammenschluß internationalen Judentums darstellte und in ihren ersten Jahren für die Ansiedlung von Juden in Palästina eintrat.

2. Vorläufer

Moses Hess

Eine der ersten Führungsgestalten des modernen Zionismus war *Moses Hess* (1812 – 1875). Er war Wegbereiter und dann Wegbegleiter von *Karl Marx*, trennte sich aber bald von ihm. Im Gegensatz zu Marx blieb Hess bis zu seinem Lebensende ein tiefgläubiger Jude. Alle seine sozialistischen Gedanken waren im Gegensatz zu Marx bewußt von der Ethik des Judentums bestimmt. Für Hess war die Judenfrage nicht nur eine Frage der Gesellschaft; auch eine geänderte Gesellschaft vermochte sie noch nicht zu lösen. Im Jahr 1862 erschien Hess' grundlegendes Werk *Rom und Jerusalem*. Hier erhebt er schärfsten Protest gegen die Assimilation, die das Volk zu erwürgen droht:

»Trage dein Banner hoch, mein Volk, in dir ist das lebendige Korn aufbewahrt, welches, wie die Samenkörner in den ägyptischen Mumien, Jahrtausende geschlummert, aber seine Keimkraft nicht verloren hat!.. Nur aus der nationalen Wiedergeburt wird das religiöse Genie der Juden gleich dem Riesen, der die Muttererde berührt, neue Kräfte ziehen und vom heiligen Geist der Propheten wieder beseelt werden.«

In seinem Gebäude des religiösen Sozialismus sah er Judentum und Weltgeschichte aufs engste verbunden. Er sah die Erlösung der Menschheit heraufziehen, die sich in der Erlösung und Befreiung der Nationen vollziehen wird. Darum muß auch die jüdische Nation erwachen; dazu braucht sie ihr angestammtes, eigenes Land. Ohne Land kann Israel nicht als normales Volk existieren. Das messianische Ideal des Judentums ist kein geistig-jenseitiges, sondern ein konkret-irdisches. Hier auf dieser Erde soll das Reich Gottes entstehen; darum braucht das jüdische Volk zu seiner Verwirklichung Erde. Hess schreibt:

»Das erste Gebot, das Gott als Schöpfer der Völker uns ins Herz gepflanzt hat, die Quelle und das Grundprinzip aller anderen, die unserem Volke zugefallen sind, ist, daß wir selber das Gesetz ausüben, daß wir den Auftrag haben, die anderen Geschichtsvölker zu lehren. Die größte Strafe, die uns dafür auferlegt wurde, daß wir von dem durch göttliche Vorsehung vorgezeichneten Weg abgewichen sind, . . ist, daß wir, seitdem wir das Land verloren haben, Gott nicht mehr als Nation durch Institutionen dienen können. Ja, unser Land ist es, was uns fehlt, um unsere Religion auszuüben.«

Jüdische Religion strebt nach Erfüllung sozialen Ausgleiches, nach Aufrichtung einer gerechten Gesellschaft. Sie zielt auf Sozialismus hin. Die Gebote, die das neue Land regieren werden, sind deshalb nicht die des orthodoxen Judentums, sondern die der neuen Zeit: die sozialistischen Gebote. Wenn das jüdische Gemeinwesen in seinem Land, das nur Palästina sein darf, gegründet ist, wird es notwendig sein, »ein großes Sanhedrin (Hoher Rat der siebzig Gelehrten) zu erwählen, um das Gesetz gemäß den Bedürfnissen der neuen Gesellschaft abzuwandeln.«

Der ›Kommunistenrabbi‹, wie er von seinen Gegnern genannt wurde, blieb ein einsamer Rufer. Die westliche jüdische Welt, die er anrief, war noch zu sehr von der Emanzipation berauscht. Hess hatte zu früh gerufen; so starb er unbeachtet, von seiner Nachwelt bald vergessen.

Der Aufbruch im Osten

Im Osten war die Emanzipation unbedeutend geblieben, die religiösen Kreise lehnten sie ab. In ihnen lebte stärker als im Westen die alte Zionssehnsucht, die sich auch nach außen hin Bahn brach. So veröffentlichte der Rabbiner *Jehuda Alkalay* aus Semlin (1792 – 1878) im Jahr 1834 eine Schrift *Schma Jisrael*, ›Höre Israel‹, die man als präzionistisch bezeichnen kann. Hierin erklärte er, daß die Verwurzelung im Boden und die Rückkehr zur hebräischen Sprache die Erlösung des Volkes und eine nicht nur religiöse, sondern auch politische und nationale Wiedergeburt des jüdischen Volkes herbeiführen wird. In Thorn schrieb der Rabbiner *Zwi Kalischer* (1795 – 1874) im Jahr 1861 seine erste 'zionistische' Schrift *Drischat Zion*, ›Suche nach Zion‹. Ihm ging es um die Schaffung eines religiösen Zentrums. Erst in Palästina ist das Volk vor weiterer Zerstreuung gesichert, seine Auflösung verhindert und eine Rückkehr zur Erkenntnis seiner eigenen Bestimmung möglich. Es gilt, den Boden für den Messias vorzubereiten.

Die wirtschaftliche und gesellschaftliche Stellung der Juden war in Rußland, wo nach dem Anschluß der judenreichen polnischen Gebiete die Masse der Juden – ungefähr sechs Millionen – lebte, bedrängter als im Westen. Sie waren kleine Händler und Geldgeber. Mit der aufkommenden Industrialisierung wurden diese Berufe überflüssig und, da sich große Gesellschaften der Wirtschaft bemächtigten, verdrängt. So wanderten zahlreiche Juden in die Großstädte und versuchten, die neu entstehenden Handwerkerberufe zu ergreifen. Dabei gerieten sie in einen Konkurrenzkampf mit dem aufstrebenden, aber noch unerfahrenen russischen Bürgertum, in dem die Juden sich als überlegen erwiesen. Alle wirtschaftlichen Erfolge nützten ihnen aber nichts, da sie keinen politischen Schutz erwarten durften. Immer wieder zwangen Pogrome Juden zur Auswanderung oder trieben sie in den Tod. Ihnen war es nur noch gestattet, sich in dem sogenannten ›Ansiedlungs-Rayon‹ aufzuhalten. In Analogie zu einem panslawistischen Nationalerwachen entstand auch ein stärkeres jüdisches Gemeinschaftsbewußtsein. Jüdische Literatur, Kunst und Kultur wurden gefördert. Eine neue Bewegung entstand, der Emanzipationsbewegung im Westen vergleichbar und von ihr beeinflußt, stärker aber als im Westen hob sie gerade das Jüdisch-Nationale hervor. Diese Bewegung nannte sich *Haskala*, die jüdische ›Aufklärung‹. Sie machte es sich zur Aufgabe, jüdische und westliche Kultur miteinander in Einklang zu bringen. Eine Wiedergeburt des Hebräischen setzte ein. Hebräisch wurde allgemein von den Ostjuden verstanden, war aber bisher ausschließlich als Sprache des Gottesdienstes und der jüdischen Gelehrsamkeit verwendet und gepflegt worden. Jetzt erschien eine Anzahl hebräischer Zeitungen, die den Gedanken der neuen Bewegung unter das Volk bringen sollten.

Einer der führenden Männer in dieser Bewegung wurde *Peres Smolenskin* (1842 – 1885). Er ging aber bald seine eigenen Wege. Die erstrebte Verflechtung mit der westlichen Kultur lehnte er ab, da er die Gefahr einer Assimilation, einer Angleichung, zu sehr fürchtete. Deshalb trennte er sich von der Haskala und gründete im Jahr 1869 in Wien die hebräische

Zeitung *Haschachar*, ›Die Morgenröte‹, die es verstand, junge
jüdische Intelligenz heranzuziehen, so daß dieses Blatt die
führende Zeitung der neuen, zionistischen Bewegung wurde.
Im Jahr 1871 erschien Smolenskins Programmschrift *Am Ha-
olam*, ›Ewiges Volk‹. Hier wandte er sich gegen das Reform-
judentum, welches das Judentum zur Konfession degradieren,
und gegen die jüdische Orthodoxie, die Religion und Ritual-
gesetz identifizieren würde. Die Religion ist mehr.

»Nachdem die Religion in Israel das Band ist«, schrieb er, »das die Juden ver-
bindet, wo immer sie auch leben, müssen wir sie nicht nur als Konfession oder
Religion betrachten, sondern als Land, Reich und Sprache. Sie schließt auch
alle übrigen Institutionen in sich ein, die das nationale Leben anderer Völker
ausmachen.«

Die Religion ist so nationales Bindeglied des jüdischen Volkes. Ein anderer Gesichtspunkt trat bei Smolenskin hinzu:
Das jüdische Volk ist das Volk des Geistes. Die geistige Wiedergeburt ist daher das Entscheidende; die nationale wird
dann, wenn auch noch in weiter Ferne, folgen. Um dieses Ziel
zu beschleunigen, sind die nationalen Kräfte des Judentums,
durch die es sich Jahrtausende hindurch erhalten hat, wieder
neu zu erwecken:

»Die nationale Hoffnung ist das einigende Band. Diese Hoffnung muß ihren
konkreten Ausdruck, ihre reale Gestalt finden. Sie liegt im Möglichkeitsbe-
reich, im Willensbereich des Volkes.«

Im Jahr 1881 wurde Zar *Alexander II.* von russischen Nihili-
sten ermordet. Die Folge waren Pogrome gegen Juden, denen
Mittäterschaft vorgeworfen wurde. Sie dauerten bis 1883 an
und forderten mehrere hundert Todesopfer. In Odessa, dem
Zentrum der Haskala, waren die Ausschreitungen besonders
heftig. Der große russische Dichter *Tolstoi* machte öffentlich
die russische Regierung für die Pogrome verantwortlich. Die
Lage der Juden verschlechterte sich. Eine Reihe neuer anti-
jüdischer Bestimmungen wurde veröffentlicht. Unterstützt
wurden die antisemitischen Vorfälle noch durch das Erstarken
der panslawistischen Bewegung.
Die Bestürzung unter den Juden, besonders in den Kreisen
der Haskala, die ihre Bestrebungen als gescheitert ansehen
mußten, war groß. Ein Teil der führenden Leute wandte sich

dem zionistischen Lager zu. Als Smolenskin eine Reise durch Rußland unternahm, jubelten ihm die jüdischen Studenten zu. In Wien gründete er 1881/82 den zionistischen Verein *Ahawat Zion*, ›Zionsliebe‹. Ebenso bildete sich in Wien eine zionistische Studentengruppe, die sich *Kadima*, ›Vorwärts‹ nannte.

In Rußland gründete der Rabbiner *Mohielewer* im Jahr 1882 den zionistischen Verein der *Chowewe Zion*, der ›Liebhaber Zions‹. Zahlreiche Vereine dieser Art, die sich die Kolonisation Palästinas und die Förderung der hebräischen Sprache zum Ziel gesetzt hatten, entstanden in russischen Städten, in Polen, Rumänien und London. Im Jahr 1884 wurde in Berlin der zionistische Verein *Ezra* gegründet.

Im Pogromjahr 1882 erschien auch die Schrift des jüdischen Arztes *Leon Pinsker* (1821 – 1891) aus Odessa: ›*Autoemanzipation! Mahnruf an seine Stammesgenossen von einem russischen Juden*‹. Einst in der Haskala führend, hatte er sie während der Judenexzesse im Jahr 1871 verlassen. In seiner Schrift trat er zum ersten Mal mit zionistischen Gedanken an die Öffentlichkeit: Eine Assimilation ist für das jüdische Volk unmöglich; denn es gibt keinen Fortschritt der Menschheit oder der Kultur. Das jüdische Volk wird nicht als gleichberechtigt anerkannt, da es keinen eigenen Boden besitzt. Der Antisemitismus ist eine seelische Erkrankung der Völker, die behoben werden kann, wenn das jüdische Volk wieder eine Nation wird;

denn jetzt »erblickt die Welt in diesem die unheimliche Gestalt eines Toten, der unter den Lebenden wandelt.«

Die Toleranz der westlichen Nationen ist auch nur Maske:

»Als Jude geplündert zu werden oder als Jude beschützt zu werden, ist gleich beschämend.«

Der Jude ist für alle Schichten nur der Prügelknabe:

»So ist der Jude für die Lebenden ein Toter, für die Eingeborenen ein Fremder, für die Einheimischen ein Landstreicher, für die Besitzenden ein Bettler, für die Armen ein Ausbeuter, für die Patrioten ein Vaterlandsloser, für alle Klassen ein verhaßter Konkurrent.«

Die Juden sind das von allen ausgestoßene Volk:

»Wir zählen nicht als Nation in der Reihe der anderen Nationen und haben keine Stimme im Rat der Völker, auch nicht in Dingen, die uns selbst angehen. Unser Vaterland – die Fremde, unsere Einheit – die Zerstreuung, unsere Solidarität – die allgemeine Anfeindung, unsere Waffe – die Demut, unsere Wehrkraft – die Flucht, unsere Organisation – die Anpassung, unsere Zukunft – der nächste Tag.«

Nur durch Selbsthilfe, Autoemanzipation, ist Abhilfe zu schaffen. Das benötigte Land soll ein Nationalkongreß als Nationalgut beschaffen. Die Mittel dazu sind durch Nationalsubskription bereitzustellen. Das Land ist durch Lose unentgeltlich an Interessenten zu verteilen. Pinsker ging es nicht um Palästina, das er zunächst für ungeeignet hielt. Es ging ihm mehr darum, daß überhaupt irgendwo ein jüdischer Staat gebildet werden konnte. Erst von den Chowewe Zion, den Liebhabern Zions, gezwungen, verpflichtete er sich, nur in Palästina die Errichtung eines Judenstaates zu planen.

In der Folgezeit bemühte sich Pinsker um den Zusammenschluß der zahlreichen Chowewe-Zion-Gruppen. Anläßlich des hundertsten Geburtstages von *Moses Montefiore* gelang es im Jahr 1884, den ersten Dachverband zu gründen. Im Jahr 1890 erhielt er die öffentliche Anerkennung der russischen Regierung. Er gab sich den Namen *Gesellschaft zur Unterstützung jüdischer Ackerbauern und Handwerker in Palästina und Syrien*.

Die erste Alija

Palästina, das die Zionisten wieder als Heimstätte des jüdischen Volkes erkoren hatten, war zu dieser Zeit ein stark unterbevölkertes Land, in dem dreißigtausend Juden unter einer halben Million Arabern lebten. In der Zeit Salomons ernährte es eine Bevölkerung von mehreren Millionen. Diese dreißigtausend Juden setzten sich aus drei verschiedenen Gruppen zusammen:

1. den *orientalischen* Juden, deren Vorfahren aus den arabischen Ländern eingewandert oder schon immer in Palästina

ansässig gewesen und niemals ins Exil gegangen waren; ihre
Muttersprache war Arabisch;

2. den *sfardischen* Juden, die aus Spanien oder westeuropäischen Gebieten stammten und Ladino, eine dem Spanischen
verwandte Mischsprache, sprachen, und

3. den *aschkenasischen* Juden, die aus Deutschland oder
Osteuropa eingewandert waren und Jiddisch sprachen, einen
mittelhochdeutschen Dialekt, den die deutschen Juden nach
ihrer Vertreibung in Osteuropa bewahrt und mit hebräischen
und slawischen Wörtern durchsetzt hatten.

Neben einer Minderheit von Juden in den galiläischen Dörfern wohnte die große Mehrheit der Juden in den Städten,
waren Handwerker oder widmeten sich, besonders die aschkenasischen Juden, dem Talmudstudium. Ernährt wurden sie
durch Geldspenden, die in der gesamten Judenschaft der Zerstreuung gesammelt wurden. Dieses Sammelsystem existierte
seit dem Altertum, wurde aber besonders seit dem 16. Jahrhundert ausgebaut. Die Abgaben hießen *Chaluka*, ›Verteilung‹; die Juden, die sich von ihnen ernährten, wurden *Chalukajuden* genannt. Für eine Staatsgründung schienen sie
ausgesprochen ungeeignet zu sein. Sie setzten allen Siedlungs-
versuchen in Palästina heftigen Widerstand entgegen. Ihr Widerstand vermochte aber die einsetzende Bewegung nicht aufzuhalten. Im Jahr 1870 gründete die ›Alliance Israelite Universelle‹ die erste landwirtschaftliche Schule in Palästina:
Mikve Jisrael, die ›Hoffnung Israels‹.

Im Jahr 1878 begab sich der ungarische Jude *Jehoschua
Stampfer* auf die Wanderschaft nach Palästina. Es gelang ihm,
in der Nähe von Jaffa Boden zu kaufen. Mit einigen Freunden
gründete er hier die erste jüdische landwirtschaftliche Siedlung der Neuzeit in Palästina. Sie nannten sie *Petach Tikwa*,
das ›Tor der Hoffnung‹, im Gedenken an das Wort des Propheten Hosea:

»Ich will sie locken, in die Wüste führen und ihr zu Herzen reden. Dann will
ich ihr ihre Weinberge geben und das Tal Achor zu Petach Tikva (zum ›Tor der
Hoffnung‹) machen. Dorthin wird sie hinaufziehen wie in den Tagen der Jugend, wie damals, als sie aus dem Land Ägypten heraufzog.«(Hosea 2,16.17)

Da die ersten Siedler von Landwirtschaft nichts verstanden, gingen sie bei einem Fellachen in die Lehre. Die erste Ernte war erfolgreich. Die Erstlingsfrüchte brachten sie den Priestern und Leviten nach Jerusalem. Doch als sich eine zweite Schar von Siedlern unmittelbar an den Ufern des Jordanflusses niederließ, brach in dem versumpften Gebiet Malaria aus. Mehrere Siedler starben, die anderen mußten das Gebiet wieder verlassen.

Inzwischen waren – wie schon erwähnt – im Jahr 1882 die Pogrome in Rußland ausgebrochen. Zehntausende von Juden flüchteten an die Westgrenze, wo sie aufgehalten wurden. Die *Alliance Israelite Universelle* hatte ihren prozionistischen Kurs in einen antizionistischen verkehrt und war bereit, die Flüchtlinge überall anzusiedeln, nur nicht in Palästina. Im Laufe der folgenden Jahre gelangten über drei Millionen Juden in die Vereinigten Staaten, die damals als einziges Land in der Lage waren, einen solchen Flüchtlingsstrom aufzunehmen.

Einige Idealisten aber wanderten nach Palästina aus und veranlaßten damit die erste von fünf Einwanderungswellen, die die zionistische Bewegung im Lauf ihrer Geschichte noch erleben sollte, die *erste Alija*. Alija heißt Aufstieg. Schon im Talmud gebraucht man das Wort Alija für die Pilgerschaft nach Jerusalem oder zum Land Israel. Die erste Alija war die Einwanderung der *Bilujim*. Auf Grund der Pogrome beschloß eine Anzahl jüdischer Studenten, ihre Studien abzubrechen und sich dem Aufbau ihres Landes zu widmen. Sie wollten als Arbeiterpioniere nach Palästina ziehen, um das Land zu kultivieren und damit eine größere jüdische Ansiedlung zu ermöglichen. Sie nannten sich *Bilu* nach dem hebräischen Anfangsbuchstaben des Jesajaverses: »Haus Jakob, auf, laßt uns gehen« (Jesaja 2,5). Sie verstanden sich als Sozialisten auf dem Weg zum Völkerberg Zion, wenn sie auch die Fortsetzung des Verses wegließen: »im Lichte des Herrn«.

Einhundert Bilujim versammelten sich in Odessa, der Hafenstadt am Schwarzen Meer. Vierzig davon erreichten Konstantinopel. Hier wartete die Mehrzahl auf eine Landanweisung durch die türkische Regierung. Nur sechzehn, unter ihnen ein Mädchen, landeten am 19. Tamus 5642, nach christlicher Zeitrechnung am 6. Juli 1882, in Jaffa. Zuerst fanden sie Unterkunft in der landwirtschaftlichen Schule Mikve Jisrael. Zehn der Ankömmlinge kauften Land südlich von Jaffa und gründeten nach dem Scheitern von Petach Tikva die erste Siedlung; sie nannten sie deshalb *Rishon Lezion*, ›der erste für Zion‹. Die Siedlungsform war in der ersten Zeit kollektiv. Die Verpflichtung der Bilujim lautete: »Nicht für sich und seine persönlichen Zwecke arbeitet der einzelne, sondern für Volk und Land.«

Ein Teil der Bilujim, zu denen sich auch andere Juden gesellt hatten, ging nach Jerusalem, um ein Handwerk zu erlernen. Dort trafen sie auf einige Männer, die durch die zionistische Idee nach Palästina gekommen waren und hier die Verwirklichung ihrer Hoffnungen erstrebten. Hier ist besonders *Elieser Ben Jehuda* zu nennen. Er war 1881 ins Land gekommen und war der erste, der sich zu Hause mit seiner Familie nur auf hebräisch unterhielt. Er gab ein vielbändiges neuhebräisches Lexikon heraus, das die hebräische Sprache zur Umgangssprache umformte, indem es alte Worte sammelte und aus diesen neue Worte ableitete, um den Bedürfnissen einer modernen Sprache gerecht zu werden.

Ein anderer, der sich ebenso um die Wiederbelebung des Hebräischen bemühte, war *Jechiel Michel Pines*. Er hatte sich bereits 1873 im Land niedergelassen. Selbst streng religiös, wandte er sich gegen die Behinderung der zionistischen Anfangsarbeit durch die Chalukajuden. In der Auseinandersetzung mit einem palästinensischen Rabbiner schrieb Pines:

»Mein sehnlicher Wunsch ist es, Palästina wieder Korn und Wein und Feigen hervorbringen zu sehen, aber nicht für die Vögel des Himmels, sondern für die Söhne Judas, die aus allen vier Enden der Erde nach Palästina zurückkehren.«

Durch seine streng religiöse Haltung geriet Pines später mit den zionistischen Gruppen der Chowewe Zion und der Bilujim in Streit, so im Jahr 1888, als er mit einigen Rabbinern die strenge Einhaltung des Sabbatjahres, die Nichtbeackerung des Landes in jedem siebten Jahr, forderte. Unter Führung von Pines zogen im Jahr 1884 neun andere Bilujim nach Süden und gründeten mitten im Übergangsland von der Steppe zur Wüste die Siedlung *Gedera*, die zur Bilu-Mustersiedlung wurde. Zuerst allerdings führten die Ankömmlinge ein elendes Leben in Erdhöhlen.

Ein Anfang war gemacht. Eine Reihe weiterer Siedlungen entstand, obwohl die Türken bereits im Jahr 1882 infolge der verstärkten Einwanderung ein Einwanderungsverbot erlassen hatten. Wenn Bestechungssummen in der nötigen Höhe aufgebracht wurden, blieben jedoch immer Hinterpforten offen. Die Anstrengungen dieser ersten Siedler waren heroisch. Das Aufbauwerk erfolgte in einem seit zweitausend Jahren verwahrlosten Land. Durch die Rodungen der Wälder, mit denen schon die Römer begonnen hatten, war der fruchtbare Boden in den Gebirgsgegenden weggeschwemmt worden; die Talniederungen dagegen waren versumpft und dadurch malariaverseucht. Die Siedler waren das Klima nicht gewohnt und hatten außerdem keinerlei landwirtschaftliche Erfahrung. Ohne genügende Ausrüstung begannen sie ihr Werk und durchgruben den Boden in der ersten Zeit buchstäblich mit den bloßen Händen. Unter primitiven Verhältnissen, vielfach ohne gutes Trinkwasser, von plündernden Beduinenstämmen umgeben, führten sie ein entbehrungsreiches Leben. Sie sind die ersten Zeugen für die innere Lebenskraft des Zionismus. Nicht allein durch solche Schwierigkeiten wurden die neuen Siedler bedroht, auch Maßnahmen der türkischen Regierung und eine komplizierte, für die Landwirtschaft unglückliche Gesetzgebung behinderten die Arbeit. Die Abgaben, welche die Siedlungen zu leisten hatten, betrugen ein Achtel des Ernteertrages; die Leistungen hingegen, zu denen ein moderner Staat verpflichtet ist, wurden von der türkischen Regierung nicht erfüllt. Die jüdischen Siedler mußten alle staatlichen Einrichtungen, wie etwa Straßenbau, Erziehungswesen, sanitäre Anlagen, ärztliche Betreuung erst selbst organisieren und unterhalten. Die jüdischen Siedlungen waren ohne Hilfe von außen lebensunfähig. Die Bilujim schickten daher einen ihrer Leute, *Josef Feinberg* aus Rishon Lezion, nach Europa, um dort die nötigen Gelder aufzutreiben. Durch Vermittlung des Pariser Oberrabbiners erreichte Feinberg die Unterstützung

des Barons *Edmund Rothschild*, der allerdings ungenannt
bleiben wollte. Von den Siedlern wurde er einfach ›der bekannte Spender‹ oder ›der Baron‹ genannt.

Im Laufe seines Lebens hat der Baron mehr als siebzig Millionen französischer Goldfranken für ›sein‹ Siedlungswerk in
Palästina ausgegeben, vierzig Siedlungen gegründet und vier-
zigtausend Hektar Land angekauft. Der Baron kaufte Ländereien, um Siedlungsgebiete abzurunden und Verkehrswege
günstig auszunutzen. Er ließ in großzügiger Weise Versuchs-
felder anlegen, zog aus aller Welt geeignete Fachkräfte heran
und baute einen eigenen Beamtenstaat auf.

Die Gründungsgeschichte von *Chadera* gewährt ein typisches
Bild der schwierigen Lage innerhalb der Siedlungen und der
großzügigen Art des Barons zu helfen. Im Jahr 1891 wurde
Chadera in einem Sumpfgebiet fünfzig Kilometer südlich von
Haifa gegründet; an diesem Platz hatte es zuvor eine Tscher-
kessensiedlung gegeben. Die Tscherkessen waren als Moslems
nach russischer Expansion aus dem Kaukasus vertrieben wor-
den und von der Osmanischen Regierung in unbewohnten
Gebieten ihres Imperiums, besonders aber in Syrien und
Transjordanien angesiedelt worden. Die Tscherkessen auf
dem Gebiet des späteren Chadera waren der Malaria zum
Opfer gefallen und hatten den Ort wieder aufgeben müssen.
Die fünfhundert jüdischen Siedler bekamen von der türkischen Regierung Bauverbot und waren so den räuberischen
Überfällen der benachbarten Beduinenstämme preisgegeben,
vor denen sie sich in ihren Zelten schlecht schützen konnten.
Wie zu erwarten war, brach auch bei ihnen bald die Malaria
aus. Zweihundertfünfzig, die Hälfte aller Siedler, wurden von
der Seuche dahingerafft. Die ausweglose Situation beschreibt
ein Überlebender in seinen Erinnerungen:

»Die Lage wurde immer verzweifelter. Das Zeichen des Todes war auf unsere
Stirn geschrieben, die Todesgewißheit in unsere Herzen. Freunde und Verwand-
te kamen aus allen Teilen des Landes und baten uns, die Siedlung zu verlassen.
›Rettet euer Leben!‹ bettelten sie. ›Rettet den guten Namen Palästinas! Wenn
das hier im Ausland bekannt wird, wird man Palästina verdammen als das
Land, das seine Einwohner frißt‹ (Vergleiche 4.Mose 13,33).«

Die Siedler aber blieben. In die völlig hoffnungslose Lage
griff Baron Rothschild ein. Er importierte Millionen von Eu-

kalyptusbaum-Setzlingen aus Australien und ließ sie durch sudanesische Facharbeiter, die gegen Malaria unempfindlich sind, einpflanzen. Auf diese Weise wurde das Sumpfgebiet entwässert und die Malaria beseitigt. Heute hat Chadera über 40 000 Einwohner.

Die Unterstützung durch den Baron hatte aber auch ihre Schattenseiten. Die Bevormundung durch Beamte wurde von den Siedlern bald als Plage empfunden. In Rishon Lezion kam es so weit, daß vierzig französische Beamtenfamilien die Verwaltung über siebzehn jüdische Bauernfamilien führten. Diese Beamten waren zum Teil Christen, unter ihnen auch Antisemiten, die dem jüdischen Siedlungswerk sehr skeptisch gegenüberstanden. Ihre Familien forderten und erhielten französische Bildung und Erziehung. Französischer Geist und französische Sprache bestimmten die Siedlungen. Die Frauen und Töchter der jüdischen Siedler wurden nicht zur Landwirtschaft erzogen, sondern blieben in ihrem Wesen und in ihrer Kleidung Städterinnen, die nicht in der Lage waren, bei der Arbeit mitzuhelfen. Die großangelegten Pflanzungen führten zu Monokulturen; Absatzkrisen waren die Folge. Billige arabische Arbeitskräfte verdrängten immer mehr die jüdischen Siedler, die einst aus Idealismus und Begeisterung ins Land gekommen waren, um eine jüdische Arbeiterbevölkerung heranzubilden. Viele jüdische Arbeiter sahen sich zur Auswanderung gezwungen, andere wurden Aufseher, die den französischen Beamten unterstanden. Sogar die Schüler der landwirtschaftlichen Schule Mikve Jisrael, die in Palästina keine Anstellung finden konnten, mußten das Land wieder verlassen. Der Hauptzweck des Siedlungswerks schien verfehlt.

Im Jahr 1891 setzten neue Pogrome in Rußland ein; weitere jüdische Massen drängten der Westgrenze Rußlands zu. Der jüdische Philanthrop *Hirsch* gründete eine Auswanderungsgesellschaft nach Argentinien. In Palästina wurde das Landeskaufverbot infolge der erneut einsetzenden Einwanderungswelle verschärft. Die Preise der wenigen Ländereien, die noch zu haben waren, wurden durch Spekulationen in die Höhe getrieben. Andere Böden, auf die große Anzahlungen bereits

geleistet waren, wurden zum Verkauf nicht freigegeben. Die
Korruptionen in den Siedlungen des Barons nahmen zu. Eine
Auflösung des gesamten Siedlungswerkes stand bevor. Pinsker sah sein groß angelegtes Werk zusammenstürzen. Resig-
nierend und gebrochen starb er im Jahr 1891. Die Bewegung
der ›Chowewe Zion‹, der Liebhaber Zions, blieb zerrissen zurück.

Achad Haam – Die Lehre vom Zentrum

Drei rivalisierende Gruppen kämpften um die Führung des
jungen Siedlungswerkes: die rein nationale, die religiöse und
die Gruppe des geistig-kulturellen Zentrums in Palästina, deren Wortführer Achad Haam war. Diese Gruppe sollte den
Weg für die nächste Zeit bestimmen.
Achad Haam, mit bürgerlichem Namen *Ascher Ginsberg*,
(1856 – 1927) war in chassidischen Kreisen aufgewachsen, studierte jedoch im Westen und wurde besonders durch die englischen Denker seiner Zeit geprägt. Im Jahr 1884 kam er mit
den Kreisen der Chowewe Zion, der Liebhaber Zions, in Berührung. Seine Kritik an der Siedlungspolitik Palästinas, die
sich bis jetzt mit philanthropischen Unternehmungen zufrie-
dengab, war scharf. Im Jahr 1889 trat er zum ersten Mal unter
seinem Pseudonym Achad Haam, ›Einer aus dem Volk‹, mit
der hebräischen Schrift › *Nicht dies ist der Weg* ‹ an die Öffentlichkeit. Hierin entwickelte Achad Haam seine eigene zionistische Konzeption, die stark von Hess und Smolenskin beeinflußt ist. Die Judennot, von der Pinsker spricht, ist indivi-
duell und durch den bisher betriebenen Zionismus nicht zu
lösen. Das Judentum leidet an einer inneren Krise, es fehlt
ihm seine geistige Mitte, die es durch die Jahrtausende hindurch und noch im Ghetto besessen und erhalten hat. Die
Juden sind äußerlich frei, aber innerlich zerrissen und unfrei.
Die geistige Mitte, die dem Judentum fehlt, ist die Erinnerung
an die in den Schriften überlieferten Vorstellungen vom Entstehen und von der Bestimmung des jüdischen Volkes. Diese
weisen durch den prophetischen Messianismus, der das

jüdisch-nationale Ideal mit der Erlösung der Menschheit ver-
knüpft, in die Zukunft. Jene Mitte gilt es wiederzufinden. In
der gegenwärtigen Zersplitterung ist das aber unmöglich; es
fehlt das allgemein verbindliche geistige Zentrum. Dieses
Zentrum muß in Palästina errichtet werden, da an Palästina
die jüdische Sehnsucht durch die Jahrtausende hindurch festgehalten hat. Ein solcher geistiger Mittelpunkt braucht allerdings eine materielle Unterlage. Gerade im Hinblick hierauf
kommt es aber nicht auf die Quantität, sondern auf die Qua-
lität der Siedler an. Ein Volk mit priesterlicher Gesinnung
muß den Anfang machen. Die Zionspriester müssen die
Zionssehnsucht hochhalten und von der Einzigartigkeit Zions
wissen. Sie dürfen nicht danach streben, ein Volk wie jedes
andere zu werden.

Achad Haams Ideen waren auch von dem jüdischen Philo-
sophen *Nachman Krochmal* (1785 – 1840) beeinflußt, der den
Geist als das bestimmende und erhaltende Prinzip des Judentums herausgestellt hatte. Im Sinne Krochmals schrieb Achad
Haam:

»Die Gründung einer einzigen Hochschule der Wissenschaften oder der Kün-
ste, einer Akademie für Sprachwissenschaft und Literatur in Palästina wird uns
dem Ziel näherbringen als hundert landwirtschaftliche Siedlungen; denn die
Siedlungen sind nur Steine für den Bau der Zukunft; das höchste Zentrum für
wissenschaftliche Zwecke und schöpferische Talente kann aber den Geist des
ganzen Volkes erneuern und unser ganzes nationales Besitztum neu beleben.«

Achad Haams Ziel faßte der jüdische Gelehrte *Hugo Bergmann* mit den Worten zusammen:

»Der Bestand des jüdischen Volkes kann nur geistig garantiert werden, nicht
territorial.«

Diese Konzeption Achad Haams wurde von verschiedenen
Seiten heftig bestritten. Einer seiner Kritiker war *Berdyczewsky*, der unter dem Pseudonym *Bin Gorion* als Samm-
ler jüdischer Sagen bekannt wurde. Berdyczewsky bekämpfte
vor allem die erneute Betonung des Geistes als bestimmendes
Moment des Judentums. Gerade diese einseitige Betonung des
Geistes hat die Lebenskraft des jüdischen Volkes in der langen Zeit der Diaspora geschwächt und es in eine anormale
Existenzform hineingepreßt. Es gilt jetzt, die verlorene Bezie-

hung zur Leiblichkeit wiederzugewinnen. Dies ist nur durch die Rückkehr des jüdischen Volkes nach Palästina möglich und durch Bearbeitung des eigenen Ackerbodens. Dem jüdischen Volke fehlt nicht das geistige Zentrum, sondern die materielle Grundlage für eine normale Existenz in seinem eigenen Land und durch seine eigene Arbeit. Palästina muß deshalb nicht ein geistiges Zentrum des Judentums werden, es ist ein letzter Hafen für ein untergehendes Volk, die einzige Existenzmöglichkeit für dieses Volk. Wer Palästina fernbleibt, gibt damit seine Existenz als Jude auf. Nach einer Gesundung und Normalisierung wird das jüdische Volk auch zu einer wahren Geistigkeit finden. Mit den Worten Hugo Bergmanns hofft Berdyczewsky,

»daß das *irdisch gewordene* Judentum wiederum ein Ideal über sich aufrichten wird, ein *wirkliches Reich Gottes auf dieser wirklichen Erde*«.

Achad Haam ging aber auch an die Verwirklichung seiner Ziele; in den achtziger Jahren des vorigen Jahrhunderts gründete er den Orden der *Bne Mosche*, der ›Söhne Moses‹, dessen Leitung er selbst übernahm. Die Ordensbrüder sollten die Priester des Zionsglaubens werden. Im Jahr 1890 gründeten die Bne Mosche die Mustersiedlung *Rechovot* in der Nähe Jaffas, die auch ohne Unterstützung aufblühte. Im Jahr 1896 errichteten sie die erste Mädchenschule in Jaffa. In den Jahren 1891 und 1893 unternahm Achad Haam Reisen nach Palästina im Auftrag des Ordens. Hier verurteilte er aus eigener Anschauung noch einmal aufs schärfste die Mißstände in den Siedlungen. Dabei fand Achad Haam die Unterstützung eines Berdyczewsky ebenso wie die der meisten Chowewe Zion. In Pines erhielt Achad Haam einen besonders treuen Bundesgenossen. Dieser versuchte im Jahr 1891 die Gründung einer jüdischen Arbeiterbewegung. Mit scharfen Worten wandte er sich gegen die kapitalistischen Siedlungsmethoden Baron Rothschilds:

»Die jüdischen Arbeiter sind für das Siedlungswerk das, was das Blut für den gesunden Körper bedeutet. Sie werden ihn beleben und ihn vor Entartung und Verfall bewahren.«

Aber Pines, Achad Haam und und die Chowewe Zion vermochten die Mißstände nicht zu beseitigen. Das Siedlungswerk entwickelte sich immer mehr zu einer modernen Chaluka, zu einem unproduktiven, philanthropischen Unterstützungsverein. Aus Resignation lösten sich die Bne Mosche im Jahr 1896 auf. Im selben Jahr erschien die alarmierende Schrift des Journalisten *Theodor Herzl*: ›Der Judenstaat‹, die eine Wende innerhalb der zionistischen Bewegung bedeuten sollte.

3. Der politische Durchbruch

Theodor Herzl

Zwanzig Jahre nach dem Scheitern der Bne Mosche und dem Erscheinen von Herzls ›Judenstaat‹ war die zionistische Bewegung zur Weltbewegung geworden, mit der die internationale Politik rechnete. Im Jahr 1896 war der Gedanke daran noch Utopie. Der Mann, der die Utopie zur Wirklichkeit umformte und den entscheidenden Durchbruch erreichte, war *Theodor Herzl*.

Im Jahr 1860 wurde er in Budapest als Sohn einer sfardischen, völlig assimilierten Familie geboren. In Wien, wohin die Familie verzog, studierte er Jura, wandte sich dann der Schriftstellerei zu, schrieb einige Lustspiele und wurde 1891 Pariser Korrespondent der maßgebenden Wiener Zeitung, der ›Neuen Freien Presse‹. Obwohl er ohne jüdische Erziehung aufgewachsen war, zeigte er bei antisemitischen Vorfällen einen verletzten jüdischen Stolz. Die Überwindung des Antisemitismus wurde ihm zur Lebensaufgabe. Christliche Kreise, die das Bestehen einer Judenfrage leugneten und so dem Antisemitismus begegnen wollten, unterstützte er nicht. Zeitweise dachte er an eine Massentaufe, der er sich selbst allerdings nicht unterziehen wollte, weil er noch der Grenzgeneration angehöre, für die eine Taufe zu demütigend sei. In Paris wurde Herzl in den Jahren 1894/95 als Korrespondent seiner Zeitung Zeuge des Dreyfusprozesses, in dem der jüdische Generalstabskapitän *Alfred Dreyfus*, der des Hochverrats angeklagt worden war, zu lebenslänglicher Deportation auf die Teufelsinsel verurteilt wurde – völlig unschuldig, wie sich später herausstellte. Die antisemitischen Begleiterscheinungen in Frankreich, das Herzl wie die meisten seiner jüdischen Zeitgenossen für das kulturtragende Land gehalten hatte, führten in ihm eine völlige Wandlung herbei. In Unterredungen mit dem Philanthropen *Baron Hirsch* forderte er eine eigene politische Aktivität des jüdischen Volkes. Hirsch waren Herzls Pläne zu phantastisch. Auch in anderen privaten Kreisen, so-

wie später bei Baron Rothschild, dem großzügigen Förderer
des jüdischen Siedlungswerkes in Palästina, hatte Herzl wenig
Erfolg.

So trat er im Jahr 1896 mit seinen Ideen, die er in dem Buch
›Der Judenstaat‹ programmatisch zusammengefaßt hatte, an
die Öffentlichkeit. Die Juden, schreibt Herzl, sind ein durch
äußeren Druck zusammengehaltenes Volk. Herzls Ausgangspunkt ist die ›Judennot‹, die von Land zu Land verschleppt
wird, überall hin, wo die Juden einwandern. Der Antisemitismus ist unausrottbar. Die Judenfrage wird zu einer Weltfrage
und kann nur unter Beteiligung aller Völker gelöst werden.
Der nicht assimilationsfähige oder -willige Teil der Judenschaft muß auswandern und einen neuen Staat gründen. Dieser Judenstaat wird auch für die Nichtjuden zahlreiche Vorteile haben, besonders für den Mittelstand der jeweiligen Länder, der die ehemals von Juden besetzten Stellen einnehmen
kann. Mehr als die Hälfte von Herzls Buch setzt sich mit der
praktischen Durchführung auseinander. Zwei Organisationen, die noch zu schaffen sind, sollen die Durchführung garantieren: die *Society of Jews* und die *Jewish Company*. Die
›Society of Jews‹ soll Sachwalterin des jüdischen Volkes und
›staatsbildende Macht‹ sein; sie tritt als berechtigte jüdische
Vertretung den Regierungen der Weltmächte gegenüber auf.
Die ›Society of Jews‹ soll die moralische Person des jüdischen
Volkes, die ›Jewish Company‹ dagegen die juristische sein.
Diese ist als Aktiengesellschaft mit großem Kapital zu gründen, die für alle praktischen Schritte verantwortlich ist, die
die Auswanderung organisiert, Bodenkäufe tätigt und die Be-
siedlung leitet. Sie soll die modernen Errungenschaften in das
Gelobte Land hineintragen.

In den Schlußsätzen faßt Herzl zusammen:

»Die Juden, die wollen, werden ihren Staat haben... Ein Geschlecht wunder-
barer Juden wird aus der Erde wachsen. Die Makkabäer werden wieder aufer-
stehen... Die Welt wird durch unsere Freiheit befreit, durch unseren Reichtum
bereichert und vergrößert durch unsere Größe. Und was wir dort nur für unser
eigenes Gelingen versuchen, wirkt machtvoll und beglückend hinaus zum Wohle aller Menschen.«

Die Begeisterung in zionistischen Kreisen des Westens war groß. Ganz unerwartet kam aus den in der Regel antizionistisch eingestellten assimilierten Kreisen ein Mann, der aus der gegenwärtigen Enge herauszuführen versprach. Von verschiedenen Seiten erhielt Herzl den Zuruf, das Steuer zu übernehmen.

Ebenso spontan wie die Zustimmung war aber auch die Ablehnung. Die meisten assimilierten Juden dachten nicht daran, ihre scheinbar sicheren Stellen aufzugeben und wie einst ihr Stammvater Abraham in ein ungewisses Land zu ziehen. Sie bezeichneten Herzl ironisch als den ›König der Juden‹, für den sie nur Hohn und Spott übrig hatten. Besonders stark war die Opposition von Rabbinern, die Herzl ›Protestrabbiner‹ nannte; sie erließen eine scharfe Erklärung gegen den Zionismus:

»Die Bestrebungen sogenannter Zionisten, in Palästina einen jüdisch-nationalen Staat zu gründen, widersprechen den messianischen Verheißungen des Judentums, wie sie in der Heiligen Schrift und in den späteren Religionsquellen enthalten sind. Das Judentum verpflichtet seine Bekenner, dem Vaterland, dem sie angehören, mit aller Hingebung zu dienen und dessen nationale Interessen mit ganzem Herzen und mit allen Kräften zu fördern.«

Auch einige Kreise der zionistischen Chowewe Zion wußten mit Herzls ›Judenstaat‹ wenig anzufangen. Sie vermißten in seiner Schrift jüdischen Geist und jüdisches Empfinden; genausogut hätte hier ein ›Irgendwerstaat‹ proklamiert werden können, zumal es Herzl auf Palästina speziell gar nicht ankam, sondern nur auf ein für seine Pläne geeignetes Land, das in Palästina so gut wie in Argentinien hätte liegen können.

Herzls ›Judenstaat‹ unterscheidet sich in seinem Gedankengang nur unwesentlich von Pinskers Buch ›Autoemanzipation‹, es ist stilistisch eher schwächer. Wenn Pinsker nur wenig, Herzl aber so viel erreichte, so ist das der Persönlichkeit Herzls und seinem Verhandlungsgeschick zuzuschreiben. Bis zu seinem Tod im Jahr 1904 war er rastlos tätig und opferte für die Idee des Judenstaates sein ganzes Vermögen und das seiner Frau, so daß er, um seinen Lebensunterhalt zu verdienen, sein Leben lang an die Stelle der ›Neuen Freien Presse‹ gebunden blieb, die dem Zionismus sehr ablehnend gegenüberstand.

Herzls Tätigkeit bezog sich seinem Programm gemäß auf drei Gebiete:

1. Verhandlungen mit den Regierungen, vor allem mit dem Osmanischen Reich, um einen Schutzvertrag für Palästina oder ein anderes geeignetes Land zu erreichen.

2. Schaffung einer starken zionistischen Organisation, um diesen Schutzvertrag besser erreichen zu können.

3. Gründung von Institutionen, die eine praktische Durchführung der Pläne gewährleisten.

Im August 1897 berief Herzl nach langen und sorgfältigen Vorbereitungen den *ersten zionistischen Weltkongreß* nach Basel ein, nachdem die jüdischen Gemeindevorsteher Münchens ihre Stadt als Tagungsort verweigert hatten. 197 Delegierte aus allen Ländern, in denen Juden in nennenswerter Zahl lebten, wurden vor der Fahne des späteren Israel begrüßt. Die meisten Führer der Chowewe Zion waren erschienen, unter ihnen Ben Jehuda und Achad Haam.

Das Entscheidende dieses Kongresses war die Festlegung der zionistischen Arbeit auf Palästina durch das sogenannte *Baseler Programm*:

»Der Zionismus erstrebt für das jüdische Volk die Schaffung einer öffentlich-rechtlichen Heimstätte in Palästina. Zur Erreichung dieses Zieles nimmt der Kongreß folgende Mittel in Aussicht:
1. Die zweckdienliche Besiedlung Palästinas mit jüdischen Ackerbauern, Handwerkern und Gewerbetreibenden.
2. Die Gliederung und Zusammenfassung der gesamten Judenschaft durch geeignete örtliche und allgemeine Veranstaltungen nach den Landesgesetzen.
3. Die Stärkung des jüdischen Volksgefühls und Volksbewußtseins.
4. Vorbereitende Schritte zur Erlangung der Regierungszustimmungen, die nötig sind, um das Ziel des Zionismus zu erreichen.«

Präsident der gegründeten *Zionistischen Organisation* wurde Theodor Herzl. Die Organisation setzte sich aus den *Landesorganisationen* zusammen, in denen jeder Jude ab achtzehn Jahren Mitglied werden konnte. Das Mitglied verpflichtet sich zu einem Jahresbeitrag, der ihm auch das Stimmrecht sicherte und der in Anlehnung an die Bibel und an den Talmud ›Schekel‹ genannt wurde. Der Kongreß, der aus den Landesorganisationen gewählt wurde, sollte sich jedes Jahr treffen; nach dem fünften Kongreß traf er sich allerdings nur alle zwei Jahre. Ein ständiger Ausschuß hatte den Kongreß vorzubereiten. Die Leitung der Organisation lag in der Hand des vom Kongreß gewählten *Großen Arbeitskomitee,* das die eigentliche Führung, das *Engere Aktionskomitee,* wählte. Die Gründung anderer Organisationen wurde vorbereitet; so forderte Herzl die Einrichtung einer Bank. Nachdem seine Verhandlungen mit den großen jüdischen Geldgebern gescheitert waren, wurde eine Volksaktienbank gegründet, die allerdings erst seit 1902 tätig werden konnte, und deren Geldbeträge immer geringer waren, als Herzls kühne Pläne es erforderten.

Eine begeisterte Stimmung herrschte auf diesem wie auf allen folgenden Kongressen. Menschen aus allen Schichten und Richtungen des Weltjudentums hatten sich zum ersten Mal seit Jahrtausenden einigen können. Auch Achad Haam konnte sich diesem gewaltigen Eindruck nicht entziehen. In einer Erinnerung an den Kongreß schrieb er von »dem Andenken jener großen Stunde, da sie alle – die Zerstreuten Israels, die aus allen Ländern herbeigeströmt waren – wie Brüder beisammen standen, das Herz voll heiliger Gefühle«.

Herzl schrieb später in sein Tagebuch:

»In Basel habe ich den Judenstaat gegründet.«

Die Ereignisse der folgenden fünfzig Jahre sollten dies bestätigen.

Zu den Freunden, die Herzl gewann, gehörte vor allem *Max Nordau,* der sein treuester Anhänger und Mitarbeiter wurde. Herzl kam aber auch mit christlich-zionistischen Kreisen in Berührung; so machte er die Bekanntschaft des würdig-bärtigen Hauskaplans der englischen Gesandtschaft in Wien, Reverend *Hechler,* der ihm später eine Audienz beim *Großherzog von Baden* verschaffte, den Herzl als begeisterten Fürsprecher gewann.

Herzl war der Ansicht, daß nur im Rahmen der großen Politik sein Ziel zu erreichen sei; deshalb lehnte er strikt jedes langsame Einsickern nach Palästina, wie es die ›Chowewe Zion‹ betrieben, ab. Zuerst sollte das erstrebte Gebiet rechtlich gesichert sein. Bis dahin müsse die Organisation alles zu einer Massenansiedlung vorbereiten, sie dürfe jedoch keine Einzelsiedlungsversuche unternehmen.

Nachdem Herzl die zionistische Bewegung, die er vorfand, kennengelernt hatte – besonders bei einer Begegnung mit den Chowewe Zion in London –, war er zu dem Entschluß gekommen, daß Palästina am geeignetsten für seine Pläne sei, weil es eine große Anziehungskraft auf die jüdischen Massen in Osteuropa ausübe, aber auch geographisch gewisse Vorteile aufweise. So war sein ganzes Bestreben darauf gerichtet, Verhandlungen mit dem Sultan anzuknüpfen, unter dessen Macht sich Palästina befand. Durch *Newlinski*, einen etwas zwielichtigen polnischen Ritter, kam es zu ersten Kontakten mit Konstantinopel. Eine Fahrt dorthin brachte aber noch keinen Erfolg. Herzl dachte an einen Schutzvertrag, dessen Vorbild die Verträge der englischen Chartergesellschaften in den Kolonien waren, die auf privater Initiative beruhten, aber einen halboffiziellen Charakter durch die Regierung erhalten konnten.

Herzl hoffte, eine europäische Großmacht zu finden, die ihren Einfluß auf den Sultan geltend machen sollte. Zuerst dachte er dabei an Deutschland. Auf Vermittlung des Großherzogs von Baden hin ließ sich *Kaiser Wilhelm II.* zu einer Begegnung bestimmen, die anläßlich der Palästinareise des Kaisers im November des Jahres 1898 in Mikve Jisrael und später noch einmal in Jerusalem stattfand. Dieser Aufenthalt Herzls in Palästina blieb sein einziger. Von den Siedlern wurde er begeistert begrüßt; durch die türkischen Behörden befürchtete er aber ständig seine Verhaftung. Der Kaiser, mit Kreuzrittertracht angetan und von Schulkindern unter ›Heil dir im Siegerkranz‹ empfangen, zeigte sich von seiner besten Seite und war sehr aufgeschlossen. In einer Ansprache erklärte Herzl:

»Das ist das Land unserer Väter, das sich für eine Kolonisierung und Kultivierung eignet. Ew. Majestät haben das Land gesehen. Es schreit nach Menschen, die es bebauen sollen, und wir haben unter unseren Brüdern ein schreckliches Proletariat. Diese Menschen schreien nach einem Land, das sie bebauen wollen. Nun möchten wir aus den zwei Notständen – des Landes und des Volkes – durch planvolle Verbindung beider eine neue Wohlfahrt schaffen.«

Des Kaisers Staatssekretär *von Bülow*, der gesagt haben soll:
»Ich muß offen aussprechen, daß ich ein Gegner des Zionismus bin«, sprach sich gegen Herzls Pläne aus, weil er ein
Eingreifen Englands und Frankreichs befürchtete, wenn sich
Deutschland zu sehr in Palästina einmischte. Des Kaisers Stel-
lungnahme schildert von Bülow in seinen ›Denkwürdigkeiten‹:

»Wilhelm II. war anfänglich Feuer und Flamme für die zionistische Idee, weil
er auf diese Weise sein Land von vielen ihm nicht besonders sympathischen
Elementen zu befreien hoffte. Als ihm aber der damalige türkische Botschafter
in Berlin, der uns auf unserer Orientreise begleitete, klargemacht hatte, daß der
Sultan vom Zionismus und einem unabhängigen jüdischen Reich nichts wissen
wollte, ließ er die zionistische Sache fallen.«

Nachdem seine Absichten in Deutschland gescheitert waren,
wandte sich Herzl an Rußland. Auf der Haager Friedenskonferenz im Jahr 1899 konnte sich Herzl vermittelnd einschal-
ten. Dadurch kam es zu Kontakten mit dem Zaren, die aber
belanglos blieben. Verhandlungen in Italien waren erfolgreicher. In Rom hatte Herzl auch eine Audienz bei Papst *Pius X.*
Dieser lehnte eine Unterstützung des Zionismus strikt ab, da
die Juden nicht bereit seien, den christlichen Glauben anzu-
nehmen. Sollten sie nach Palästina gehen, würde die Kirche
alles unternehmen, sie zum Christentum zu bekehren.
Im April 1901 kam es endlich zu der so lange erhofften Un-
terredung mit *Sultan Abdul Hamid II.* Herzl versprach, dem
stark verschuldeten Osmanischen Reich finanziell zu helfen,
wenn der Sultan einem Schutzvertrag für ein Siedlungswerk
in Palästina zustimme. Das Osmanische Reich solle die Oberhoheit nicht verlieren. Herzl war ehrlich davon überzeugt, das
Geld – es war die Rede von zwei Millionen englischen Pfund –
aufzutreiben, wenn er erst einmal den Schutzvertrag erreicht
hätte, zumal es ihm gelungen war, in London *James Rothschild* für seine Pläne zu interessieren. Der Sultan machte
aber nur halbe Zusagen. In der Folgezeit spielte Herzl eine
Doppelpolitik: Den Geldgebern schilderte er seine Erfolge in
der Außenpolitik; den Politikern gegenüber versicherte er,
daß er die Millionen der reichen Judenschaft hinter sich habe.
Im Februar 1902 erfolgte eine neue Einladung nach Kon-

stantinopel. Es kam zu ernsten Verhandlungen. Der Sultan verlangte türkische Oberhoheit und getrennte Ansiedlung in verschiedenen Teilen des Osmanischen Reiches und nur zum Teil in Palästina. Darauf konnte Herzl jedoch nicht eingehen, da er ein zusammenhängendes Siedlungsgebiet brauchte. Inzwischen hatte im Jahr 1901 der fünfte Kongreß in Basel getagt. Hier kam es zum ersten Mal zu ernsten Auseinandersetzungen innerhalb der zionistischen Organisation. Die Chowewe Zion kritisierten Herzls Haltung, in Palästina vor Erlangung eines Schutzvertrages nichts zu unternehmen. Achad Haam distanzierte sich von der Zionistischen Organisation, die den äußeren Werten nachjage, die inneren aber, auf die es ankomme, gar nicht erkenne. Die politische Aktivität Herzls verurteilte er mit den Worten:

»Israel wird nicht durch Diplomaten, sondern durch Propheten erlöst werden.«

Andere kritisierten den Mangel jeglicher Kulturarbeit von seiten der Zionistischen Organisation. Die Träger jüdischer Kultur, die orthodoxen oder liberalen Kultusgemeinden, welche ›Deutsche mosaischer Religion‹ sein wollten und jedes jüdische Nationalgefühl leugneten, waren den Zionisten unerreichbar geblieben. Herzl war nicht bereit, die wenigen Gelder der Organisation zur Gründung neuer Kulturausbildungsstätten auszugeben. Nur auf dem Gebiet körperlicher Ertüchtigung war einiges geschehen: Eine Reihe jüdischer Sportvereine war gegründet worden. Eine Gruppe, die sich *Kulturzionisten* nannte, und zu der besonders *Martin Buber* und *Haim Weizmann* gehörten, opponierte gegen diese Innenpolitik Herzls und forderte politische Gegenwartsarbeit. Buber regte an, die Wiederbelebung der hebräischen Sprache zu fördern, sich um ein Verständnis jüdischer Existenz zu bemühen und die Wurzeln der alten Zionssehnsucht zu erforschen, um sie damit für die zionistische Arbeit fruchtbar zu machen. Die Kulturzionisten waren es auch, die die Gründung einer jüdischen Hochschule in Jerusalem beantragten. Obwohl ihr Antrag angenommen wurde, konnte die Grundsteinlegung erst im Jahr 1918 stattfinden.

Ein weiteres Ergebnis des fünften Kongresses war die Gründung des *Jüdischen Nationalfonds*, auf hebräisch *Keren Kajemet Lejisrael*. Sämtliche Wegbereiter des Zionismus wie *Hess, Alkalay, Kalischer* und *Pinsker* hatten die zionistische Idee mit der Verwirklichung der sozialen Gebote der alten jüdischen Gesetzgebung verbunden. Im Jüdischen Nationalfonds versuchte man, diese Ideale zu verwirklichen. Seine Aufgabe war, Land in Palästina aufzukaufen und an Juden zu verpachten. Der Boden blieb unveräußerlich und Eigentum der Nation. Bodenspekulationen, Anhäufungen von Großbesitz und ähnliche Nachteile privaten Bodenbesitzes blieben damit von vornherein ausgeschaltet. Durch eine große Sammeltätigkeit wurde diese Institution eines der wichtigsten Organe der Zionistischen Organisation. Alle hochgesteckten Ziele des Nationalfonds konnten später voll erfüllt werden.

Auf dem fünften Kongreß entstanden auch die ersten Fraktionen. Herzl hatte mit allen Mitteln versucht, religiös neutral zu bleiben, um einen Kampf zwischen Religiösen und Sozialisten zu vermeiden. Die wenigen Orthodoxen, die sich unter den Zionisten befanden, schlossen sich nun aber zur Gruppe der *Misrachi* zusammen, um ihre besonderen Anliegen besser vertreten zu können. Misrachi ist eine Abkürzung von *Merkas ruchani*, ›geistiges Zentrum‹, nach anderer Erklärung abgeleitet von hebräisch ›misrach‹, ›nach Osten gerichtet‹. Eine weitere Fraktion entstand mit den *Poale Zion*, den ›Arbeitern Zions‹, die marxistisch orientiert waren und dadurch vor dem Problem standen, Marxismus und Nationalismus zu verbinden.

Die wachsende Opposition im eigenen Lager und die langwierigen Verhandlungen mit dem Sultan ließen Herzl an einem baldigen Zustandekommen des Schutzvertrages zweifeln. Die zunehmenden Judenvertreibungen, besonders in Galizien und Rumänien, forderten aber eine sofortige Hilfe. So wandte er sich jetzt England zu. Durch einen Mitarbeiter, *Leopold Greenberg*, führte er im Oktober 1902 mit der englischen Regierung Verhandlungen. Herzl suchte Zypern oder El Arish auf der Halbinsel Sinai als jüdisches Siedlungsgebiet zu erhalten, um sie später als Sprungbrett nach Palästina gebrau-

chen zu können. Mit diesen Plänen wollte er auch die Türkei
unter Druck setzen. *Joseph Chamberlain*, damals Kolonial-
minister, war bereit, Herzl El Arish zu überlassen. Gegen diesen Plan konnten die Chowewe Zion nichts einwenden, da die
Sinaihalbinsel, die Stätte, wo Moses die göttliche Offenbarung
empfing, nach alter jüdischer Tradition heilig ist und die
Grenzziehung zwischen Ägypten und Palästina noch offen
war. Eine Kommission wurde nach El Arish entsandt, die fest-
stellte, daß das Gebiet menschenleer, aber ohne Nilwasser unbrauchbar sei. Weil Ägypten das Wasser verweigerte, mußte
der Plan wieder aufgegeben werden.

Ostern 1903 brach in Rußland der *Kischinewpogrom* aus.
Hunderte von Juden wurden erschlagen. Herzl begab sich
nach Petersburg und führte mit Innenminister *Plehwe*, der als
verantwortlich für die Vorkommnisse galt, Verhandlungen
über Auswanderungsmöglichkeiten. Während der Petersbur-
ger Gespräche machte die englische Regierung Herzl das
Angebot, ein Gebiet in Uganda für jüdische Siedlungszwecke
zur Verfügung zu stellen. Beabsichtigt war

»die Gewährung eines ansehnlichen Landstriches, die Ernennung eines jüdischen Beamten zum Oberhaupt der lokalen Verwaltung und die Gewährleistung
voller Autonomie an die Kolonie für Eigengesetzgebung und für die Ordnung
der religiösen und ausschließlich inneren Angelegenheiten«.

Die Oberaufsicht müsse bei der englischen Regierung bleiben.
Angesichts der katastrophalen Lage des russischen Judentums
stimmte Herzl zu. Die Verantwortung dafür nahm er auf seine
eigene Person.

Der Erfolg Herzls war groß. In kaum sechs Jahren hatte er es
fertiggebracht, eine Organisation aufzubauen, die von der
englischen Regierung für fähig gehalten wurde, in einem un-
kultivierten Gebiet einen halbautonomen Staat zu errichten.
Das Ugandaangebot wurde deshalb auf dem sechsten Kongreß im Jahr 1903 von vielen stürmisch begrüßt. Die Opposition der Gruppe um Martin Buber und der Chowewe Zion
allerdings war ebenso selbstverständlich; denn das, was sie in
Palästina zu finden hofften, brauchten sie in Uganda nicht zu
suchen. Nur Palästina war das Land ihrer Väter und konnte
ihnen wieder Heimat werden. Herzl und Nordau versicherten,
daß vom Baseler Programm nicht abgewichen werden solle:

»Das jüdische Volk kann selbstverständlich kein anderes Endziel haben als Palästina.«

Uganda sei nur Zwischenlösung, ›Nachtasyl‹ für die verfolgten Juden. Aber die am härtesten betroffen waren, die russischen Chowewe Zion, lehnten unter der Führung von Menachem Ussischkin entschieden ab. Weinend verließen sie, die ›Zione Zion‹, die ›Zionszionisten‹, den Kongreß und hielten in Nebenräumen eine Trauersitzung. Herzl wollte sie zurückholen und zitierte auf hebräisch – das einzige Mal in seinem Leben, daß er Hebräisch sprach – Psalm 137:

»Vergesse ich dein, Jerusalem, so werde meiner Rechten vergessen!«

Der Gegensatz war unüberbrückbar. Der Kongreß beschloß gegen die Stimmen der ›Chowewe Zion‹, eine Untersuchungskommission nach Uganda zu schicken.

Im Oktober 1903 versammelten sich die ›Chowewe Zion‹ in Charkow und stellten an Herzl das Ultimatum, nur ein Projekt zu betreiben, das Palästina als Ziel habe; sonst würden sie aus der Zionistischen Organisation austreten und eine eigene Organisation gründen. Die zionistische Bewegung stand damit vor der Gefahr, gespalten und dadurch politisch unfähig zu werden. Die Aussichten für das Ugandaprojekt hatten sich verschlechtert. Die englische Regierung machte Anstalten, von ihrem Angebot zurückzutreten, da sich Widerstände innerhalb Englands erhoben hatten. Herzl kam mehr und mehr zu der Überzeugung, das Projekt sei unhaltbar. Auf einer Aktionskomiteesitzung im April 1904 kam es zur Aussöhnung. Herzl bekannte:

»Als ich aufbrach, war ich nur ein Judenstaatler; ich bin ein ›Chowew Zion‹, ein Liebhaber Zions, geworden.«

Herzl hatte durch seine rastlosen Bemühungen seine Gesundheit vollständig aufgebraucht. Er war am Ende seiner Kräfte. So erlag er am 3. Juli 1904 vierundvierzigjährig in Österreich einem Herzleiden. Die Beteiligung bei seiner Beerdigung war überwältigend. Aus allen Erdteilen waren Juden zusammengekommen, um ihm die letzte Ehre zu erweisen. Nach der Staatsgründung Israels wurden seine Gebeine nach Jerusalem überführt und auf dem ›Herzlberg‹ endgültig beigesetzt.

Achad Haam sagte von Herzl, daß das jüdische Volk seinen Messiasglauben auf ihn übertragen habe. Dies gilt besonders für die Juden in Osteuropa. Bei einem Besuch in Wilna begrüßten Tausende von Juden Herzl auf hebräisch mit dem messianischen Zuruf:»Es lebe der König«. Aber auch im Westen wurde Herzl nach seinem Tode verherrlicht. *Robert Weltsch* schrieb im Jahr 1913:

»So erhebt sich über dem historischen Herzl der ewig lebende Herzl, der das ragende Symbol der jüdischen Bewegung unserer Zeit bleiben wird.«

Herzl wurde Urbild des neuen Juden, der sich seines Judeseins nicht mehr schämt. Herzl war das Musterbeispiel einer genial begabten Persönlichkeit, seiner Berufung, aber auch der Wirkung seines Auftretens voll bewußt. Dadurch war es ihm möglich, aus kleinen Anfängen der zionistischen Bewegung eine Weltbewegung hervorzurufen. Die zionistische Bewegung war nicht mehr eine Sache von Schwärmern, sondern galt nun in der Welt der Politik als Realität.

Im Schatten Herzls

Herzl hatte es dank seiner ausgeprägten und beherrschenden Persönlichkeit verstanden, die Organisation über alle Krisenzeiten hinweg mit fester Hand zu führen. Sogar die schwerwiegende Ugandakrise hatte die Organisation nicht zu sprengen vermocht. Nach seinem Tode herrschte einige Verlegenheit, wie sein Posten neu zu besetzen sei, weil die Zionistische Organisation eine solch ausgeprägte Persönlichkeit, wie Herzl es gewesen war, nicht mehr besaß. Besonders im Engeren Aktionskomitee fehlten Männer, die in der Zionistischen Organisation Ruf und Namen hatten; denn Herzl hatte die Geschäfte fast selbständig ohne fremde Hilfe geführt. Es wurde daher beschlossen, das Engere Aktionskomitee um fünf Personen zu erweitern, die den siebten Kongreß vorzubereiten hatten.

Im Sommer 1905 fand der siebte Kongreß in Basel statt. Da vom sechsten Kongreß das Ugandaprojekt auf den siebten vertagt worden war, wurde es als erstes behandelt. Der Bericht der Ugandakommission war negativ. Das ausersehene Territorium war viel zu klein und ungeeignet, um einer Ansiedlung solchen Ausmaßes zu genügen. Außerdem schien es utopisch, anderswo mit einem Besiedlungswerk von vorn zu beginnen, nachdem in Palästina bereits fünftausend Siedler und fünfzigtausend Städter wohnten. Eine Kolonisation solchen Ausmaßes hätte in dem unzugänglichen Gebiet von Uganda Jahrzehnte gedauert und riesige Gelder verschlungen. Das Projekt wurde daher endgültig aufgegeben. Es wurde beschlossen, am Baseler Programm festzuhalten und jede Ansiedlung außerhalb Palästinas abzulehnen.

Im Laufe der Zeit machte sich innerhalb der Zionistischen Organisation ein Gegensatz immer mehr geltend. Es waren zwei Strömungen entstanden, die der *Politiker* und die der *Praktiker*. Die Politiker vertraten Herzls Standpunkt, in Palästina nichts vor Erlangen eines Schutzvertrages zu unternehmen. Diese Richtung repräsentierte auf dem siebten Kongreß vor allem *Bodenheimer*. Für die Praktiker sprach *Otto Warburg*, der Leiter der auf Beschluß des sechsten Kongresses entsandten Palästinakommission. Er berichtete über die Erfolge seiner Kommission und vertrat die Ansicht, daß die Erlangung eines Schutzvertrages viel eher möglich sei, wenn man bereits geleistete Arbeit vorweisen könne. Der Bericht Warburgs machte großen Eindruck, da er zeigte, wie erfolgreich Palästinaarbeit unter geeigneter Leitung und vernünftiger Planung sein konnte. Der Kongreß bejahte darauf die Palästinaarbeit grundsätzlich. Keine der beiden Gruppierungen konnte sich auf dem siebten Kongreß ganz durchsetzen. Dies zeigte sich auch in der Wahl des Engeren Aktionskomitees, das sich je zur Hälfte aus Politikern und Praktikern zusammensetzte. Zum Präsidenten wurde, nachdem Nordau aus Gesundheitsgründen abgelehnt hatte, ein Neutraler gewählt: *David Wolffssohn* (1856 - 1914). Er stammte aus Litauen. Von frühester Jugend an Zionist, hatte er zusammen mit Bodenheimer im Jahr 1891 den ersten Zionistenverein in Köln gegründet. Herzl hatte den Kaufmann Wolffssohn als ›Finanzminister‹ eingesetzt, in welcher Position er sich besonders um die Bank verdient gemacht hatte.

Der Kongreß war kaum entlassen, da brachen in Rußland infolge der gescheiterten Revolution des Jahres 1905 und der Niederlage Rußlands im Krieg gegen Japan neue Pogrome aus. An die tausend Juden kamen ums Leben. Zum ersten Mal setzten sich Juden zur Wehr. Überall bildeten sich Truppen der *jüdischen Selbstwehr*, die von der zaristischen Regierung jedoch verboten wurde. Durch das Erwachen des jüdischen Selbstbewußtseins und die fortschreitende Demokratisierung in Österreich und Rußland entstanden auch *jüdische Parteien*, die von den Zionisten unterstützt wurden und die eine Anerkennung der Juden als Volk und deshalb eine Selbstverwaltung forderten. Andere Parteien, wie der jüdische ›Bund‹, der sozialistisch ausgerichtet war, nahmen eine antizionistische Haltung ein. Von einer stärkeren Position in der Diaspora erhofften sich die Zionisten auch eine stärkere Ausgangsbasis bei Verhandlungen über einen Schutzvertrag. Der verstärkte Einsatz in der Diaspora hatte allerdings ein Nachlassen in den eigentlichen zionistischen Zielen zur Folge. Verschiedene Kreise der Chowewe Zion forderten daher um so energischer den sofortigen und ernsthaften Beginn einer Palästinaarbeit. Auf dem achten Kongreß im Jahr 1907 in Den Haag lag daher das Schwergewicht aller Diskussionen auf diesem Gebiet. Hier gelang es den Praktikern zum ersten Mal, sich voll durchzusetzen. Weizmann, der schon auf dem fünften Kongreß zusammen mit Buber Palästinaarbeit gefordert hatte, verurteilte die Kurzsichtigkeit der Politiker und forderte eine wahre Synthese zwischen praktischen und politischen Schritten. Nur so sei das Ziel, das doch allen gemeinsam sei, zu erreichen. Die verstärkte Tätigkeit auf einem Gebiet werde auch das andere fördern. Die Aufnahme der Palästinaarbeit wurde beschlossen, ein *Palästinaamt* eingesetzt und mit dieser Aufgabe betraut. Sein Leiter wurde der deutschjüdische Soziologe *Arthur Ruppin*.

Das Jahr 1908 wurde weltpolitisch ein höchst bedeutsames Jahr. England versöhnte sich mit Rußland, um dem immer stärker werdenden Einfluß Deutschlands zu begegnen. In der Türkei brach die Revolution aus; an die Stelle des Sultans trat die Herrschaft der *Jungtürken*. Da sie von den türkischen Juden stark unterstützt wurden, waren sie zuerst prozionistisch eingestellt; der aufkommende *Panturkismus*, der die nationalen Minderheiten im türkischen Herrschaftsgebiet absolut regieren und unterdrücken wollte, konnte aber auf die Dauer ein halb autonomes jüdisches Palästina nicht dulden. Ebenso ließ das starke Nationalgefühl der Jungtürken keine Beeinflussung durch außenstehende Mächte zu. So mußten sämtliche Bemühungen, durch eine europäische Großmacht einen Schutzvertrag zu erreichen, aufgegeben werden.

Diese Konsequenz wurde auf dem neunten und zehnten Kongreß gezogen. Wolffssohn erklärte:

>»Nicht einen Judenstaat, sondern eine Heimstätte auf dem Boden unserer Väter erstreben wir.«

Die zionistische Organisation richtete von jetzt ab ihre ganzen Bemühungen auf direkte Verhandlungen mit der Türkei, die aber ohne jeden Erfolg blieben. Von zionistischer Seite wies man besonders auf die großen Vorteile hin, die der Türkei durch eine moderne Kolonisation zufallen würden, auf die steigenden Steuereinnahmen und die Anhäufung ausländischen Kapitals im türkischen Machtbereich. Aber die Türkei blieb mißtrauisch.

Im zionistischen Lager selbst hatte sich inzwischen die Opposition gegen Wolffssohn verschärft. Die Gegensätze traten in ihrer ganzen Härte auf dem neunten Kongreß im Jahr 1909 in Hamburg aufeinander. *Nachum Sokolow*, bisher der ausgleichende Mann der Bewegung, legte seinen Posten als Generalsekretär aus Protest gegen die starre und einseitige Politik Wolffssohns nieder. Auf der Jahresversammlung im Jahr 1910 trat Wolffssohn freiwillig zurück. Die Praktiker besetzten das Engere Aktionskomitee mit ihren Leuten; den Politikern blieb nur die Bank, die Wolffssohn bis zu seinem Tode im Jahr 1914 führte.

Der geregelte Anfang

Unter der Ära Herzls hatten sich die Zustände in den Siedlungen Palästinas kaum verändert. Baron Edmund Rothschild hatte bei seinen Palästinareisen die großen Mißstände in seinen ›Kolonien‹ erkannt und verurteilt. Er übergab daher im Jahr 1910 sein ganzes Siedlungswerk der *Jewish Colonisation Association*, der JCA, wie sie abgekürzt hieß, die von *Baron Hirsch* im Jahr 1891 gegründet worden war. Die Unterstützungsgelder Baron Rothschilds flossen aber in gleicher Weise weiter, so daß Herzl sagte:

»Selten ist eine großartigere Hilfsaktion in bescheidenerer, selbstloserer Weise unternommen worden.«

Die JCA versuchte, den Siedlungen größere Selbständigkeit zu geben und die ärgsten Mißstände zu beseitigen. Dies war aber nur schwer möglich, weil die Siedlungen innerlich erschöpft waren und an Alterserscheinungen litten. Die Siedlungen waren inzwischen 30 Jahre alt. Der Idealismus der ersten Siedler, die mit der Hoffnung ins Land gekommen waren, ganz Israel werde ihnen folgen, war gebrochen; sie fühlten sich um ihr Lebenswerk betrogen. Die jüngere Generation war zum größten Teil in die Städte oder ins Ausland abgewandert. Es bedurfte einer neuen Generation, eines neuen Geistes, nicht äußerer Maßnahmen allein, um das Palästinawerk zu retten.

Die russischen Pogrome von 1902 bis 1906 verursachten eine neue ostjüdische Wanderbewegung. Aus Palästina erscholl der Notruf des Lehrers *Josef Witkin*:

»Kommt schnell, ihr Starken von Israel, erneuert die Tage der Bilujim mit größerer Kraft und Macht; denn noch ein wenig, und wir sind verloren!«

Dieser Ruf verhallte nicht ungehört. Die *zweite Alija*, die zweite Einwanderungswelle, setzte ein. Ihr Motto lautete: *Eroberung der Arbeit*. In der Regel waren die neuen Einwanderer sozialistisch geprägt. Ihr Programm faßte später *David Ben Gurion*, der mit der zweiten Alija ins Land gekommen war, mit den Worten zusammen:

»Der jüdische Arbeiter trägt wie die Arbeiter aller Länder die Vision der sozialen Befreiung in sich und glaubt, wie in der ganzen Welt werde auch in Palästina der Tag kommen, an dem eine neue Ordnung, das Regime der Arbeit, errichtet wird. Auch der arabische Arbeiter, in dem unkultivierte Arbeitgeber jetzt nur ein Arbeitstier sehen, wird erwachen und wird an dem Kampf der arbeitenden Menschheit und der Vision ihrer Befreiung mitarbeiten. Die Sklaven bleiben nicht ewig Sklaven. Die Rechte, die der jüdische Arbeiter fordert, sind Menschen-, Arbeiter- und Bürgerrechte.«

Viele der Neueinwanderer waren Anhänger der *Poale Zion*, der ›Arbeiter Zions‹, und hatten in Rußland für die Revolution gekämpft. Ihr Theoretiker war *Ber Borochow* (1881–1917). In einer Reihe von Veröffentlichungen machte er seinen Standpunkt klar. Da in Rußland damals die Juden zum größten Teil in der verarbeitenden Industrie tätig waren, sagte Borochow:

»Die jüdische Arbeit basiert auf fremder Arbeit; sie ist nicht bodenständig und deshalb auch nicht selbständig,«

Weil die Juden nicht bodenständig sind, kann man sie aus ihren Berufen leicht verdrängen; dies führt zu immer neuen Wanderbewegungen. Um sich behaupten zu können, müssen darum auch sie bodenständig werden. Dies können sie nur in einem Land, wo sie an der Produktion maßgeblich und unabhängig von Menschen anderer Völker beteiligt sind. Das ist nur in einem Staat zu erreichen, der – wie Palästina – wirtschaftlich erst aufzubauen ist. In Palästina ist der Anteil der jüdischen Bevölkerung an der ›Urproduktion‹ schon jetzt prozentual größer als in jedem anderen Land. Dort ist es deshalb auch möglich, daß sich das arbeitende Proletariat von vornherein gegen die ausbeutende Schicht durchsetzen kann und so am ehesten in die Lage kommt, die klassenlose Gesellschaft herbeizuführen.

Diese Theorie mußte in bezug auf das jüdische Palästina allerdings Theorie bleiben. Es gab in der ersten Zeit keine ›Ausbeuter‹ und keine ›Ausgebeuteten‹, weil das ganze Siedlungswerk auf Idealismus aufgebaut war. Große Geschäfte waren in Palästina nicht zu machen und waren auch für die allernächste Zukunft nicht zu erwarten. Ein ausgebeutetes jüdisches Proletariat konnte in Palästina gar nicht entstehen, weil die ›ausbeutenden‹ Kreise nicht Juden, sondern die billigeren arabischen Arbeitskräfte anstellten.

In Palästina bildete sich deshalb bald eine neue, antimarxistische, aber stark sozialistisch und national geprägte Partei, *Hapoel Hazair*, der ›Junge Arbeiter‹. Sie wollte in Palästina nicht den Klassenkampf durchsetzen, sondern erstrebte zusammen mit allen Schichten des jüdischen Volkes die Errichtung einer sozialistischen Gemeinschaft durch schöpferische Arbeit aller Beteiligten. Der Leitspruch ihres ideologischen Lehrers, *Haim Arlosoroff*, lautete:

»Wir kennen keinen Klassenkampf, wir kennen keinen Klassensozialismus – wir wollen sie auch nicht kennen. Wir wollen ja auch nicht Klassengerechtigkeit, sondern Menschengerechtigkeit.«

Unter dem Einfluß des Hapoel Hazair bildeten sich in Europa die *Zeire Zion*, die ›Jungen Zions‹, deren Programm die Umschichtung des jüdischen Volkes und die Erziehung zur landwirtschaftlichen Arbeit vorsah. Beide Parteien forderten energisch die jüdische Selbstarbeit, sowie die Nationalisierung der Produktionsgüter und des Bodens.

Während die Anhänger der ›Poale Zion‹ in den Städten wohnten, befand sich die Anhängerschaft des ›Hapoel Hazair‹ auf dem Lande. Da aber die Landarbeiter die entscheidenden Träger des Siedlungswerkes waren, wurde der ›Hapoel Hazair‹ rasch die bestimmende Partei. Tätiges Vorbild ihrer Ideologie wurde *Ahron David Gordon* (1856–1922), der stark von Ideen Tolstois geprägt war. Im Jahr 1904 war er mit der zweiten Alija als Achtundvierzigjähriger eingewandert. Streng religiös erzogen, hatte er sich später mit Profanwissenschaft beschäftigt und moderne Sprachen erlernt. Nachdem er in Rußland Gutsverwalter gewesen war, wurde er in Palästina einfacher Landarbeiter. Die Arbeit wurde ihm zum Heiligen Werk. Das hebräische Wort ›Avoda‹ meint sowohl die profane Arbeit als auch den kultischen Gottesdienst. Davon beeinflußt schreibt Gordon:

»Unsere Hauptforderung ist, daß die Arbeit die Grundlage des Volkes bilden soll nicht aus ökonomischen Rücksichten und nicht, weil wir hierin gewisse Gerechtigkeitsprinzipien erblicken, sondern weil die Arbeit das kosmische Moment ist, das uns wieder mit dem Boden, mit der Natur, dem Weltall vereinigt.«

Nicht aus dem Geist, sondern aus der Arbeit erwächst Kultur und Leben. Die Arbeit stellt den Menschen auch in sein Volk hinein und hält dieses zusammen. Das Volk ist mehr als eine soziale Gemeinschaft. Das Nationale hat seinen eigenen Wert und bestimmt erst den Sozialismus. Er schreibt:

>Erst durch das Leben des Volkes ist das menschliche Leben fähig, menschlich zu sein, erhält der Mensch die Möglichkeit, kosmisch groß zu leben, bedeuten überhaupt die höheren Bestrebungen des Menschen etwas, sind sie keine leere Phantasie.«

Die Arbeit gestaltet den einzelnen zum Bruder des anderen im Volk; sie macht aber auch die Völker zu Brüdern. So ist auch der Krieg abzulehnen, denn er kann kein irgendwie zu rechtfertigendes Mittel zur Erlangung irgendwelcher Ziele sein.

Alle diese Gedanken erhalten, auf Israel und sein Land angewandt, eine besondere Bedeutung. Land und Volk Israel sind einander zugeordnet. Die innere Abhängigkeit von Land und Volk wird schon im ersten seiner ›Briefe aus Palästina‹ deutlich:

»Die Mutter Land Israel fordert von Euch Leib und Leben, oder sie fordert nichts. Meine Absicht ist nicht, Eure Aufmerksamkeit darauf zu lenken, was Ihr für Palästina tun sollt und könnt, sondern im wesentlichen darauf, was Palästina für Euch tun kann... Erst von da an, wenn Ihr in ihm etwas sucht, .. erst von da an seid Ihr befähigt, etwas, etwas Lebenswichtiges für Palästina zu tun.«

Alle Katastrophen und Mühsale, die man deswegen um Palästina erduldet, sind beglückend, weil sie die Erlösung von Volk und Land bewirken:

»Nur einen Trost haben wir, .. daß wir unsere Schmerzen bis auf den Grund fühlen. Wir gleichen einer Frau, die lange keine Kinder hatte, wie sehr sie auch Gott darum bat, und plötzlich merkt sie, daß sie schwanger ist. Sie freut sich über jeden Schmerz und hat nur Angst: vielleicht ist der Schmerz zu gelind, vielleicht ist es nicht das. In der Diaspora haben wir diese Schmerzen nicht gefühlt.«

Gordon lebte sehr bescheiden. Er schrieb nie etwas, ohne dazu aufgefordert zu sein, und wenn er schrieb, so tat er es außerhalb der Arbeitszeit. Leben und Theorie sollten übereinstimmen. Deutlich wurde das auch an seiner Sprache. Da er der Überzeugung war, daß neben der Arbeit besonders die Sprache ein Volk bilde, und daß die hebräische Sprache für das jüdische Volk auch erlösende Kraft habe, sprach er nur

Hebräisch und verzichtete lieber auf ein Gespräch, wenn sein Gesprächspartner Hebräisch nicht beherrschte.

Die neuen Arbeiter der zweiten Alija gingen mit aller Kraft daran, die Mißstände zu beseitigen. Das Grundübel des jüdischen Siedlungswerkes war immer noch die Beschäftigung der billigen arabischen Arbeitskräfte in den jüdischen Siedlungen. Für die begeisterten Zionisten war der Gedanke unerträglich, daß die jüdische Heimat durch Nichtjuden errichtet würde. Auf diese Weise sei eine jüdische Nationalheimat in Palästina nicht zu erreichen. Erst durch jüdische Arbeit könne Palästina wirkliches Eigentum des jüdischen Volkes werden. So schreibt Martin Buber in seiner Schrift ›Eroberung Palästinas‹:

»Arbeit; das ist nicht Betriebsamkeit. Das ist Werk des Leibes und der Seele, Einsatz der ganzen Person. Das ist Liebeswirkung, fruchtbare Tat, Eroberung. – In alten, starken Zeiten raubte man sich die Braut, in späteren, schwächeren, kaufte man sie. Aber noch einmal sei es gesagt, ob man sie raubt oder kauft oder sonst irgendwie bekommt, dieses Haben lügt; die wahre Werbung, Erwerbung muß erst danach beginnen. – Als Räuber, als Käufer wird der Jude jenen anderen, die das Land einnahmen und nicht eroberten, besetzten und nicht besaßen, nicht überlegen sein; nur als Arbeiter im Land wird er kraft seines Zusammenhanges mit ihm, kraft seiner Liebe zu ihm, kraft seiner Sehnsucht nach ihm vermögen, was ihnen versagt blieb und versagt bleiben muß: es zu erobern, indem er es erlöst.«

Die neuen jüdischen Arbeiter begannen den Arabern Konkurrenz zu machen. Sie verrichteten bessere Arbeit für den gleichen Lohn; aber auch dadurch ließen sich nicht alle Schwierigkeiten auf die Dauer beseitigen.

Im Jahr 1908 nahm die Zionistische Organisation die auf dem achten Kongreß beschlossene Palästinaarbeit auf. Im Frühjahr kam Ruppin ins Land und errichtete in Jaffa das *Palästinaamt*. Das neue Amt setzte sich schnell durch, es wurde die zentrale Leitung des gesamten Siedlungswerkes; auch alle anderen Kolonisationsgesellschaften wie die JCA, die das Erbe Rothschilds verwaltete, arbeiteten mit ihm zusammen. Durch seine Fähigkeit wurde Ruppin bald der praktische ›Gouverneur‹ des jüdischen Siedlungswerkes.

Viele Aufgaben aber mußten noch bewältigt werden. Noch immer arbeiteten in den alten jüdischen Siedlungen meist Araber. Je länger, desto mehr machten sich die Gegensätze

zwischen den alteingesessenen Siedlern und den neu eingewanderten Arbeitern bemerkbar. Es wurde für die freiheitlich
gesinnten, stolzen, von sozialen Ideen erfüllten Arbeiter unerträglich, bei privaten Landbesitzern oder Pächtern als Ta-
gelöhner zu arbeiten, ohne Verantwortung für die eigene Arbeit und ohne nötige Sicherheit für den Unterhalt des tägli-
chen Lebens. Diese menschlichen und sozialen Spannungen
schienen bei der herrschenden Lage unlösbar. Überall in Europa setzte die Landflucht ein; sollte hier das Gegenteil erreicht werden, so mußten ganz neue Wege gefunden werden.
Die Lösung brachte die *Genossenschaftssiedlung*, der *Kibbuz*.
Die Genossenschaftssiedlung enstand aus der Notwendigkeit
des Augenblicks heraus, nicht nach einer vorher ausgeklügel-
ten Theorie oder Ideologie.

Als die Zionistische Organisation ihre Arbeit in Palästina aufnahm, konnte sie den neuen Ansiedlern keinerlei Geldmittel
zur Verfügung stellen. Für Einzelansiedlungen nach Art der
Rothschild-Siedlungen fehlten jegliche Gelder. Es gab drei
Fonds, die der Zionistischen Organisation zur Verfügung standen, deren Gelder aber alle zweckgebunden und für eine Be-
siedlungstätigkeit im eigentlichen Sinn gemäß ihren Statuten
nicht verwendbar waren. Der Jüdische Nationalfonds hatte
nur die Aufgabe, Boden als unveräußerlichen Nationalbesitz
zu erwerben. Die ›Ölbaumspende‹ sammelte Gelder für die
Anlegung von Baumpflanzungen, und die *Palestine Land Development Company* (PLDC) war zum Erwerb und Weiter-
verkauf von Boden gegründet worden. Wenn trotzdem eine
Besiedlung begonnen werden sollte, mußten neue Wege ge-
sucht werden.

Der Jüdische Nationalfonds stellte der PLDC und der ›Ölbaumspende‹ Land in Erbpacht zur Verfügung, auf dem die
PLDC in Kinneret, die ›Ölbaumspende‹ in Benschemen landwirtschaftliche Betriebe gründeten. Gemäß den Satzungen
konnte der Zweck der Bewirtschaftung bei der PLDC lediglich eine Wertsteigerung des Bodens, bei der ›Ölbaumspende‹
nur die Anlage von Baumpflanzungen sein. Für diese Aufgabe wäre die Bepflanzung von bisher unbebauten Flächen in
der Nähe bereits bestehender Siedlungen sicher billiger ge-

wesen. Hätte man diese Aufgabe aber einer der alten Siedlungen anvertraut, wären arabische Arbeiter angestellt worden. Durch die Beschreitung jenes neuen Weges entstanden mit der Zeit nicht nur zwei neue Siedlungen, sondern jüdische Arbeitslose wurden beschäftigt, und in der Landwirtschaft Unerfahrene wurden zu Bauern, die in der Lage waren, selbständig neue Siedlungen zu begründen und Neuankömmlinge anzulernen. Der Mangel an landwirtschaftlich geschulten Kräften war nämlich neben den finanziellen Schwierigkeiten die Ursache, warum eine Einzelkolonisation bisher zum Scheitern verurteilt gewesen war.

Im Anfang unterstanden die Großbetriebe einem landwirtschaftlichen Fachmann, dem Administrator. Dieses System war auf die Dauer schwer aufrechtzuerhalten, weil es nur wenige jüdische Diplomlandwirte gab, die die nötige Erfahrung und zugleich auch Verständnis für die Anliegen der neuen Siedler mitbrachten. Diese wollten nämlich eigene Verantwortung für die jüdischen Siedlungen übernehmen und weigerten sich, in Palästina nur die Knechte neuer Herren zu sein. Die Agronomen ihrerseits hätten unter diesen Umständen schnell bereit sein können, die widerspenstigen jüdischen Arbeiter durch gefügige arabische zu ersetzen, was die Spannungen nur noch erhöht und die Idee und Zielsetzung der Genossenschaftssiedlungen in Frage gestellt hätte.

Im Jahr 1909 brach in Kinneret ein Streik unter den jüdischen Arbeitern aus. Eine Gruppe erfahrener Arbeiter forderte energisch das Mitbestimmungsrecht in ihren Siedlungen. Man gewährte ihnen dieses Recht, indem man sie unter eigener Leitung auf einem Teil der Farm, in Deganja, ansiedelte. Der in der Hitze des Gefechts abgeschlossene Vertrag zwischen den Siedlern und der PLDC lautete:

»Wir unterzeichneten Arbeiter, Mitglieder der Kommune von Kinneret, verpflichten uns, von heute an bis zur Beendigung der Getreideernte im Jahr 1911 als Arbeiter der ›Palestine Land Development Company‹ in ihrer Farm in Deganja zu arbeiten und den Verordnungen der von der Gesellschaft ernannten Beamten Folge zu leisten. Der vereinbarte Arbeitslohn ist 50 Frank monatlich. Außerdem erhalten wir die Hälfte des Reingewinns der Wirtschaft. Als Reingewinn wird jene Summe der Einnahmen aus Ernte und Wirtschaft gerechnet, die nach Abzug aller gemachten Auslagen für die Wirtschaft verbleibt.«

Durch die entschlossene Tat von fünf Leuten war der erste Kibbuz entstanden, Deganja, die Mutter der Kibbuzim. Daß diese neuen genossenschaftlichen Großbetriebe die Form der *Kwuza* oder des *Kibbuzes* annahmen, ist einzig und allein der Mentalität der Siedler zuzuschreiben. Kibbuz heißt Sammlung. In der ersten Zeit hieß die Siedlungsform Kwuza: Gruppe. Der Unterschied zwischen beiden Formen ist nur theoretisch. So bemühte sich die Kwuza, möglichst klein zu bleiben, um dadurch die ideale Gemeinschaft besser verkörpern zu können. In der Praxis war die Kwuza aber oft größer als der Kibbuz.

Im Jahr 1910 ergänzte die praktischen Schritte ein Theoretiker, *Franz Oppenheimer*. Die Herkunft seiner Gedanken wird deutlich, wenn er schreibt:

»Als Genossenschaft von Kriegern haben die Israeliten unter Josua das gelobte Land erobert, genossenschaftlich haben sie es unter die zwölf Stämme und innerhalb jeden Stammes unter die freien Männer verteilt, und als Genossenschaft sollten sie es besitzen für ewige Zeiten. Das ist der Sinn der mosaischen Gesetzgebung: Gott als der ewige Vertreter der ewigen Volkheit ist der Eigentümer des Landes; ›aber ihr seid nur Pächter im Land‹... Wenn der dürre Wanderstecken wieder Wurzeln fassen soll im alten Boden, wenn er wieder Blätter, Blüten und Früchte tragen, wenn das alte Volk zum alten Land heimkehren soll, damit ein jeder friedlich sitze unter seinem Rebstock und unter seinem Feigenbaum, dann gibt es nur ein Mittel, das eine alte Mittel, das eine alte Gesetz: Das Land darf nur des Volkes sein, nicht der einzelnen; die einzelnen dürfen nur Erbpächter des Volkes als Ganzheit sein.«

Oppenheimer setzte sich für die Errichtung von Großbetrieben ein, weil sie ihm wirtschaftlicher erschienen. Er wandte sich gegen das bisher verwandte System von Lohnarbeitern und wollte sie durch ›Genossen‹, die Eigentümer der Großbetriebe sein sollten, ersetzen. Die erste Siedlung nach Oppenheimers Plan war Merchawja. In den ersten Jahren ihres Bestehens wurde sie allerdings noch durch einen Verwalter geleitet. Es kam auch dort zu den vorher geschilderten Spannungen, die im Jahr 1914 zur Umwandlung der Genossenschaft in einen Kibbuz führte.

Bis 1921 blieb der Kibbuz die einzige Siedlungsform aller Neugründungen durch die 2. Alija. Ihre Verfassung bildete sich im Laufe der Jahre und wurde den Bedürfnissen der Zeit entsprechend abgewandelt. Die Hauptgrundzüge haben sich im allgemeinen bis auf den heutigen Tag erhalten.

Das alte Gesetz vom ›Lohn nach Leistung‹ lehnen die Mitglieder der Kibbuzim ab. Der Lohn nach Leistung fordert Abstufungen zwischen den Mitgliedern. Im Kibbuz soll es aber keine Unterschiede wie die zwischen Funktionären und weniger fähigen Arbeitern geben. Man ist darum auch nicht bereit, Spezialistentum zu dulden, mit dem der einzelne durch sein besseres Können die anderen überflügeln könnte. So wird in der Regel mit den Arbeiten im Turnus gewechselt, natürlich mit Ausnahme der Arbeiten, die nur von einem erfahrenen Fachmann getan werden können. Aber auch diese Leute bemühen sich, von Zeit zu Zeit, wenn sie an ihrem Platz entbehrlich sind, in anderen Arbeitszweigen tätig zu werden.

Die Frauen sind gleichberechtigt und arbeiten mit; aber Frauen gab es in den ersten Kibbuzim nur wenige. Sie hatten besonders schwere Vorurteile von seiten der alten Siedler wie auch der Araber zu überwinden, in deren Augen es für eine europäische Frau unschicklich war, sich mit gemeinen Arbeiten abzugeben. Mit den ersten Kindern tauchte das Problem ·der Erziehung auf. Da die Frauen mitarbeiten, werden die Kinder gemeinsam erzogen und wohnen in Kinderhäusern, wo sie von einigen Frauen des Kibbuz versorgt werden, bis sie nachmittags nach Hause gehen dürfen, um einige Stunden nach der Arbeit ihren Eltern ganz zu gehören.

Die Kibbuzim waren nicht nur sozialistische Siedlungsformen, sondern auch Pioniergruppen. Ihre Mitglieder siedelten in besonders schwer zugänglichen oder verwahrlosten Gebieten. Sie entwickelten zusammen mit dem Hapoel Hazair eine Schutzorganisation, die die Bewachung zuerst der Kibbuzim, schließlich aller jüdischen Siedlungen übernahm. Diese Wächter, *Schomrim* genannt, lösten die unsicheren arabischen Wachen ab. Auch in der Ausbildung neuer, mitteloser Siedler bewährten sich die Kibbuzim. Im Gegensatz zur Landbevölkerung in europäischen Ländern wurden die Mitglieder der Kibbuzim Kulturträger des Landes. Sie sprachen untereinander Hebräisch, bildeten Theatergruppen und unterstützten die neue hebräische Literatur. Unter ihnen waren Männer wie *Ben Gurion* und *Ben Zwi*, die später die Staatsgeschäfte übernehmen sollten. Die Kulturzentren der Kibbuzim wirkten nicht nur in die Städte Palästinas, sondern in die ganze jüdische Diaspora hinaus.

Im Anfang war der Wechsel innerhalb der Kibbuzim ziemlich groß, weil eine enge Lebensgemeinschaft, wie sie in den Kibbuzim verwirklicht wurde, ein gutes Kennenlernen und Auskommen der Mitglieder untereinander zur Voraussetzung hat. Daneben gab es auch ein Wandern ganzer Gruppen. Auf einem neu angekauften Gebiet kultivierten sie den Boden. Nach getaner Arbeit hinterließen sie ihn anderen zur Bewirtschaftung; sie selbst aber zogen weiter und kultivierten wieder neue Böden. Es war die Zeit der ersten Begeisterung, wie sie in den Tagen der Bilujim erlebt worden war.

In der ersten Zeit mußten die neuen Siedlungen vom Jüdischen Nationalfonds beträchtlich unterstützt werden, da die finanziellen Mittel der Siedler gering waren. Vorbilder für die Arbeit gab es nicht; deswegen mußte lange und kostspielig experimentiert werden, bis die Siedlungen nach und nach ihre heutigen gesellschaftlichen und wirtschaftlichen Formen fanden. Nach Überwindung der Kinderkrankheiten aber war eine Wirtschaftsform geschaffen, die stabil und gesund genug war, auch schwere Krisen zu überdauern. Es wuchs eine Bauerngeneration heran, die bereit war, das Geschick ihres Volkes und ihres Landes entscheidend mitzugestalten. Ein bisher einmaliges Experiment, eine sozial-gerechte Gemeinschaft ohne lange und abgestufte Vorbereitungszeit zu bilden, war gelungen.

Neben der Besiedlung war das zweite große Verdienst des Palästinaamtes die Gründung der modernen jüdischen Stadt *Tel Aviv* auf den Sanddünen bei Jaffa im Jahr 1909. Tel Aviv heißt ›Hügel des Frühlings‹. Die Gründer entnahmen den Namen dem utopischen Roman ›Alt-Neuland‹ Theodor Herzls der ihn der Bibel, dem Propheten Hesekiel 3,15, entlehnt hatte. Die Gelder zu dieser Gründung kamen meist aus privaten Kreisen, das Palästinaamt war nur Initiator und Leiter des Aufbaus. Dabei ließen sich, durch den Mangel an Erfahrungen bedingt, auch Fehler nicht vermeiden. So wurde der Erwerb von Baugelände zunächst privaten Unternehmungen überlassen. Die Preise kletterten dadurch in kurzer Zeit in die Höhe, und Bodenspekulationen schienen unvermeidbar. Da beschloß der Jüdische Nationalfonds, Darlehen nur dann zu erteilen, wenn zugesichert wurde, daß mit dem Boden nicht spekuliert wurde. Verschiedene Organisationen, auch das Palästinaamt selbst, schlugen in der ersten ausschließlich jüdischen Stadt ihren Hauptsitz auf. Eine Reihe von Industrieunternehmen, aber auch landwirtschaftliche Siedlungen entstanden ganz in der Nähe, die der Stadt das Nötigste lieferten. Die alten Siedlungen der 1. Alija erhielten die in den Kibbuzim ausgebildeten jungen Kräfte, die sie so nötig brauchten, und erlebten dadurch einen neuen Aufschwung. Billige Häuser für jüdische Arbeiter wurden an den Rändern der Siedlungen gebaut, dazu wurde den Arbeitern etwas Land zugeteilt, das sie außerhalb der Saison bearbeiten und von dem sie ihren Lebensunterhalt bestreiten konnten, da der geringe Lohn allein nicht ausreichte.

Günstigen Auftrieb brachte auch die beginnende Einwanderung von eintausendfünfhundert Juden aus dem arabischen *Jemen*. Schon im Jahre 1882, zusammen mit den Bilujim, aber von den Zionisten nicht beachtet, war eine größere Gruppe jemenitischer Juden ins Land gekommen, die arm und ohne Hilfe sich endlich im arabischen Dorf Silwan bei Jerusalem niedergelassen hatten. Die Jemeniten waren das Klima und grobe Arbeit gewohnt, waren genügsam, gute Gemüsegärtner und geschickte Handwerker. Sie sprachen Arabisch und ein vorbildliches Hebräisch, waren zuguterletzt noch osmanische Untertanen und konnten deshalb nicht vertrieben werden.

Bei Ausbruch des Ersten Weltkriegs stellte es sich heraus, daß die zweite Alija das bisherige Siedlungswerk vor dem sicheren Zusammenbruch bewahrt und stark genug gemacht hatte, die Wirren und Strapazen des hereinbrechenden Krieges zu überstehen.

Die Sprachenkonflikt

Herzl und zahlreiche Zionisten hatten es für unmöglich gehalten, die hebräische Sprache in Palästina noch einmal zum
Leben zu erwecken, da sie sich nicht vorstellen konnten, wie
man zum Beispiel eine Fahrkarte auf hebräisch verlangen
könne. Ein Mann wie *Ben Jehuda*, der sich zu Hause nur
hebräisch unterhielt, wurde zu Herzls Zeiten noch als ver-
rückt angesehen. Trotzdem sprachen viele Juden gerade in Palästina Hebräisch, so war es die Handelssprache zwischen spanischen und askenasischen Juden in Jerusalem. Hebräisch
wurde auch noch in einigen Ländern, besonders im Orient, als
›heilige Sprache‹, aber auch als ›Kultursprache‹ gebraucht.
Die osteuropäischen Juden sprachen Jiddisch, das viele von
ihnen als die nationale Sprache des jüdischen Volkes bezeichneten. Dabei übersahen sie, daß es neben dem Jiddischen
noch zahlreiche andere jüdische Dialekte und Sprachen gab.
Die Zionisten bestritten nun, daß eine Sprache, die in der Diaspora entstanden war, nationale Sprache des Judentums sein
könne. Achad Haam erklärte, ein Volk sei immer so alt wie
seine Sprache, somit könne nur Hebräisch die angestammte
und alle verbindende Sprache des jüdischen Volkes sein.
In Palästina konnte sich Hebräisch langsam durchsetzen, weil
es niemals ganz ausgestorben war. Die aufkommende Emanzipation, die unter *Mendelssohn, Rappoport, Krochmal* und
Luzatto sehr viel für eine Wiederbelebung des Hebräischen
als Kultursprache getan hatte, sowie die Aufklärungsbewe-
gung, die Haskala, im Ostjudentum, hatten Hebräisch auch
unter den Gebildeten wieder hoffähig gemacht. Immer mehr
jüdische Dichter begannen Hebräisch zu schreiben. Der bedeutendste unter ihnen war *Nachman Bialik* (1873 – 1934). In
einer jüdisch-orthodoxen Schule, einer *Jeschiwa*, aber auch
unter dem Einfluß westlicher Kultur aufgewachsen, schloß er
sich früh der zionistischen Bewegung an. Von Achad Haam
wurde er stark beeinflußt und geprägt. Er begründete mehrere
Zeitschriften und Verlage; der bedeutendste unter ihnen wurde der *Dwir Verlag*. Einen Hauptgegenstand seiner Arbeit
bildete die Sammlung hebräischer Literatur und Volksdich-

tung. So gab er das ›sefer ha-aggada‹ heraus, Erzählungen und Sagen aus Talmud und Midrasch. Bialik siedelte im Jahr 1925 nach Palästina über. Hier wurde er zum Nationaldichter des sich in Palästina sammelnden jüdischen Volkes und als solcher von diesem verehrt. Im Innersten seines Herzens jedoch fühlte er sich unverstanden. Er sah und tadelte die Veräußerlichung und die Seelenlosigkeit des Zionismus und litt schwer daran. Sein letztes Wort vor seinem Tode war ein erschütternder Mahnruf:

»Krank ist die Siedlermannschaft, und krank ist unser Tel Aviv... Mein Herz, mein Herz! Es zerspringt vor Weh!«

Hebräisch setzte sich immer stärker als Umgangssprache in den jüdischen Siedlungen durch. Fibeln und Lehrbücher wurden ins Hebräische übersetzt oder in Hebräisch geschrieben. Immer mehr Schulen führten wenigstens für einzelne Fächer Hebräisch als Unterrichtssprache ein, auch solche Schulen, deren Gründer und Unterhaltsträger nicht zionistisch eingestellt waren. In den Kindergärten wuchsen die Jüngsten mit der hebräischen Sprache auf und wurden oft zu den Lehrmeistern ihrer Mütter.

Wie spontan, lebendig und zielbewußt Hebräisch zur Umgangssprache wurde und mit welchem Eifer diese Entwicklung vorangetrieben wurde, zeigen folgende Vorgänge: Nach langem Bemühen war es endlich gelungen, eine Technische Hochschule in Haifa zu erbauen. Dadurch sollte der jüdischen Jugend ein Studium im eigenen Land ermöglicht werden. Die Mittel waren zu neunzig Prozent von Zionisten aufgebracht worden, der Rest der Gelder stammte von anderen jüdischen Kreisen, so auch vom ›Hilfsverein der deutschen Juden‹. Bei der Einweihung der Hochschule im Jahr 1914 forderten die Zionisten wenigstens eine obligatorische Vorlesung in Hebräisch. Diese Forderung nach einer hebräischen Pflichtvorlesung mag heute bescheiden erscheinen. In den technischen Fächern war jedoch ein Unterricht auf hebräisch besonders schwierig und in manchen Fällen damals noch unmöglich, weil geeignete hebräische Lehrbücher, manchmal auch die nötigen Fachausdrücke in Hebräisch noch fehlten. Sie mußten erst von Fachleuten für ihr jeweiliges Gebiet geschaffen und eingeführt werden. Eine Entwicklung von Jahrhunderten war hier in kürzester Zeit aufzuholen. Der Hilfsverein aber wies die Forderung der Zionisten ab und war zu keinem Zugeständnis bereit. Die palästinensischen Schulen des Hilfsvereins, deren Unterricht zum größten Teil in Hebräisch abgehalten wurde, waren mit der Haltung ihrer Gründer und Förderer nicht einverstanden und traten in den Generalstreik. Ein großer Teil der Lehrer und Schüler wurde daher von den Schulen ausgeschlossen. Sie gründeten eigene Schulen, die der Jüdische Nationalfonds übernahm. Der Kampf wurde auf beiden Seiten erbittert geführt. Schließlich mußte der Hilfsverein nachgeben und zog sich grollend zurück. Erst später erfolgte eine Aussöhnung. Der Sieg des Hebräischen in Palästina machte sich auch in der Diaspora bemerkbar. Zahlreiche Juden schickten ihre Kinder nach Palästina in die hebräischen Schulen; umgekehrt entstanden auch in der Diaspora da und dort hebräische Schulen.

Der Erste Weltkrieg

Der Ausbruch des Ersten Weltkrieges schien die Zionistische Organisation aufs ärgste zu bedrohen, gehörten doch ihre Mitglieder den beiden feindlichen Machtblöcken an. Die Leitung des Jüdischen Nationalfonds verzog von Köln nach Den Haag und später nach Kopenhagen. An allen Fronten dienten Juden und Zionisten treu ihren Gastländern. Die Leitung erklärte und verhielt sich völlig neutral. So blieb es ihr weiterhin möglich, Mitteilungen in Französisch, Englisch und Deutsch herauszugeben und dadurch den Zusammenhang der Organisation zu wahren. In Kopenhagen konnten sogar drei Sitzungen des Großen Aktionskomitees stattfinden, während die zweijährlichen Kongresse ausfallen mußten.

Für die Juden waren die Auswirkungen des Krieges besonders schmerzhaft. In *Rußland* verdächtigte man sie der Verschwörung mit den Zentralmächten. Eineinhalb Millionen Juden wurden evakuiert, zahlreiche ermordet; Hunderttausende flohen nach Westen. Erst die Frühjahrsrevolution änderte ihre Lage entscheidend: Juden wurden zu gleichberechtigten Bürgern. Ein großer Optimismus erfaßte alle jüdischen Gruppen und Parteien. Sie verbanden sich zum *Jüdischen Vereinigten Komitee* und verlangten nationale Anerkennung und Selbstverwaltung. Die Oktoberrevolution der Bolschewisten erwies sich aber als streng antizionistisch. Der Zionismus wurde verboten, ebenso der Gebrauch der hebräischen Sprache. In der Ukraine bildete sich eine Diktatur. In Pogromen wurden durch Antibolschewiken 150 000 Juden ermordet. Somit war das Land, von dem der Zionismus seine ersten entscheidenden Impulse erhalten hatte, siebzig Jahre für den Zionismus versperrt und verloren.

In den *Vereinigten Staaten von Amerika* erlebte die Zionistische Bewegung während des Weltkrieges einen Aufschwung. Achtzig Prozent der Juden Amerikas waren in den letzten Jahrzehnten aus Osteuropa, besonders aus Rußland, eingewandert. Die schwere Lage ihrer Brüder ließ ein großangelegtes Hilfswerk in Amerika entstehen. Im November 1914 verbanden sich die verschiedenen Hilfsverbände zu dem *American Jewish Joint Distribution Committee*, kurz *Joint* genannt. Das erwachende jüdische Solidaritätsgefühl förderte auch die zionistische Bewegung. Unter der Leitung von *Louis Dembitz Brandeis* vergrößerte sich die zionistische Organisation von achttausend eingeschriebenen Mitgliedern vor dem Krieg auf hundertfünfzigtausend nach dem Krieg. Brandeis gelang es, die gesamte Judenschaft Amerikas in der von ihm ins Leben gerufenen *Kongreßbewegung* zu einigen, um so das Unterstützungswerk besser leiten und die national-jüdischen Belange bei der amerikanischen Regierung eher durchsetzen zu können. Auf einer Zionistenkonferenz in Pittsburg legten sich Repräsentanten Hunderttausender ehemaliger Nichtzionisten auf das Baseler Programm fest. Es war das Verdienst von Brandeis, für den Zionismus einen neuen Kontinent erobert zu haben, der die Entwicklung der zionistischen Geschichte stark beeinflussen sollte.

In *Palästina* verschlechterte sich die Lage der Juden nach Kriegseintritt der Türken. *Djemal Pascha* war von der türki-

schen Regierung nach Palästina entsandt worden und übte
hier unter Juden und Arabern eine Schreckensherrschaft aus.
Tausende von Juden, die die osmanische Staatsbürgerschaft
nicht besaßen, verloren den Schutz ihrer Konsulate und wurden nach Ägypten vertrieben. Die völlige Abriegelung des
Landes führte auf der einen Seite zu Absatz- und auf der anderen Seite zu Versorgungsschwierigkeiten. Auch das Ausblei-
ben der ausländischen Gelder machte sich schmerzlich bemerkbar. Der ›Joint‹ und zahlreiche andere Organisationen
schalteten sich wie in Rußland auch hier ein und versuchten,
die Schwierigkeiten zu vermindern. Die feindlichen Maßnahmen Djemal Paschas hielten aber unvermindert an. Ruppin mußte das Land verlassen und ging nach Istanbul. Allen
Bedrückungen zum Trotz konnte sich das Palästinaamt jedoch
unter anderer Leitung behaupten. Nach einer Evakuierung
aller Juden aus Jaffa und Tel Aviv verzog das Amt nach Jerusalem. Zahlreiche Verhaftungen und Ermordungen gerade
unter den Siedlern der Bilu-Einwanderung beängstigten die
Juden. Djemal Paschas Absicht war, das gesamte jüdische
Siedlungswerk zugrunde zu richten.
Der Kampf Djemal Paschas richtete sich auch gegen die
hebräische Presse; aber selbst nach ihrem Verbot erschienen
noch zahlreiche hebräische Publikationen. Ebensowenig ließ
sich die kulturelle Arbeit ganz unterdrücken.
Angesichts dieser schwierigen Lage beschlossen einige Zionisten, die so lange gehütete Neutralität aufzugeben und die
Entente-Mächte zur Befreiung Palästinas aufzufordern. Bereits zu Anfang des Krieges hatten die jüdischen Offiziere
Jabotinsky und *Trumpeldor* darauf gedrungen, eine jüdische
Armee aus den Vertriebenen Palästinas aufzustellen, die zum
größten Teil die russische Staatsangehörigkeit besaßen. Die
Engländer willigten in diesen Plan zunächst nicht ein, sondern ließen nur die Aufstellung eines Maultierkorps zu. Dieses *Zion Mule Corps*, wie es genannt wurde, war in Gallipoli
am Bosporus eingesetzt und hatte die Aufgabe, unter feindlichem Feuer Proviant und Munition in die Schützengräben zu
bringen. Die eigene Fahne zeigte den Davidstern. Kommandant der sechshundert Mann starken Truppe wurde später
Trumpeldor.

Nach Ende des Ersten Weltkrieges stellte sich heraus, wie verheerend der Krieg für das jüdische Siedlungswerk in Palästina gewesen war. Bei Kriegsende lebten nur noch 55 000 Juden in Palästina gegenüber 85 000 in der Vorkriegszeit. Katastrophal hatte sich auch die Einberufung der Juden zur türkischen Armee ausgewirkt, der sie sich, soweit sie schon osmanische Staatsbürger waren, nicht hatten entziehen können. Nach Ende des Krieges wurden nämlich alle jüdischen Soldaten der türkischen Armee in das Innere Anatoliens verschleppt.

Die Solidarität der jüdischen Siedler aber hatte sich bewährt. Die Schomrim, die jüdischen Wächter, die von den Türken entwaffnet worden waren, widmeten sich ganz und gar der Erhaltung des Siedlungswerkes. Die Kibbuzbewegung überstand als einzige diese schwere Zeit ohne Verluste. Überall da, wo jüdische Siedlungen aufgegeben wurden, errichtete sie neue und gründete auch in dieser harten Zeit eine Reihe von Siedlungen in bisher von Juden unbewohnten Gebieten. Hatte es vor dem Krieg ein Dutzend Kibbuzim gegeben, so gab es nach dem Krieg nahezu dreißig.

Im Hauptquartier der Entente begann man sich zu überlegen, wie die Türkei nach ihrer Eroberung zu verteilen sei. England und Frankreich stritten sich um die Beute. Zwischen dem englischen Diplomaten *Sykes* und dem Franzosen *Picot* wurde ein Vertrag geschlossen, der ein großarabisches Reich mit französischen und englischen Einflußgebieten vorsah. England war bemüht, die Araber im Krieg gegen die Türkei für sich zu gewinnen. So machte es den verschiedenen arabischen Führern Versprechen: dem haschemitischen König *Hussein Ibn Ali*, dem Urgroßvater des König Hussein von Jordanien, die Regentschaft über ein großarabisches Reich, ausgenommen der Gebiete westlich von Damaskus – eine reichlich ungenaue Beschreibung –, ebenso dem König von Nedschd, *Ibn Saud*, der als Todfeind König Husseins galt.

Auch die Zionisten erkannten die Situation und verhandelten zur selben Zeit mit den Engländern. *Haim Weizmann* führte mit besonderer Fähigkeit und Zähigkeit die Verhandlungen. Weizmann war 1873 in der Nähe von Pinsk geboren, hatte in Berlin und Freiburg Chemie studiert, war Privatdozent in

Genf geworden und von da im Jahr 1904 nach England gekommen, wo er in Manchester Professor für Biochemie wurde. Hier kam er mit Lord *Balfour* und führenden englischen
Politikern zusammen. Im Jahr 1916 wurde er ins englische
Munitionsministerium berufen, da ihm ein chemisches Verfahren zur besseren Herstellung von synthetischem Aceton –
eine für die Sprengstoffherstellung unentbehrliche Flüssigkeit
– gelungen war. Durch diese Erfindung und dank seines ari-
stokratischen Auftretens erwarb er sich das Wohlwollen der
englischen Regierung. Es entbehrt nicht der Ironie, daß ausgerechnet der heftigste Vertreter der praktischen Richtung innerhalb der Zionistischen Organisation den maßgebenden Erfolg auf politischem Gebiet erreichen sollte, den Herzl seinerzeit erhofft hatte. Dieser hatte freilich schon erheblich vorge-
arbeitet, war es doch Herzls Verdienst, daß England als erste
Macht den Zionismus als politisches Faktum anerkannte.
Weizmann konnte an Herzls Bemühungen anknüpfen. Im
Jahr 1916 wurde *Lloyd George* Ministerpräsident und *Arthur
Balfour* Außenminister. Beide hatten schon mit dem
Uganda-Projekt Herzls zu tun gehabt, und beide waren prozionistisch eingestellt. Im Frühjahr gelang es *Nachum Sokolow*, den Mitunterzeichner des englisch-französischen Vertrages zur Aufteilung der Türkei, Mark Sykes, für den Zionismus zu gewinnen. Er vermittelte Sokolow an seinen französischen Kollegen Picot, mit dessen Hilfe und der Unterstützung des Barons Edmund Rothschild er im Juni 1917 eine
Sympathieerklärung der französischen Regierung für den Zionismus erhielt. Auch in Italien und beim Papst hatte Sokolow
Erfolg. *Papst Benedikt XV.* erklärte: »Wir werden gute Nachbarn sein.« Der amerikanische Präsident *Wilson*, der durch
Brandeis und die Kongreßbewegung für den Zionismus gewonnen war, setzte sich ebenfalls bei der englischen Regierung für die zionistischen Forderungen ein. Achad Haam, James de Rothschild, der Sohn von Edmund Rothschild und
Erbe der englischen Linie, und Brandeis arbeiteten die zionistischen Forderungen aus und übergaben sie der englischen
Regierung.

Am 2. November 1917 erkannte die englische Regierung die zionistischen Forderungen an. Lord Balfour verfügte im Namen der englischen Regierung folgende Erklärung, die in die Geschichte des Zionismus als die *Balfour-Erklärung* eingegangen ist:

»Seiner Majestät Regierung betrachtet die Schaffung einer nationalen Heimstätte in Palästina für das jüdische Volk (home for the Jewish people) mit Wohlwollen und wird die größten Anstrengungen machen, um die Erreichung dieses Zieles zu erleichtern, wobei klar verstanden werde, daß nichts getan werden soll, was die bürgerlichen und religiösen Rechte bestehender nichtjüdischer Gemeinschaften in Palästina oder die Rechte und die politische Stellung der Juden in irgendeinem anderen Land beeinträchtigen könnte.«

Diese Erklärung wurde zur *Magna Charta* für das jüdische Volk.

In einer Rede vor dem Oberhaus, wo er die englische Palästinapolitik verteidigte, erklärte Lord Balfour im Jahr 1922:

»Wenn das Christentum eingedenk allen Unrechts, das es getan hat, diesem Volk, ohne anderen zu schaden, eine Chance geben kann, damit es zeigen könne, ob es eine eigene Kultur in einem Heim zu entwickeln vermag, in dem es vor Unterdrückung gesichert ist, wäre es dann nicht gut zu sagen: Wir werden es tun?«

Die Begeisterung unter den Zionisten war gewaltig; viele wähnten sich bereits am Ziel. Zahlreiche englische Politiker gratulierten, ebenso arabische Staatsmänner, wie Feisal, der Sohn Husseins. Auch in den Zentralmächten begrüßten Juden die Erklärung Englands stürmisch; sogar deutsche und österreichische Regierungsstellen gaben für den Zionismus Sympathieerklärungen ab. Lord Balfour bleibt in Israels Geschichte unvergeßlich. Der Ort *Balfouria* und der *Balfourwald* tragen seinen Namen.

4. Unter englischem Mandat

Harren und Hoffen

Am selben 2. November, an dem die Balfour-Erklärung abgegeben wurde, eröffnete General Allenby die Offensive an der Palästinafront. In der Nacht vom 8. zum 9. Dezember 1917, am jüdischen Chanukafest, zogen die Engländer unter großem Jubel der Bevölkerung, besonders der Juden, in Jerusalem ein.

Die Zionistische Organisation entsandte eine Kommission nach Palästina, die mit den Engländern Verhandlungen aufnehmen sollte, um die Balfour-Erklärung durchzuführen. Sie sollte gleichzeitig alle Angelegenheiten des jüdischen Siedlungswerkes übernehmen, das Palästinaamt ablösen und seine Arbeit weiterführen. *Haim Weizmann* stand als Präsident an ihrer Spitze. Bevor Weizmann England verließ, wurde er von *König George* empfangen, der ihn seiner Sympathien für den Zionismus versicherte. Ein hoher englischer Offizier begleitete die Kommission, um ihr mehr Nachdruck zu verleihen.

Im April 1918 erreichte sie Palästina. Die Zustände, die sie hier vorfand, sahen für die jüdischen Siedler traurig aus. Der Oberbefehlshaber der englischen Truppen, General *Allenby*, stand dem Zionismus noch skeptisch gegenüber. Der Chef der Militärverwaltung, General *Louis Bols*, war Antizionist. Seine Beamten waren zum Teil eingefleischte Antisemiten. In ihrem Reisegepäck befanden sich die mysteriösen ›Protokolle der Weisen von Zion‹, ein antisemitisches Pamphlet. Diese Beamten, in der Regel alte Kolonialbeamte, bevorzugten die Araber. Ihrer Vorstellung von ›Eingeborenen‹, die sie absolut zu beherrschen gewohnt waren, entsprachen die Juden, die ihnen an Bildung meistens überlegen waren, allzuwenig. Die konservativen Kolonialbeamten sahen in den jüdischen Siedlern nur Störenfriede ihres harmonischen Zusammenlebens mit den Arabern; mit ihren Kollektivsiedlungen galten sie als Kommunisten. Die Balfour-Erklärung war bei der Einzugsproklamation überhaupt nicht erwähnt worden. Araber erhielten einen Teil der wichtigen Posten. Die Lage der Juden schien sich eher noch zu verschlechtern.

Die Ankunft der *Zionistischen Kommission* gab den Juden wieder neuen Mut. Die englische Regierung in London vermochte sich aber ihrer eigenen Militärverwaltung in Palästina gegenüber nur schwer durchzusetzen. Als im Juli 1918 die im Jahr 1913 erneut beschlossene Grundsteinlegung der Hebräischen Universität stattfinden sollte, bemühte sich die Militärverwaltung, dies zu verhindern, was ihr auf Grund einer Intervention Balfours nicht gelang.

Die *Grundsteinlegung einer hebräischen Universität* im alten Land der Väter war ein Hoffnungsschimmer in dieser verworrenen Zeit; sie war aber zugleich noch mehr: die Proklamation eines geistigen Anspruchs und einer Wiedereroberung der alten Wiege des jüdischen Volkes und seiner Religion. Über das festliche Ereignis schrieb Weizmann 1948 in seinen Memoiren:

»Ich sprach kurz, stellte die Verheerung des Krieges der schöpferischen Bedeutung des Aktes gegenüber, den wir im Begriff waren zu vollziehen. Ich erinnerte daran, daß wir vor einigen Wochen die Fasten des neunten Aw eingehalten hätten zur Erinnerung an den Tag, an dem der Tempel zerstört worden war und das jüdische Volk politisch als Volk aufgehört hatte zu existieren – wie es den Anschein hatte: für immer. Und nun legten wir den Samen in die Erde, aus dem ein neues jüdisches Leben erwachsen sollte. Ich sprach von den Hoffnungen, die damals so entfernt schienen wie die Katastrophe durch die Römer, die aber heute, während ich dies schreibe, sich verwirklicht haben. – Die Feier dauerte nicht länger als eine Stunde. Zum Schluß sangen wir die ›Hatikva‹ (die israelische Nationalhymne) und ›God save the King‹; aber keiner machte Anstalten zu gehen. Wir standen schweigend mit gesenkten Köpfen und sahen auf die kleine Reihe von Steinen, während die Nacht leise herabsank.«

Es waren zwölf Steine, Symbol für die zwölf Stämme Israels, entsprechend der Zahl der Steine des Altars, den die Israeliten nach der Durchquerung des Jordan in Gilgal errichteten.

Bereits im Jahr 1917 war es gelungen, die seit langem geplante *Jüdische Legion* nach endlich erlangter Einwilligung der englischen Armeeführung zusammenzustellen. Trotz heftiger Proteste des Generals Bols hatte sich ihre Stärke auf viertausend Mann erhöht. Ihre blau-weiße Fahne führte den Spruch aus Psalm 137: *»Vergesse ich dein, Jerusalem...«*

Die Angriffsfront war nach der Eroberung Jerusalems zum Stillstand gekommen; erst im September 1918 erfolgte der neue Vorstoß, bei dem sich die Jüdische Legion große Verdienste erwarb und in wenigen Tagen den entscheidenden Durchbruch erkämpfte. In Frankreich und England war bisher noch keine Übereinstimmung erzielt worden, wer die Herrschaft übernehmen sollte. Bei der *Friedenskonferenz in Paris 1919* bemühten sich die Zionisten vor allem um eine Abtrennung Palästinas von Syrien. Ebenso sprachen sich die Zionisten für ein englisches Mandat in Palästina aus. Im Februar 1919 erklärte sich Frankreich damit einverstanden. Die Macht, die sich dem Zionismus am meisten verpflichtet hatte, erlangte damit die Verfügungsgewalt über das Land, das vom jüdischen Volk als Heimstätte beansprucht wurde.

Wollten die Juden in Palästina Heimat finden, so mußten sie sich zuerst mit der einheimischen Bevölkerung verständigen. Daß es eine arabische Bevölkerung in Palästina gab, wurde jetzt zum ersten Mal mit allen Konsequenzen zur Kenntnis genommen. Herzls bestechende Formulierung:

»Für ein Volk ohne Land ein Land ohne Volk«

traf, auf Palästina angewandt, im zweiten Teil nicht zu. Der Erste Weltkrieg hatte auch in diesem bisher schlummernden Teil der Welt einen Nationalismus entstehen lassen, der in Syrien und Ägypten seinen Ausgangspunkt genommen hatte und von den Türken, aber auch den Engländern, je nach dem Stand der politischen Situation, grausam unterdrückt worden war. Im Zeitalter des Kolonialismus war die arabische Frage für die wenigsten Zionisten eine ernsthaft zu diskutierende Frage gewesen. Man fühlte sich teilweise noch als Vorposten westlicher Kultur in einem barbarischen Land. Weizmann war einer der ersten, der die Bedeutung der arabischen Bevölkerung für den Zionismus erkannte und den friedlichen Ausgleich mit ihr suchte.

Im Juni 1918 traf Weizmann deshalb mit *Feisal*, dem Sohn König Husseins, dem einflußreichsten Araberführer seiner Zeit, in dessen Hauptquartier in Amman zusammen. Die Gespräche verliefen freundschaftlich; das Ergebnis war sehr positiv. In einem Brief erklärte Feisal noch 1919 anläßlich der Friedensverhandlungen in Paris:

»Wir fühlen, daß Araber und Juden verwandte Völker sind. Sie haben gleichermaßen durch die Unterdrückung seitens stärkerer Mächte zu leiden gehabt, und durch eine glückliche Fügung unternehmen sie auch gleichzeitig die ersten Schritte zur Verwirklichung ihrer nationalen Idee gemeinsam. Wir Araber, vor allem die Gebildeten unter uns, hegen tiefe Sympathie für die zionistische Bewegung... Wir arbeiten gemeinsam an der Reform und dem Wiederaufbau des Nahen Ostens, und unsere beiden Bewegungen ergänzen einander... Es ist Raum genug in Syrien für uns beide. Ich glaube in der Tat, daß wir nur wirklichen Erfolg haben können, wenn wir zusammengehen. Ich sehe – und mit mir mein Volk – einer Zukunft entgegen, in der wir Ihnen und Sie uns helfen, damit das Land, das uns beiden am Herzen liegt, dereinst wieder seinen alten Platz in der Gemeinschaft der kultivierten Völker der Erde einnehmen kann.«

Im Januar 1919 schlossen Feisal und Weizmann einen Vertrag, in dem Feisal die Unterstützung Palästinas durch einen zu bildenden arabischen Staat zusicherte, falls England sein Versprechen wahr machen und Feisal die außerpalästinensischen Gebiete überlassen werde.

Leider kam es zu einer völlig anderen Entwicklung. Die von den Engländern versprochene arabische Einheit kam nicht zustande. Feisal selber wurde 1920 von den Franzosen, die im Abkommen von San Remo das Mandat über Syrien erhalten hatten, aus Damaskus vertrieben, wo er einen unabhängigen arabischen Staat gegründet hatte. Aus Amman, wohin er sich geflüchtet hatte, wurde er von seinem Bruder Abdullah erneut ins Exil geschickt. Die Engländer machten ihn schließlich zum König von Irak. Ob ein jüdisches Palästina neben einem Großarabien von Syrien, Irak und Saudi-Arabien erfolgreicher gewesen wäre, muß offen bleiben. Politische Beobachter halten es aber für durchaus möglich.

Durch den Überfall *Abdullahs* auf Amman und nach seiner Proklamation zum Emir von Transjordanien war es um die Einheit Palästinas schlecht bestellt, denn Palästina, das bisher aus Cis- und Trans-Jordanien bestanden hatte, fiel in zwei Teile auseinander. Da sich Abdullah aber friedlich stellte und sich verpflichtete, Syrien und Restpalästina nicht anzugreifen, stimmten die Engländer einer Abtrennung Transjordaniens von Westpalästina zu, gegen den Willen und die Proteste der Zionisten. Palästina, worin nach der Balfour-Erklärung die jüdische Heimstätte gegründet werden sollte, war jetzt nur noch knapp halb so groß. *Jabotinsky*, der Mitbegründer der jüdischen Legion, verließ daraufhin aus Protest die Zionistische Organisation und begründete die *Partei der Revisionisten*, die in ständiger Opposition zur englischen Mandatsregierung und der offiziellen Leitung der Zionistischen Organisation verblieb.

In Palästina herrschten unter den Arabern die üblichen Mißstände wie auch in den Nachbarstaaten. Feudalherren beherrschten das Volk, das ihnen treu ergeben war. Sie hatten es verstanden, fast den gesamten Grundbesitz, der sich zuvor in der Hand von Kleinbauern befunden hatte, an sich zu bringen. Die führende Schicht in Palästina verkaufte den Juden ihr Land, war aber andererseits neidisch auf die Erfolge, die die Juden auf diesem Land erzielten. Ehemalige Sumpfgebiete oder Wüsten, die für sie selbst einmal unbrauchbar gewesen waren, wurden unter den Händen der Juden zu fruchtbaren Gärten.

Die Araber waren zu jener Zeit in ihrer Mehrheit jedoch weder anti- noch projüdisch eingestellt. Sie waren an dieser Frage mehr oder weniger uninteressiert. So schrieb noch 1925 ein ausgezeichneter Palästinakenner, der evangelische Theologe *Steuernagel*:

»Es besteht der Eindruck, daß die Araber sich immer mehr zu einer Zusammenarbeit mit den Juden bereit finden und daß der Gegensatz von der palästinensisch-arabischen Exekutive und manchen Zeitungen gewaltig aufgebauscht wird.«

Die führende Schicht der palästinensischen Araber sah sich in ihrer sozialen und herrschenden Stellung bedroht, als in ihrem Land ein Gemeinwesen heranwuchs, das eine bessere Gesellschaftsordnung vorlebte. Deshalb beschlossen diese Kreise, eine aktive Politik gegen den Zionismus zu führen. Die Gelegenheit zum Handeln schien ihnen günstig, als im April 1920 der Oberste Rat der Alliierten zur Verteilung der eroberten türkischen Gebiete in *San Remo* tagte. Diese Versammlung wollten die arabischen Führer in ihrem Sinne beeinflussen. An dem arabischen Festtag *Nebi Musa*, dem ›Fest des Propheten Moses‹, der in diesem Jahr mit dem jüdischen

Passahfest zusammenfiel, rotteten sich die Araber in der Altstadt von Jerusalem zusammen. Nebi Musa ist ein altes palästinensisches nationales Fest um die Osterzeit, das nach den Kreuzzügen als Gegengewicht gegen die um diese Zeit sich in großer Zahl in Jerusalem versammelnden Christen eingerichtet worden war. Das Fest wurde erst in den fünfziger Jahren von König Hussein verboten, um dieses Unruheelement gegen sein Regime loszuwerden.

Man traf sich in der Wüste Juda am Grab des Mose nach muslimischer Tradition, Nebi Musa, und zog dann, durch glühende nationalistische Reden angefacht, im Protestmarsch nach Jerusalem. Der englische Oberbefehlshaber von Jerusalem hatte die Stadt gerade zu einem Ausflug nach Jericho verlassen. Durch das passive Verhalten der Engländer und durch die Parole: »Die Regierung steht hinter uns!« ermutigt, zerstörten die Araber einige jüdische Häuser und brachten mehrere Juden um. Als Jabotinsky mit einigen Leuten den bedrängten Juden zu Hilfe kommen wollte, wurde er von den Engländern entwaffnet, verhaftet und später zu fünfzehn Jahren Gefängnis verurteilt. Die arabischen Anführer bekamen nur zehn Jahre, traten ihre Haft aber nicht an, sondern entzogen sich ihr durch Flucht ins Exil.

Ihr Ziel hatten die Araber freilich nicht erreicht; denn die englische Regierung wich in San Remo von ihrem Kurs nicht ab. Die Balfour-Erklärung wurde bestätigt. England wurde offiziell das Mandat über Palästina übertragen. Die strittigen Grenzfragen, besonders in Nordgaliläa, sollten England und Frankreich untereinander regeln. Zum ersten Hohen Kommissar Palästinas wurde *Sir Herbert Samuel* bestimmt, ein zionistisch eingestellter Jude. Die Begeisterung der Juden war gewaltig. In New York versammelten sich eine Million Juden und veranstalteten einen Freudenumzug, den größten, den New York jemals gesehen hat. Ein Manifest des Aktionskomitees, der zionistischen Exekutive, erklärte:

»Der jüdische Genius wird, dem Mutterboden wiedergegeben, die großen Traditionen der jüdischen Propheten erneuern.«

In London wurde Weizmann von Vertretern der jüdischen Gemeinde empfangen, die Torarollen in den Armen hielten. In Amerika glaubten die Zionisten, alle politischen Ziele erreicht zu haben, und begannen bereits mit der Aufstellung von Parlamentsabgeordneten für den neuen jüdischen Staat. Diesem Optimismus traten *Weizmann* und *Sokolow* entgegen. Unter den sich hieraus ergebenden Streitigkeiten zwischen den amerikanischen Zionisten einerseits und der zionistischen Leitung in London anderseits litt die produktive Aufbauarbeit in Palästina sehr. Weizmann, der die Zustände in Palästina und England kannte, erklärte, die Balfour-Erklärung sei von England wohl abgegeben, auch habe England das Mandat über Palästina erhalten, aber dieses Vertrauen müsse jetzt erst von den Zionisten gerechtfertigt werden. Die Balfour-Erklärung sei nur ein Rahmen für die Taten der Zionisten, die erst noch folgen müßten. Eine Siedlungsgründung mehr mache auch die Balfour-Erklärung um eine Siedlung wertvoller.

Im Laufe der Zeit konnte sich Weizmann, der zum Präsidenten der Zionistischen Organisation gewählt worden war, gegen die amerikanischen Zionisten behaupten. Der Führer der amerikanischen Zionisten und Hauptgegner Weizmanns, *Brandeis*, dankte ab, von seinen eigenen Landsleuten überstimmt. Auf dem ersten Zionismus-Kongreß nach dem Krieg, der 1921 in Karlsbad stattfand, stellte man fest, daß die allzu hohen Hoffnungen, die man auf *Sir Samuel* gesetzt hatte, sich nicht erfüllten. Ein palästinensischer jüdischer Rechtsanwalt kennzeichnete die Regierungszeit Sir Samuels treffend:

»Sir Herbert war ein erfahrener englischer Politiker, der Kabinettsrang besessen hatte. Er war ein Jude. Er war ein Zionist; was konnte man mehr wünschen? Es war so, als ob wir wieder einen jüdischen König hätten... Die Tatsache, daß er Jude war, verursachte in der großen Mehrheit der palästinensischen Judenschaft eine gewisse Loyalität, die von seiner Persönlichkeit und von seinen Verdiensten unabhängig war. Auf der anderen Seite verursachte diese Tatsache bei den Arabern Mißtrauen und daher eine krankhafte Reaktion in der Psyche des Hohen Kommissars selbst. Während seiner ganzen Amtszeit litt er unter dem Bewußtsein, daß er Jude war. Während niemand erwarten konnte, daß er mit eiserner Faust über die Araber herrschen würde, verfiel Sir Herbert in das entgegengesetzte Extrem... Sein Verhältnis zu konkreten Problemen war zu akademisch und theoretisch... Dieselbe Korrektheit und derselbe Takt, der ihn zu einem wünschenswerten und liberalen Parteiführer in den Salons Englands machte, disqualifizierte ihn, levantinisches Denken und levantinische Intrigen zu beherrschen, denen er sich gegenübergestellt sah.«

Samuels erste Tat war eine Amnestie für die Beteiligten an den arabischen Unruhen. So kam Jabotinsky aus seiner Kerkerhaft und die arabischen Anführer aus dem Exil. Die zweite Maßnahme traf bei den Zionisten auf heftige Ablehnung: Den Urheber des arabischen Aufstands und Hauptfeind des Zionismus, *Emin el Husseini*, setzte er zum *Mufti von Jerusalem* ein, eine Stellung, die es vorher nicht gegeben hatte und die eigens für ihn geschaffen wurde. Sie machte ihn zum uneingeschränkten Herrn aller palästinensischen Moslems. Husseini wurde damit instandgesetzt, die gewaltigen Einnahmen der islamischen Güter, Ländereien und religiösen Stiftungen zu verwalten und damit seinen Kampf gegen Juden und England zu finanzieren, wobei er von der Mandatsregierung, die sich in religiöse Angelegenheiten nicht einzumischen hatte, kaum behelligt werden konnte. Da Jerusalem auch eine der heiligsten Städte des Islam ist, verstand Husseini es sehr schnell, sein Amt zu einer angesehenen Position in der gesamten moslemischen Welt auszubauen und damit auch alle anderen islamischen Länder für den ›religiösen Freiheitskampf der Moslems in Palästina‹ zu begeistern.

Sir Herbert dachte, mit diesem Schritt den Arabern entgegenzukommen und sie dadurch zu beruhigen. Die Antwort waren erneute Unruhen im Jahr 1921, die fünfzig Juden das Leben kosteten. Die Regierung griff nur zögernd und viel zu spät ein. Durch eine jüdische Selbstwehr konnte das Schlimmste verhütet werden. Eine von England eingesetzte Kommission stellte lediglich die Folgen, aber nicht die Ursachen der Überfälle fest. Vorübergehend wurde für die Juden sogar eine Einwanderungssperre verhängt.

Auch in der Folgezeit waren die Juden mit der Politik Sir Herberts nicht zufrieden. Große Staatsländereien, die die Zionistische Organisation zu bekommen hoffte, wurden zu Billigpreisen an die Araber abgetreten, so das weite Sumpfgelände südlich von Bet Shean, das durch Trockenlegung in ein fruchtbares Land hätte verwandelt werden können. Da die Araber dazu nicht in der Lage waren, blieb es ungenutzt und ernährte

kümmerlich eine kleine Schar von Beduinen. Die Juden bekamen das viel kleinere Gebiet bei Rishon le Zion, Sanddünen, die ohne Wasser nicht zu bebauen waren. Wasser war
aber nicht zu beschaffen.

Die englische Verwaltung brachte dem jüdischen Siedlungswerk aber auch Vorteile. Bei Entwicklungsaufgaben wurden
auch Juden in hoher Anzahl beteiligt. Inzwischen waren nämlich Scharen von neuen jüdischen Arbeitern ins Land gekommen. Die *dritte Alija*, die dritte Einwanderungswelle, hatte
begonnen.

Gegen Ende des Ersten Weltkrieges hatte sich eine Bewegung
unter der jüdischen Jugend gebildet, deren Mitglieder sich
Chaluzim, ›Pioniere‹, nannten, wie die Männer von den zwei-
einhalb Stämmen Israels, die vor der Eroberung Kanaans
Transjordanien als Erbland zugewiesen bekamen und die von
Mose den Auftrag erhielten, ›Chaluzim‹, Pioniere, bei der Eroberung Kanaans für die anderen Stämme zu sein (4.Mose
32). In Rußland, Polen, Rumänien und zahlreichen anderen
Ländern bildeten sich Gruppen meist aus Studenten, Schülern
und Handwerkern, Jugendlichen aus gutbürgerlichen Kreisen, die beschlossen, ihr Leben der Aufbauarbeit in Palästina
zu widmen. Sie verließen ihre Universitäten, Schulen und
Ausbildungsstätten und begannen in ihren Gastländern mit
landwirtschaftlicher Arbeit. Die provisorischen Siedlungen,
in denen sie zusammen wohnten, nannten sie *Hachschara*,
›Vorbereitung‹. Führer und Organisator dieser Bewegung wurde *Josef Trumpeldor*. Er hatte sich im Russisch-Japanischen
Krieg ausgezeichnet und dabei seinen linken Arm eingebüßt.
Durch seinen Heldenmut war es ihm als einzigem Juden gelungen, im russischen Heer Offizier zu werden. Später wurde
er Befehlshaber des ›Zion Mule Corps‹ und stellte zusammen
mit Jabotinsky die jüdische Legion auf.

Als in Rußland die Zionistische Organisation als konterrevolutionäre Bewegung abgetan und verboten wurde, begann die
illegale Wanderschaft der Chaluzim. In den Grenzgebieten
versteckten sie sich tagsüber in Höhlen oder fanden bei Juden
Unterschlupf. Nachts setzten sie ihre Wanderschaft fort. Falsche Führer leiteten sie in die Hände der Grenzwachen oder

erpreßten die letzten Kopeken der Flüchtenden. Juden, im Grenzgebiet gefaßt, wurden erschossen oder nach Sibirien verschleppt. Manche von ihnen entkamen von dort nach Japan und erreichten oft erst nach jahrelanger Irrfahrt Palästina. Andere traten mit Ruderbooten eine gefährliche Reise über das Schwarze Meer an. Sie versanken im Meer, wenn sie nicht zur türkischen Küste durchfanden, oder verirrten sich, des Türkischen nicht mächtig, in den Bergen Anatoliens, verhungerten, erfroren, wurden beraubt oder erschlagen.

Die Zionistische Organisation war ratlos. Sie befürchtete, die völlig mittellosen Chaluzim würden eine Arbeitslosigkeit in Palästina verursachen. In der obersten Führung erkannte man die günstige Stunde nicht. Die Chaluzim blieben deshalb ganz auf sich allein gestellt; dennoch kamen sie nach Palästina, auch wenn sie dort nicht erwünscht waren. Erst später entdeckte die zionistische Leitung die große Bedeutung der Chaluzim für das jüdische Siedlungswerk. Weizmann bezeichnete sie als

»neue, eigenartige, erfreuliche Erscheinungen im Judentum. Kühn, tatfroh und intelligent, waren sie in jeder Art körperlicher Arbeit geschult und auch entschlossen, sie in Palästina zu verrichten, so primitiv und schwer sie auch sein mochte, weil sie keinem anderen die heilige Pflicht abtreten wollten, den Boden für die nationale Heimat vorzubereiten. Sie bauten Straßen, drainierten Sümpfe, legten Brunnen an, pflanzten Bäume und überwanden alle körperlichen Gefahren und alle Mühsal freudigen Herzens und ohne zu murren.«

Die Arbeiterschaft Palästinas nahm die Neuankömmlinge als Gleichgesinnte freudig auf. Durch die Chaluzim erlebte die Arbeiterschaft einen neuen Aufschwung. 1920 wurde die Gewerkschaft *Histadrut* gegründet, die ›Allgemeine Vereinigung der Jüdischen Arbeiter Palästinas‹. Die Histadrut konnte sich mit den Aufgaben einer normalen Gewerkschaft, die Anliegen der Arbeiter gegenüber dem Arbeitgeber zu vertreten, allein nicht zufriedengeben. Dringlichste Aufgabe war es, erst Arbeitsplätze für die Arbeiter zu beschaffen. Durch die Gründung verschiedener Unternehmungen wurde die Histadrut ihr eigener Unternehmer. Sie brachte zudem die langersehnte Einheit der Arbeiter-Parteien zuwege, wurde einer der entscheidenden Faktoren im Aufbau des Landes und erhielt eine Macht, die sie als Gewerkschaft auch nicht einbüßte, als sich

im Jahr 1929 Poale Zion und Hapoel Hazair zur *Mapai*, der
›Arbeiter-Partei des Landes Israel‹, verbanden.

Im Jahr 1919 gelang es Trumpeldor, mit einer kleinen Schar
russischer Juden ins Land zu kommen. Pioniergebiet dieser
ersten Ankömmlinge wurde *Obergaliläa*, ein Niemandsland,
über das sich England und Frankreich nach dem Vertrag von
San Remo erst noch einigen sollten. Die Araber kämpften
hier mit aller Macht gegen die Franzosen, die ihnen als Ko-
lonialmacht noch mehr verhaßt waren als die Engländer. Im
Kampf gegen die Franzosen waren sie sich mit den Juden
einig. Während aber die Araber für die gänzliche Unabhängigkeit dieses Gebietes eintraten, um es dann einem großara-
bischen Reich einzufügen, das Feisal in Damaskus errichten
wollte, unterstützten die Juden den Anschluß Obergaliläas an
das Mandatsgebiet Palästina unter englischer Herrschaft. Die
politischen Ziele der Araber waren freilich meist den ganz
privaten Raubzügen der Beduinenstämme untergeordnet, die
praktisch das Gebiet beherrschten. Die kleine Schar der ungefähr hundert Juden lebte offiziell mit den Arabern in Frieden, hielt es aber doch für angebracht, sich in vier festungs-
artigen Siedlungen niederzulassen. Von jüdischer Seite war
man bemüht, allen Konflikten mit den Arabern aus dem Weg
zu gehen, trotzdem ließen sich gelegentliche Zusammenstöße
nicht vermeiden.

Trumpeldor hatte mit seinen Freunden in der Siedlung *Tel
Hai*, ›Hügel des Lebens‹, Aufnahme gefunden; das Leben von
Tel Hai war aber nur kurz bemessen. Ein Beduinenstamm aus
einem benachbarten Dorf verlangte Einlaß in die Siedlung,
angeblich, um nach versteckten Franzosen zu suchen. Da dieser Beduinenstamm freundschaftliche Beziehungen zu Tel
Hai unterhielt, wurden die Männer eingelassen. Kaum war
dies geschehen, eröffnete eine überwältigende Zahl schwerbewaffneter Araber plötzlich das Feuer und richtete ein Blutbad unter den ahnungslosen Siedlern an. Die Araber konnten
schließlich vertrieben werden; aber Trumpeldor und sieben
seiner Gefährten, darunter zwei Mädchen, waren gefallen.
Trumpeldors letzte Worte:

»Es ist gut, für unser Land zu sterben«,

wurden zur Losung für die israelische Jugend, doch nur zusammen mit einem seiner anderen Worte:

»Nicht Schwerter, sondern Frieden wird das Land tragen. Nur eine außergewöhnliche Situation kann uns zwingen, unsere Pflugscharen zu Schwertern umzuschmieden.«

Die Kunde vom Heldentod der Männer Obergaliläas verbreitete sich in der ganzen jüdischen Welt. Es war das Fanal für den Aufbruch Tausender noch zögernder Chaluzim.

Im Jahr 1920 begann die Zionistische Organisation, sich um eine kontrollierte Einwanderung zu bemühen. Die eingesetzte englische Palästinaregierung erteilte in Zusammenarbeit mit der Zionistischen Organisation Bescheinigungen, die zur Einwanderung berechtigten. Palästinaämter, die die Einwanderung fördern und regeln sollten, entstanden in Wien, Triest, Warschau und Konstantinopel. In der Folgezeit wanderten achttausend Juden jährlich ein.

Diese Einwanderungsbewegung – für die damaligen palästinensischen Verhältnisse eine Masseneinwanderung – brachte Arbeitslosigkeit mit sich. Um sie zu bekämpfen, kaufte die Palästinakommission im Jahr 1921 in eigener Verantwortung große Ländereien im *Emek*, der Jesreelebene, auf, der großen Ebene die sich von Haifa bis zum See Genezareth erstreckt. Vor dreitausend Jahren waren hier König Saul von den Philistern und König Josia von Pharao Necho besiegt worden und gefallen. Es war durch und durch historischer Boden, auf dem man einen Neuanfang versuchen wollte. Durch ein Ent- und Bewässerungssystem war dieses Gebiet in biblischer Zeit sehr fruchtbar gewesen. Die jahrhundertealte Mißwirtschaft aber hatte auch dieses Land zu einem nutzlosen Sumpf werden lassen. Ein Bericht aus dem Jahr 1920 beschreibt die Trostlosigkeit dieser Landschaft:

»... weithin Sümpfe, ein großes Meer von Schilfrohr, erdrückende Hitze, Schwärme von Mücken und Fliegen, die das Ohr betäuben, das Auge blenden, das Atmen erschweren, kein Weg und Steg. Hier weidet kein Beduine seine Herde... Die wenigen Einwohner, ihre Zahl erreicht nicht einmal einige Dutzend, siechen dahin und gehen an der Malaria zugrunde.«

Das Land war in der Hand von syrischen Großgrundbesitzern, die zum größten Teil in Beirut oder Paris lebten. Mehrfach schon war das Land zum Verkauf angeboten worden. Herzl hätte es zu einem Spottpreis erstehen können. Nun zahlte die Palästinakommission einen erheblich höheren Preis.

Diese Ebene wurde das Hauptbetätigungsfeld der Neuankömmlinge. In der ersten Zeit verschlangen die Sanierungsarbeiten ungeheure Gelder. Aller Arbeit zum Trotz blieb die Malaria einer der tückischsten Feinde des jüdischen Siedlungswerkes. Die Sümpfe, soweit sie sich in arabischen Händen befanden und darum nicht trockengelegt werden konnten, blieben eine fortwährende Brutstätte der Krankheit. Die Sanierungskosten übernahm der *Keren Hajessod*, der ›Gründungsfonds‹, den Weizmann im Jahr 1920 ins Leben gerufen hatte, um auch die finanzkräftigen Nichtzionisten Amerikas am Aufbauwerk Palästinas zu beteiligen.

Neben der Siedlungsform des Kibbuz wurde noch ein weiterer Versuch gemacht, eine neue Siedlungsform entstand: der *Moschaw Owdim*, die ›Arbeitersiedlung‹, oder kurz ›Moschaw‹ genannt. Der Boden ist auch hier wie im Kibbuz Eigentum des Volkes, ebenso ist die gegenseitige Hilfe und der gemeinsame An- und Verkauf der Güter in beiden Formen gleich. Teilweise sind im Moschaw auch die Produktionsgüter Gemeingut. Der Unterschied zum Kibbuz besteht einmal darin, daß jede Familie ihr eigenes Haus bewohnt und das ihr zugewiesene Land bearbeitet, zum anderen darin, daß jeder für sich selbst und seine eigene Familie, also mit eigenem Gewinn, aber auch mit eigenem Risiko, arbeitet. Lohnarbeiter gibt es auch hier nicht, da das Land nicht größer sein darf, als es eine Familie mit ihren eigenen Kräften bearbeiten kann. Die größere Freiheit und Individualität besonders im Familienleben zog gerade solche an, die dies im Kibbuz vermißt hatten. Beide Formen landwirtschaftlicher Siedlungsweise erwiesen sich als förderlich und sind bestimmend auch für die Landwirtschaft des modernen Israel geblieben.

Die Anerkennung

Der politische Status von Palästina war noch nicht endgültig geklärt. England hatte durch seinen Hohen Kommissar die Macht angetreten. Nach dem Willen des 1919 gegründeten Völkerbundes sollten wohl die eroberten türkischen Gebiete einer Großmacht zur Verwaltung übergeben werden, das letzte Verfügungsrecht aber sollte beim Völkerbund verbleiben, und dieser hatte auch die Grundverfassung jener Gebiete zu bestimmen. Den Zionisten kam nun alles darauf an, in dieser Mandatsverfassung Palästinas die Balfour-Erklärung bestätigt zu finden.

In England waren Kreise des Oberhauses mit der englischen Politik in Palästina sehr unzufrieden. Sie sahen durch die Beibehaltung der Balfour-Erklärung unüberwindliche Schwierigkeiten herankommen und wollten sich das gute Verhältnis Englands zu den Arabern durch die Juden nicht stören lassen. Eine arabische Delegation, die in London tätig war, schien ihr Ziel erreicht zu haben; die Parteien des Unterhauses aber waren mit der zionistenfreundlichen Politik ihrer Regierung einverstanden und unterstützten sie. Um die Kreise des Oberhauses zu besänftigen, veröffentlichte Churchill in einem Weißbuch eine amtliche Interpretation der Balfour-Erklärung, das sogenannte *Churchill-Statement*. Grundsätzlich wurde an der Balfour-Erklärung festgehalten:

»Damit aber diese (jüdische) Gemeinschaft die besten Aussichten auf freie Entwicklung habe und dem jüdischen Volk volle Gelegenheit gegeben werde, seine Fähigkeiten zu entfalten, ist wesentlich, daß sie wissen soll, sie sei in Palästina von Rechts wegen und nicht aus Duldung. Darum ist es nötig, die Existenz eines Jüdischen Nationalheimes in Palästina international zu garantieren und formell als auf alter, historischer Verknüpfung beruhend anzuerkennen.«

Die wesentliche Einschränkung im Churchill-Statement war die Bestimmung, das Jüdische Nationalheim *in* Palästina und nicht ganz Palästina *als* Jüdisches Nationalheim einzurichten. Zu den Bedenken im englischen Oberhaus traten die einiger europäischer Regierungen. *Frankreich* betrachtete Nordgaliläa immer noch als Südsyrien und fürchtete einen Machtzuwachs Englands, wenn sich allzuviel jüdisches Kapital in Palästina anhäufe. *Italien* hatte ähnliche Bedenken; es bangte um das ›mare nostrum‹, sein Einflußgebiet Mittelmeer. Den größten Widerstand leistete der *Vatikan*. Er konnte sich nur schlecht mit dem Gedanken befreunden, daß ausgerechnet eine protestantische Macht die Schutzherrschaft über die heiligen Stätten ausüben sollte. Außerdem gab der Vatikan vor, der wachsende Einfluß der Juden in Palästina müsse zu einer »Verweltlichung des Heiligen Landes« führen. Kardinal Gaspari erklärte Weizmann gegenüber, der die Regierungen dieser Staaten zu beruhigen suchte: Nicht das jüdische Siedlungswerk, »Ihre Universität ist es, die ich fürchte«. Den Vorsitz im Völkerbund hatte damals *Spanien*, wo es seit der großen Vertreibung im Jahr 1492 keine Juden mehr gab, die die zionistischen Pläne unterstützen konnten; dennoch tauchten hier plötzlich zahlreiche Helfer auf: die Marranen, die Nachkommen der zwangsgetauften Juden Spaniens, die heimlich durch die Jahrhunderte hindurch dem Judentum treu geblieben waren, die einen großen Einfluß in Spanien hatten und ihren christlichen Mitbürgern erklärten:

»Jetzt hat Spanien die Gelegenheit, eine alte Schuld an den Juden gutzumachen.«

Im September 1922 wurde das Palästinamandat einstimmig ratifiziert. In vollem Umfang wurde die Balfour-Erklärung in das Mandat aufgenommen. Die Juden sollten durch die *Jewish Agency* bei der Mandatsregierung vertreten sein. Die gesamte Judenschaft, nicht nur die palästinensischen Juden, wurde berechtigt, in der Jewish Agency mitzuwirken. Offizielle Sprachen Palästinas wurden Englisch, Arabisch und Hebräisch. Die Abtrennung Transjordaniens wurde durch den Völkerbund bestätigt.

Damit waren die rechtlichen Grundlagen der Jüdischen Nationalheimstätte von der regierenden Völkerfamilie anerkannt, wie es Herzl erträumt hatte. Der Völkerbundsbeschluß brachte die formale Erfüllung des Baseler Programmes. Nun galt es, die gestellten Aufgaben zu verwirklichen.

Gerade zu dieser Zeit fehlte der Zionistischen Organisation infolge der anhaltenden Streitigkeiten innerhalb des amerikanischen Landesverbandes das notwendige Geld. Nur ein Drittel der auf den Kongressen beschlossenen Budgets konnte aufgebracht werden; dennoch wurde in Palästina eine erstaunliche Aufbauarbeit geleistet.

Die Probleme der Zionistischen Organisation in Palästina wurden inzwischen nicht einfacher; schon die Lösung der Schulfrage verlangte größte Opfer. Die Mandatsregierung richtete nur ihre in Indien und Afrika altbewährten Kolonialschulen ein, die zwar dazu dienten, den Analphabetismus besonders unter der moslemischen Bevölkerung zurückzudrängen – dreihundert arabische Schulen wurden in Samuels Regierungszeit errichtet – Juden und Christen, die in ihren Schulen höheres Niveau anstrebten, waren aber gezwungen, ihr eigenes Schulwesen auf- und auszubauen. Die Zionisten verfügten aber in dieser Zeit über so wenig Geld, daß die jüdischen Lehrer manchmal mehrere Monate auf ihre Gehälter verzichten mußten. Es gab Zeiten, in denen die Juden in der Hoffnung auf künftigen Geldsegen nur mit Borg- und Leihscheinen kauften.

Das Geld schien auf die Dauer auch nicht auszubleiben. Eine neue Einwanderungswelle setzte ein: die *vierte Alija*. In Polen war 1924 eine schwere Wirtschaftskrise ausgebrochen, unter der besonders die jüdischen Handwerker und kleinen Händler zu leiden hatten, weil sie überbesteuert und ihnen die Handelskonzessionen für staatliche Monopole entzogen wurden. So verkaufte ein Teil der Juden seinen Besitz und kam mit gewissem Vermögen, jedoch weniger freudig begrüßt, als man hätte erwarten können, in Palästina an. Die vierte Alija unterschied sich grundsätzlich von den vorherigen. Es waren keine überzeugten Zionisten und Idealisten mehr, sondern Flüchtlinge, die dem wirtschaftlichen und politischen Druck sowie dem Antisemitismus nach Palästina auswichen, das durch die Balfour-Erklärung am sichersten schien. Im Laufe des Jahres 1925 kamen mehr als fünfunddreißigtausend Einwanderer ins Land, mehr als je zuvor in einem Jahr eingewandert waren. Diese große Einwanderungswelle erweckte die Hoffnung, auch künftig sei mit einer anhaltenden Einwanderung zu rechnen. Fast alle Zweige der Industrie und

Wirtschaft stellten sich auf den zu erwartenden Bedarf durch Überproduktion ein. Da wurde 1926 in Polen der Zloty entwertet, die Einwanderung stockte, der Warenabsatz in Palästina ging jäh zurück – die Folge war eine Wirtschaftskrise. Vierzig Prozent dieser ›Kleinkapitalisten-Alija‹, wie sie genannt wurde, wanderten daraufhin in den nächsten Jahren wieder nach Polen zurück.

Diese kleinbürgerliche Alija, die von den führenden Zionisten aufs schärfste angegriffen und getadelt wurde, hatte aber auch ihre guten Seiten. Außerdem belastete sie nicht die gebilligte Einwanderungsquote; denn für Einwanderer mit einem Mindestkapital von 2500 Dollar verlangten die Engländer in dieser Zeit keine Einwanderungsbescheinigung. Durch die vierte Alija wuchsen die Städte in bedeutendem Umfang an, weil die Neuankömmlinge an landwirtschaftlicher Arbeit nicht interessiert waren. Sie begannen in den Städten eine Industrie aufzubauen, die in der Folge allerdings auf große Schwierigkeiten stieß, weil sie von den Engländern, die ihren eigenen Markt nicht gefährden wollten, mehr behindert als gefördert wurde. Auch die Zionistische Organisation zeigte für eine Kleinindustrie damals noch kein Verständnis, sondern zog es vor, ihre Gelder weiterhin in landwirtschaftliche Siedlungen zu investieren.

Mit der vierten Alija kam auch eine Gruppe von zweihundertachtzig Chassidim mit eigenen Mitteln ins Land. Es waren jene jüdischen Frommen, die schon vor Beginn der zionistischen Bewegung die Einwanderung nach Palästina unterstützt hatten, um so das Eingreifen des Messias zu beschleunigen, und denen das Wohnen im Land als die Erfüllung aller Gebote galt. Diese Leute hielten die Tradition ihrer Väter aufrecht und gründeten zwei religiöse landwirtschaftliche Siedlungen, die ersten ihrer Art: *Nachalat Jaakow*, das ›Erbe Jakobs‹, und *Awodat Jisrael*, die ›Arbeit‹ oder der ›Gottesdienst Israels‹. Der linksgerichtete jüdische Schriftsteller *Holitscher* schrieb 1925 über diese Siedler:

»Die ältlichen Leute leben wie der jüngste Chaluz. In ihren Adern ist das heilige Feuer entflammt. Das Land, das alte, gesegnete, hat diesen Menschen eine neue Hoffnung geschenkt. Sie leben jung auf dem alten Boden der Heimat.

Sonderbares, heiliges Land, das alten Menschen neue Hoffnung zu geben vermag!«

Trotz ihrer guten Absichten war das Werk für sie zu schwer, so daß sie scheiterten. Durch ihre Pioniertat erweckten sie aber bei anderen religiösen Gruppen in Palästina und in der Diaspora Interesse für die Landwirtschaft. Junge religiöse Siedler führten ihr Werk fort. Zahlreiche religiöse landwirtschaftliche Siedlungen entstanden in der Folgezeit.

Im Jahr 1925 ging die fünfjährige Amtsperiode von Sir Herbert Samuel zu Ende. Seit 1923 hatten die Vorwürfe von zionistischer Seite gegen ihn nachgelassen und waren schließlich verstummt. Allmählich hatte man die schwierige Lage, in der Samuel zu regieren hatte, erkannt. Der Friede war nach 1921 sichergestellt worden in einer Zeit, da die jüdische Bevölkerung nur zehn bis fünfzehn Prozent der Gesamtbevölkerung ausmachte. Während in allen benachbarten Ländern unter den arabischen Führern ein Rivalitätenstreit ausgefochten wurde und es dadurch an vielen Orten des Nahen Ostens gärte, war Palästina trotz der besonders verwickelten Verhältnisse zwischen Juden und Arabern eine Oase des Friedens geblieben. Viele zionistische Stimmen wurden laut, die sich für eine Wiederwahl Samuels aussprachen. Er jedoch wollte seine politische Karriere nicht in Palästina beschließen und lehnte ab. In seiner Abschiedserklärung betonte er, daß er das jüdische Siedlungswerk deshalb in keiner Weise gefördert habe, damit alle Welt erkenne, daß es kein künstliches, von England erzeugtes Gebilde darstelle, sondern aus eigener Kraft erwachsen sei und bestehe.

In *Lord Plumer*, den die englische Regierung zum Nachfolger Samuels bestimmte, erhielt das jüdische Siedlungswerk einen gleichwertigen Mann. Er war ein fähiger Politiker, der es verstand, den Frieden in Palästina zu erhalten.

In die Abschiedszeit Samuels fiel die Einweihung der Hebräischen Universität, die zu einem bedeutenden Ereignis in der Geschichte der geistigen Wiederbelebung des jüdischen Volkes wurde. Das Wort von der nach Zion wallfahrenden Völkerwelt, Jesaja 2,3, schien erfüllt, als zur Einweihung Vertreter von achtundvierzig ausländischen Universitäten, Konsuln aus neun Staaten und zahlreiche Interessierte und Begeisterte aus allen Enden der Welt herbeiströmten. Unter den vielen Rednern befand sich auch *Bialik*. Die Chaluzim, erklärte er, bauten das irdische Jerusalem, an der Universität wolle man das himmlische vorbereiten, beide seien voneinander abhängig. Aus England waren *Allenby* und *Balfour* erschienen. Besonders Balfour wurde auf einer Rundreise durch das Land von den Siedlern stürmisch begrüßt.

In seiner Eröffnungsrede sagte er:

»Dieses Ereignis leitet eine entscheidende Epoche in der Geschichte eines Volkes ein, das dieses kleine Land Palästina zum Mutterboden großer Religionen gemacht hat und dessen geistige und sittliche Bestimmung nun vom nationalen Gesichtspunkt aus zu neuem Leben erwacht.«

In den nächsten Jahren gelang es der Hebräischen Universität, internationale Anerkennung zu erlangen. So hieß es im Bericht der Peel-Kommission 1937:

»Es ist bemerkenswert, an der Schwelle Asiens eine Universität zu finden, die den höchsten Standard westlicher Gelehrsamkeit aufrechterhält.«

Um sich der anhaltenden finanziellen Not zu entledigen, verhandelte Weizmann seit längerem mit amerikanischen, nichtzionistischen Kreisen, die schon mit mehreren Millionen Dollar die europäische Judenschaft unterstützt hatten. Ihre besondere Hilfe fand ein russisches Projekt, das die Ansiedlung von Juden in nennenswerter Zahl auf der Krim zum Ziel hatte. Weizmann versuchte, diese Kreise auch für die zionistische Sache zu gewinnen, die doch die wahre Heimat des jüdischen Volkes aufbaue. Aber erst 1929 kam es zu einer Entscheidung. Die *Jewish Agency*, die nach dem Palästinamandat die Vertretung des Gesamtjudentums bei der englischen Mandatsregierung sein sollte, wurde gegründet. Die Hälfte der Sitze wurde von Mitgliedern der Zionistischen Organisation besetzt, die andere Hälfte von den amerikanischen Nichtzionisten. Präsident der Jewish Agency war jeweils der Präsident der Zionistischen Organisation.

In Palästina hatte inzwischen *Sir John Chancellor* als neuer Hoher Kommissar Lord Plumer abgelöst. Leider war Chancellor den palästinensischen Verhältnissen nicht gewachsen.

Aus Protest gegen die Bildung der Jewish Agency brach aus nichtigem Anlaß an der Klagemauer 1929 ein arabischer Aufstand aus. Bei den Unruhen kamen damals hundertfünfzig Juden ums Leben. Die Araber glaubten, durch ihren Aufstand die gute Zusammenarbeit von Zionisten und anderen finanzkräftigen Juden stören zu können. Sie hofften, die amerikanischen Geldgeber würden die zionistischen Pläne fallenlassen, wenn das Land politisch gefährdet sei.

Der Gegensatz zwischen *Arabern und Juden* war immer größer geworden. Beide Gruppen hatten sich immer mehr voneinander entfremdet. Zahlreiche neue, rein jüdische Siedlungen, Städte und Stadtteile waren entstanden; dadurch sank der Anteil der Juden in typisch arabischen Städten wie Jaffa. Immer weniger Juden verstanden oder sprachen noch Arabisch. Selbst in den alten Ansiedlungen traten mehr und mehr jüdische Arbeiter an die Stelle der früher dort arbeitenden Araber. Durch die fortschreitende Absonderung ließ die Bereitschaft zu gegenseitigem Verständnis nach. Hier und dort breitete sich ein selbstbewußter Nationalismus aus. Martin Buber und Gleichgesinnte traten immer wieder warnend vor das Volk und vor die zionistischen Kongresse. Eine echte Aussöhnung wurde aber auch dadurch erschwert, daß die englische Mandatsregierung diese Situation nicht milderte, sondern oft zu ihrem Vorteil auszunutzen suchte.

Nach den Unruhen schickte England eine Reihe von Kommissionen nach Palästina. Am besten scheint der Bericht der *Shaw-Kommission* die wahre Lage wiederzugeben:

»Ein Nationalheim für die Juden ist unvereinbar mit den Forderungen der arabischen Nationalisten, und die Forderungen der arabischen Nationalisten machen die Erfüllung der den Juden gegebenen Versprechungen unmöglich.«

Eine Politik, die sich zwischen beiden Parteien hindurchlavieren wollte, mußte scheitern. Die Scheu vor einer klaren Stellung brachte England schließlich die Feindschaft beider Seiten ein. Diesmal entschied sich England für die Araber. Es stellte zwar fest, daß die Araber den Aufstand angezettelt hatten, bestrafte aber die Juden. Die Araber dürften in keiner Weise gereizt werden, auch wenn ihre Beschwerden unbegründet seien. Die Regierung verordnete in einem Weißbuch, das der Antizionist *Passfield* verfaßt hatte, die einstweilige Aufhebung der Einwanderungserlaubnis. Der Landverkauf wurde gesetzlich eingeschränkt und die Rechte der Jewish Agency beschnitten.

Der Protest in der gesamten jüdischen Welt war groß. Weizmann legte sein Amt als Präsident der Jewish Agency vorübergehend nieder und erklärte, das Passfield-Weißbuch sei unvereinbar mit dem Mandat, das die Errichtung, nicht aber die Behinderung einer Jüdischen Nationalheimstätte zugesichert habe. Die Unruhen seien zum größten Teil auf die Unfähigkeit der englischen Kolonialbeamten zurückzuführen, die immer noch streng antizionistisch eingestellt seien. Solange die Mandatsregierung lax und milde wie bisher vorgehe, fühlten sich die Araber nur ermutigt.

Im Februar 1931 wurde der politische Kurs Englands in Palästina wieder geändert. Der englische Premierminister *MacDonald* tat das in Form eines Briefes an Weizmann, in dem das Passfield-Weißbuch praktisch zurückgenommen wurde. Zugleich wurde Chancellor als Hoher Kommissar abgelöst. An seine Stelle trat *Sir Arthur Wauchope*, wohl der fähigste Hohe Kommissar während der englischen Herrschaft in Palästina. In seiner Amtszeit erreichte das Land die größte Weiterentwicklung während der Mandatszeit.

Die Zionisten waren von der englischen Regierung aber noch zu sehr enttäuscht. Ein Brief allein genügte ihnen nicht; sie forderten die Rücknahme des Passfield-Weißbuches in aller Form. Der rechte Flügel sprach Weizmann auf dem siebzehnten Kongreß 1931 das Mißtrauen aus. Zum Nachfolger Weizmanns wählte man seinen engsten Mitarbeiter Sokolow. Das zeigte die große Ratlosigkeit der Unzufriedenen, denn Sokolow konnte die Politik Weizmanns nur fortsetzen.

Die geistige Situation der zwanziger Jahre

Das Siedlungswerk ruhte in dieser Zeit noch auf den Pfeilern der chaluzischen Arbeit und des Idealismus. Die *Erlösung des Landes* war die Parole aller Bestrebungen. So galt der Landwirtschaft das Hauptinteresse. Die aufopferungsvolle Arbeit der jungen Pioniere begeisterte immer wieder aufs neue die jüdischen und nichtjüdischen Besucher des Landes. Die Siedlungen in Palästina hatten bewiesen, daß das jüdische Volk, seinem Heimatboden wiedergegeben, zu bodenständiger, produktiver Arbeit zurückzukehren und damit auch ein selbständiges, sozial abgestuftes Staatswesen zu bilden vermochte. Hierin sah man den Keim zur Wiedergeburt des jüdischen Volkes. *Herbert Samuel* schrieb in seinem offiziellen Abschiedsbericht 1925:

»Die meisten Beobachter, die den neuen Charaktertyp gesehen haben, der in diesen Siedlungen entstanden ist, sind beeindruckt von der Fröhlichkeit dieser Leute. Trotz häufiger Enttäuschungen, trotz fortwährender Not, trotz täglicher, harter Arbeit schienen diese Männer und Frauen bemerkenswert glücklich zu sein. Der Grund ist nicht schwer zu finden... Sie sind fest davon überzeugt, einen wesentlichen Anteil an der Bewegung zu haben, die sich zur Aufgabe gesetzt hat, Palästina zu erlösen. Sie sind, wie wenige sie auch sein mögen, die Repräsentanten und in einem gewissen Sinne auch die Handelnden für die gesamte Judenschaft. Die tägliche Arbeit, mit der sie betraut sind, bringt sie in Berührung mit der Prophetie der alten Zeit und mit den Gebeten von Millionen Juden heute... Das ist der Grund, warum Pioniere so glücklich sind.«

Oberrabbiner *Abraham Kook* (1865 – 1935), die höchste religiöse Autorität der Juden Palästinas und zeitweise die populärste Gestalt des jüdischen Siedlungswerkes, verglich die jungen Siedler mit den Werkleuten am Tempelbau Gottes, die, solange sie den Tempel bauten, nicht unter den Geboten standen. Damit, daß sie den neuen Tempel Israel bauten, entschuldigte er auch die Arbeit der Chaluzim an manchen Festtagen. Die Chaluzim seien ›Gerechte wider Willen‹. Auch Weizmann hatte bei einem Synagogenbesuch in Tel Aviv einen ähnlichen Eindruck von dem tiefen religiösen Ernst der jungen Siedler, die mit Hingabe arbeiteten, ohne äußerliche Frömmigkeit zu zeigen. In seinen Memoiren schreibt er:

»Die Große Synagoge, die in jener Zeit noch ohne Dach war, . . füllte sich, als die Stunde des Sonnenuntergangs herannahte, mit Massen von jungen Männern, die aus den benachbarten Dörfern nach Tel Aviv gewandert waren. Es waren kräftige, braun gebrannte, gesunde Burschen in ihren Alltagskleidern – sie hatten keine anderen –, aber alle reinlich und irgendwie festlich aussehend. Ihre Anwesenheit in der Synagoge strafte alle Gerüchte Lügen, die Bewohner der Kwuza seien Atheisten und mißachteten die Überlieferung und Satzungen der jüdischen Religion. Haim Nachman Bialik und ich standen da und beobachteten sie während des ganzen Gottesdienstes, und wir dachten beide dasselbe: Das waren Männer und Frauen, die Gott am Werktag mit Spaten, Schaufel und Hacke dienten und an den Hohen Festtagen zur Synagoge wanderten, um Ihm dafür zu danken, daß sie das tun durften, weil Er sie aus der Hölle des Ghettos erlöst und auf die Schwelle eines neuen Lebens geführt hat.«

Das Leben der landwirtschaftlichen Siedlungen, dem Kerngebiet der neuen Pioniere, strahlte auch auf die Städte aus. So kam es, daß die Fäden aller geistigen Bestrebungen, die von den Siedlungen ausgingen, sich gerade in einer Stadt verknoteten: in Tel Aviv. Stadt und Land gehörten zueinander. Tel Aviv war die Mutter des jüdischen Siedlungswerkes geworden. Hier trafen junge Intelligenz aus den Siedlungen und ehrwürdige Väter des Zionsgedankens zusammen. Aus dieser ständigen Begegnung lebte die Stadt. Eine Betrachtung von *Ernst Simon*, dem aus Deutschland eingewanderten führenden Pädagogen des Siedlungswerkes, über Tel Aviv aus dieser Zeit kann das veranschaulichen:

»Diese sich leichtsinnig und übergeschäftig gebende Stadt zeigt immer wieder eine Eigenschaft, die schlecht zu solchen Grundzügen zu passen scheint: Ehrfurcht vor dem echten Geist. Vor dem Haus des müden und kranken Achad Haam wurden zur Stunde seines Nachmittagsschlafs Sperrketten heruntergelassen, um die Ruhe des schärfsten Kritikers nicht zu stören – und Bialik, dem scheinbar so gesunden, lebenstrotzenden, immer zu Belehrung und Frohsinn, Spaziergang und Beratung aufgelegten Bialik, zeigte man die Liebe auf die entgegengesetzte Weise, durch grenzenlose Aufdringlichkeit. Merkwürdig, sie schien ihm nie zuviel zu werden.«

In den zwanziger Jahren zogen sich einige Ideologen enttäuscht zurück. Trotz aller Begeisterung, trotz allem Idealismus war die Gefahr, dem Levantinismus zu verfallen, ein Mischvolk zu werden, ohne eigene Sprache, Tradition und Zusammengehörigkeitsgefühl, für das aus allen Teilen der Welt einwandernde Israel besonders groß. Die Kritik von Männern wie Achad Haam und Bialik galt weniger den Arbeitern Israels als den Führern der zionistischen Bewegung. Sie warnten davor, die zionistische Tätigkeit in Betriebsamkeit und Spendensammelei zu ersticken. Entscheidend sei die Rückbesinnung auf das Woher und Wohin. *Achad Haam*, der 1927 starb, schrieb 1922 in der größten hebräischen Zeitung ›Haarez‹, als eine Gruppe von Juden für das ihnen von Arabern zugefügte Unrecht Revanche forderte:

»Ist dies der Traum der Rückkehr nach Zion?.. Im Volk entwickelt sich die Neigung, auf dem Altar der Wiedergeburt seine Propheten zu opfern, die großen sittlichen Prinzipien, um derentwillen das Volk lebt, gelitten hat und für die allein es sich lohnt, zurückzukehren und ein Volk zu sein im Land unserer Väter.«

Er schloß mit einem Spruch aus dem Talmud, der gegen die immer wieder auftretenden falschen Messiasse gerichtet war:

»Wenn dies der Messias ist, mag er kommen, ich aber will ihn nicht sehen.«

Neben Achad Haam und Bialik wurde vor allem der 1965 verstorbene *Martin Buber* zum großen Mahner seines Volkes. 1878 wurde er in Wien geboren. Er wuchs bei seinem Großvater, *Salomon Buber*, einem großen jüdischen Gelehrter und Herausgeber zahlreicher Texte der rabbinischen Literatur, auf. Deshalb verwuchs Martin Buber schon in frühester Jugend mit dem religiösen Denken und Leben des Judentums. Daneben befaßte er sich mit den christlichen Geistesströmungen Europas. Als Student schloß er sich der Zionistischen Organisation an und kämpfte an der Seite von Weizmann gegen die Überbetonung der äußeren politischen Aktivität.

Buber suchte das spezifisch Geistige im Judentum zu finden, das die Erneuerung des Judentums erwirken könnte. Dabei stieß er auf den Chassidismus und dadurch auf die mystische Richtung des Judentums überhaupt. Seine Lehre faßte Buber in der Schrift ›Der heilige Weg‹ 1918 kurz zusammen:

»Das Gute tun, heißt die Welt mit Gott erfüllen; Gott wahrhaft dienen, heißt ihn ganz ins Leben ziehen. Im rechten Judentum gibt es weder Sittlichkeit noch Glauben als gesonderte Sphären. Nicht die Wahrheit als Idee und nicht die Wahrheit als Gestalt, sondern die Wahrheit als Tat ist Aufgabe des Judentums, sein Ziel nicht das Philosophem und nicht das Kunstwerk, sondern die wahre Gemeinschaft.«

Es ging Buber dabei um das Streben nach Einheit im Sinne seiner mystischen Vorbilder. Die Einheit im Volk ist Vorstufe für die Einheit mit der Menschheit. Das Ziel ist die Einheit Gottes mit der Welt und den Menschen in seinem Reich. Diese Einheit ist nur durch die Tat zu gewinnen.

Der Zionismus ist für Martin Buber ein Stück dieses inneren Kampfes; deshalb geht es ihm nicht wie Achad Haam um die Erneuerung des Judentums als Volk, sondern um seine innere Befreiung. Jener geistige Mittelpunkt in Palästina, von dem Achad Haam spricht, wird nur dann Zentrum des Judentums sein, »wenn es nicht um der Erneuerung willen, sondern aus der Erneuerung und durch sie geschaffen wird«.

Aus Sorge um die Erhaltung des zionistischen Zieles wandte sich Buber 1921 an den zwölften Kongreß:

> »Eine Gemeinschaft, die von ihren Mitgliedern Geld verlangt, wird Almosen bekommen. Eine Gemeinschaft, die von ihren Mitgliedern den ganzen Menschen verlangt, wird auch sein Geld bekommen.«

Auf dem sechzehnten Kongreß 1929 formulierte Buber noch einmal deutlich das Ziel des Zionismus, wie er es sah:

> »Zionismus ist etwas anderes als jüdischer Nationalismus. Mit großem Recht heißen wir Zionisten und nicht jüdische Nationalisten; denn Zion ist mehr als Nation. Zionismus ist Bekenntnis zu einer Einheit. ›Zion‹ ist kein Gattungsbegriff wie ›Nation‹ oder ›Staat‹, sondern ein Name, die Bezeichnung für etwas Einziges und Unvergleichliches. Es ist auch keine bloße geographische Bezeichnung wie Kanaan oder Palästina, sondern es ist von jeher ein Name für etwas, was an einem geographischen Ort des Planeten *werden* soll, was einst werden sollte, und was immer noch werden soll – in der Sprache der Bibel: Der Anfang des Königtums Gottes über alles Menschenvolk.
> Eine Hoffnung darf ich ausdrücken, daß der kommende Nationalismus anders aussehen wird als der gegenwärtige. Es dämmert, so hoffe und spüre ich, ein Nationalismus auf, für den Nation nicht Ziel, sondern Voraussetzung ist. Und es ist die Zuversicht meines Herzens, daß der wahre Zionismus der Vortrupp, der Pionier, der Chaluz dieses neuen Nationalismus ist.«

Dieses Ziel gilt es niemals aus den Augen zu verlieren. Man kann sich auch nicht mit einem Später trösten. Der Zweck heiligt die Mittel nicht. Deshalb geht es darum, auf Machtpolitik zu verzichten, um »eine Macht im Geiste zu werden, die neue Formen des Völkerlebens stiftet«.

5. Unter dem Hakenkreuz

Anzeichen des nahenden Verderbens

Am 30. Januar 1933 war in Deutschland der Mann an die Macht gekommen, dem es gelang, ein ganzes Kulturvolk zum willigen Werkzeug seiner Verbrechen zu machen. Am härtesten betroffen waren, wie schon so oft in der Geschichte, die Juden; diesmal aber in bisher noch nicht gekannter Grausamkeit und nicht dagewesenem Ausmaß.

Auch Juden, die bisher die Assimilation befürwortet hatten, lernten umdenken. Auf den Boykott im Jahr 1933 hin hatte *Robert Weltsch*, der Herausgeber der zionistischen ›Jüdischen Rundschau‹, die Juden in Deutschland aufgefordert: »Tragt ihn mit Stolz, den gelben Fleck!« Dieses Bekenntnis zum Judentum in schwerer Zeit fand auch sein Echo bei denen, die dem Zionismus ferngestanden, ihn abgelehnt oder sogar bekämpft hatten. Im Jahr 1927 hatte der Syndikus des ›Zentralvereins deutscher Staatsbürger jüdischen Glaubens‹, Alfred Wiener, den Zionismus noch mit folgenden Worten ablehnen können:

> »Solange der Zionismus auch den deutschen Juden als im Galut, als in der Verbannung, in der Fremde anspricht, wird der jüdische Deutsche, aus heiligem Zwang handelnd, es weit von sich weisen müssen, den nationalen Palästinaaufbau zu fördern; denn wir müssen vom Herzen und vom Willen aus Deutsche *und* Juden bleiben, weil wir nicht anders können. Reißen wir uns aus unserem deutschen Volk heraus, so geht unser Deutschtum und unser Judentum zugrunde.«

Im Herbst 1933 schloß sich der Zentralverein mit allen jüdischen Vereinigungen, auch mit der ›Zionistischen Vereinigung für Deutschland‹, zur *Reichsvertretung der deutschen Juden* zusammen. Vorsitzender der Reichsvertretung wurde Rabbiner *Dr. Leo Baeck*. Alle Juden Deutschlands waren damit zur Verteidigung ihrer Rechte zusammengeschlossen. Die Reichsvertretung setzte sich auch zum Ziel, die nach dem Boykott von 1933 panikartig einsetzende Flucht ins Ausland zu steuern und Einreisepapiere für die Flüchtlinge zu be-

schaffen. In Europa herrschte damals noch die Wirtschaftskrise; kein Land war so schnell bereit, sich zusätzliche Probleme mit der Unterbringung von Flüchtlingen zu schaffen.
So wurde Palästina das rettende Asyl. Später, als durch englische Maßnahmen auch dieses Land versperrt war und die
Kristallnacht die Not der deutschen Juden besonders deutlich
offenbart hatte, öffneten das englische Mutterland selbst und
manche Überseeländer die Grenzen. Bis zum Kriegsausbruch
konnte sich die Hälfte der deutschen Judenschaft, 250 000
Menschen, in Sicherheit bringen. Nach dem Pogrom von 1938
war die Reichsvertretung wie alle jüdischen Vernände von
den Nazis aufgelöst worden.

Eine besondere Form der Auswanderung war die *Jugend-Alija*, die von *Henriette Szold* in Amerika ins Leben gerufen
wurde. Sie förderte die Auswanderung der Jugend und gerade
auch der Kinder, die ihre Eltern verloren hatten. Soweit die
Reichsvertretung es noch konnte, bemühte sie sich im ›Jüdischen Winterhilfswerk‹ um die Zurückgebliebenen, war doch
im Jahr 1938 mehr als die Hälfte der Juden in Deutschland
über fünfundsechzig Jahre alt.

Die Zionisten setzten sich besonders für die Auswanderung
nach Palästina ein. Der Plan der deutschen Regierung war in
dieser Zeit noch darauf gerichtet, sich der Juden durch Auswanderung zu entledigen. Die Repressalien, willkürliche Verhaftung und Verschleppung in die Konzentrationslager im
Jahr 1938, dienten ebenfalls dieser Absicht. Gegen Vorweis
eines ausländischen Einreisevisums wurde man freigelassen.
So wurde die Zionistische Vereinigung in ihrem Unternehmen
geduldet, da sie auf Auswanderung drang. Die Einnahmen der
deutschen Zionisten waren hoch und überstiegen alles Bisherige; die Juden gaben ihr Vermögen lieber den Zionisten als
dem NS-Staat. Von diesen Geldern errichteten die Zionisten
unter anderem landwirtschaftliche Schulungsfarmen in
Deutschland, die ›Hachscharot‹ aus der Chaluzabewegung.
Hier erhielten die Auswanderer eine Vorbereitung für das Leben in Palästina. Dadurch wurde eine Eingliederung in Palästina beträchtlich erleichtert.

Ein geheimer Führerbefehl forderte die Beschleunigung der jüdischen Auswanderung; denn die zionistischen Bemühungen gingen der Regierung zu langsam vonstatten. Als die Engländer 1937 für Palästina einen Teilungsplan ausarbeiteten, versuchte die deutsche Regierung auch hierauf einzuwirken. In einer geheimen Kommandosache vom 17. Juni 1937 heißt es:

»Die Kenntnis dieser Tatsachen über das Siedlungsvorhaben wird von uns für ganz besonders wichtig erachtet, da nach der Proklamation eines jüdischen Staates oder eines jüdischen Regimes in Palästina Deutschland ein neuer politischer Gegner erwachsen wird, der auf die Politik im Nahen Osten Einfluß nehmen kann. Außerdem könnte durch die Errichtung eines jüdischen Staates das Problem der in Deutschland ansässigen Juden akuter werden.«

So versuchten deutsche Regierungsstellen mit der Untergrundbewegung der Juden in Palästina, der *Hagana*, in Verbindung zu kommen. Was sie damit beabsichtigten, läßt sich heute schwer sagen; sie hofften vielleicht, in Palästina ein Land zu finden, wohin man die Juden abschieben, zugleich aber auch den Engländern Schwierigkeiten machen konnte. Die Araber andererseits wollte man gegen die neu ankommenden Juden aufhetzen, damit an Frieden und friedliche Teilung in Palästina nicht zu denken wäre.

1937 wurde *Adolf Eichmann*, damals Hauptscharführer der SS, nach Palästina geschickt; ehe es aber zu rechten Kontakten kam, wurde er von den Engländern verhaftet und des Landes verwiesen. Seine Mission war damals gescheitert. In Kairo traf Eichmann anschließend den ebenfalls von den Engländern vor die Tür gesetzten Mufti von Jerusalem.

Die Vorgänge in Deutschland hatten die Lage in Palästina vollständig verändert. Ein gewaltiger Flüchtlingsstrom setzte ein. 1935 kamen 60 000 Einwanderer. In der ersten Zeit war es den Flüchtlingen aus Deutschland noch möglich, bis zu tausend englische Pfund mitzunehmen. Durch diese große Geldzufuhr erlebte Palästina einen lebhaften Aufschwung. Nicht nur die jüdischen Siedler profitierten von dieser Entwicklung, auch 250 000 Araber wanderten aus den Nachbarstaaten, bis hin zum Sudan, ein, um am wirtschaftlichen Aufschwung Palästinas Anteil zu haben.

Die außenpolitischen Ereignisse schienen den Arabern für
den Beginn eines Aufstands günstig. Italien hatte Äthiopien
überfallen und England die italienischen Kriegsschiffe unge-
hindert durch den Sueskanal passieren lassen. Deutschland
hatte das entmilitarisierte Rheinland besetzt, ohne daß die
Franzosen etwas dagegen unternahmen. Um die Haltung Englands zu prüfen, riskierten die Araber im April 1936 einige
Überfälle. Als die Mandatsregierung sich nicht rührte, bildete
man unter Führung des Mufti ein Hauptquartier und rief den
Generalstreik aus. In den Nachbarstaaten warb der Mufti Spe-
zialisten im Guerillakrieg an. So wurden jüdische Reisende
überfallen, jüdische Siedlungen angegriffen und reife Ernte-
felder abgebrannt. Über hundert Juden kamen dabei ums Leben; aber die Mandatsregierung sah sich immer noch nicht
zum Eingreifen veranlaßt. Das Geld der Achsenmächte spielte im arabischen Aufstand dieselbe zweifelhafte, wenn auch
nicht so erfolgreiche Rolle wie in Spanien, wo zur gleichen
Zeit der Bürgerkrieg begann.
Im November 1936 kam eine englische Kommission ins Land.
Nach ihrem Leiter Earl Peel, dem ehemaligen Staatssekretär
für Indien, wurde sie die *Peel-Kommission* genannt. Sie kam
zu dem Ergebnis, daß die Balfour-Erklärung nicht zu verwirklichen sei. Die Gegensätze zwischen Juden und Arabern seien
zu groß. Das Land müsse deshalb geteilt werden. Der jüdische
Staat solle Teile von Galiläa, das Emek und den Küstenstreifen bis Tel Aviv und Rechovot umfassen. In diesem Gebiet
wohnten in der Überzahl Juden. Jerusalem sollte mit einem
Streifen zur Küste, der Bethlehem, Ramle, Lydda und Jaffa
umfaßte, englisches Mandat bleiben. Alle anderen Gebiete,
der größte Teil Palästinas, sollten in ein arabisches Staatswesen umgewandelt werden.
Weizmann, seit 1935 wieder Präsident der Zionistischen Organisation, sprach sich auf dem *zwanzigsten Zionistenkongreß*
1937 in Basel für den Teilungsplan aus. In Vorverhandlungen
hatte er vor Zionisten erklärt:

»Ich weiß, Gott hat Palästina den Kindern Israel versprochen, doch ich weiß
nicht, wie er die Grenzen gezogen hat. Ich glaube, er zog sie weiter als die, die
man uns jetzt vorschlägt. Transjordanien war vermutlich einbegriffen... Gott

wird das Versprechen, das er seinem Volk gab, halten zu seiner Zeit; unsere Aufgabe als arme menschliche Wesen, die in einer schweren Zeit leben, ist es, von den Überlebenden Israels so viele zu retten, wie uns möglich ist. Wenn wir diesen Vorschlag annehmen, so können wir mehr Menschen retten, als wenn wir die Mandatspolitik fortsetzen.«

Es wurde eine Kommission ernannt, die mit den Engländern weitere Verhandlungen führen sollte.

Die Araber lehnten den Teilungsplan ab, da sie ganz Palästina verlangten. Erneut brach der arabische Aufstand los. Arabische Truppen beherrschten vollkommen das Gebirgsdreieck Tulkarem, Nablus, das biblische Sichem, und Jenin, das Hauptgebiet der Aufstandsbewegung. Nun entschlossen sich die Engländer zum Handeln. Stück um Stück mußte das abgefallene Gebiet wieder zurückerobert werden. Sechstausendsiebenhundert Araber, Engländer und Juden kamen dabei ums Leben. Der Mufti *El Husseini* mußte das Land verlassen und floh nach einigen Irrwegen schließlich zu seinem ›großen Bruder‹ nach Berlin, was nach dem Krieg die UNO aber nicht hinderte, ihn als rechtmäßigen Sprecher für die palästinensischen Araber anzuerkennen.

Die *Hagana*, die jüdische Untergrundbewegung, wurde stärker ausgebaut. Alle verfügbaren Männer, Frauen und Mädchen gehörten ihr an. Der prozionistisch eingestellte englische Hauptmann und spätere General *Orde Wingate* stellte eine jüdische Truppe auf, die sich *Plugot Laila*, ›Nachtspähtruppen‹, nannte. Sie wurde eine äußerst schlagfähige Truppe im Land und bewachte vor allem die Ölleitung Haifa-Mossul, die ein beliebtes Angriffsziel der Araber war. Wingate verstand sich vor allem auf den Guerilla-Krieg und bildete seine Truppen daraufhin aus. Er kämpfte später in Äthiopien, Indien und Burma, wo er im Dschungelkrieg ums Leben kam. Seine Liebe zu Zion gründete sich auf das eifrige Studium des Alten Testaments. Einem Antizionisten gegenüber soll er einmal erklärt haben:

»Was Sie denken, ist verflucht gleichgültig; es kommt darauf an, was Gott denkt, und das wissen Sie nicht!«

Wingate wurde der ›Lawrence von Judäa‹ genannt. Aus seinen Nachtspähtruppen sind später die besten Führer der israelischen Streitkräfte hervorgegangen.

In dieser ganzen Zeit beschränkte sich die jüdische Kriegsführung lediglich auf die Verteidigung ihrer eigenen Siedlungen. Die Parole, die im jüdischen Siedlungswerk ausgegeben wurde, lautete: ›Hawlaga‹, Selbstbeherrschung.

Eine Reihe von neuen Kommissionen kam ins Land. Peel selbst war kurz nach der Veröffentlichung seines Berichtes gestorben. Die neuen Pläne schränkten den Judenstaat immer weiter ein, bis ein Rumpfstaat von Tel Aviv bis Chadera übrigblieb. Diesen Zwergstaat den Juden noch anzubieten, schämten sich die Engländer, so daß der Teilungsplan schließlich überhaupt fallen gelassen wurde.

Um einen Ausweg aus der verfahrenen Situation zu finden, wurde im Herbst 1939 eine Dreierkonferenz, die *St.-James-Konferenz*, nach London einberufen. Da die Araber es ablehnten, mit den Juden zusammen in einem Raum zu tagen, mußte *Chamberlain* vor den getrennt tagenden Parteien seine Rede zweimal halten. Auf der Konferenz herrschte dieselbe Panikstimmung, die auch in Europa bestimmend war, als es darum ging, Hitler um jeden Preis zu besänftigen. Hitler hatte im Herbst 1938 das Sudetenland, im März 1939 die ›Rest-Tschechoslowakei‹ annektiert, und immer noch hoffte Chamberlain, den ›Frieden für unsere Zeit‹ erkaufen zu können.

Die Konferenz scheiterte. Man wollte die Zionisten dazu bewegen, freiwillig auf den durch die Balfour-Erklärung gegebenen Anspruch zu verzichten. Angesichts der notvollen Lage des Judentums mußten sie diesen Verzicht ablehnen. Das Ergebnis der Konferenz war das *Weißbuch* von 1939: Die Balfour-Erklärung wurde für aufgehoben erklärt, da die jüdische Nationalheimstätte in Palästina bereits errichtet sei. In den nächsten fünf Jahren sollten noch je fünfzehntausend Einwanderer ins Land gelassen werden; danach sollte eine jüdische Einwanderung nur noch mit arabischer Zustimmung möglich sein. Der Bodenverkauf wurde durch ein Gesetz stärker denn je eingeschränkt.

Die Empörung in der gesamten freien Welt war einstimmig. Die – allerdings bereits machtlose – Mandatskommission des Völkerbundes erklärte das Weißbuch mit dem Mandat für unvereinbar und daher für null und nichtig. Im Unterhaus bezeichnete Churchill, dessen Partei in der Opposition saß, das Weißbuch als ›einen Vertrauensbruch und ein Vergehen gegen die Ehre Großbritanniens‹. Der Erzbischof von Canterbury nannte das Weißbuch ein Dokument des Wortbruchs. Der *einundzwanzigste Zionistenkongreß* 1939 in Genf verwarf das Weißbuch einstimmig und erklärte, man werde sich an seine Bestimmungen nicht gebunden fühlen.

Auch nach der Kriegserklärung Englands an Hitler wurde das Weißbuch nicht aufgehoben. England war der Meinung, es brauche jetzt alle Kräfte gegen den größeren Feind, in Palästina müsse deshalb Ruhe gewahrt werden. Für das europäische Judentum wurde durch den Kriegsausbruch die Katastrophe unabwendbar, die letzten Pforten der Hoffnung waren nun mit Staatsgewalt verriegelt.

Der Holocaust

Am 30. Januar 1939 erklärte Hitler:

»Ich will heute wieder ein Prophet sein. Wenn es dem internationalen Finanzjudentum in und außerhalb Europas gelingen sollte, die Völker noch einmal in einen Weltkrieg zu stürzen, dann würde das Ergebnis nicht die Bolschewisierung der Erde und damit der Sieg des Judentums sein, sondern die Vernichtung der jüdischen Rasse in Europa.«

Nach Ausbruch des Krieges, den er selbst entfesselt hatte, war Hitler entschlossen, seine ›Prophetie‹ in die Tat umzusetzen. Der Ausbruch des Krieges machte jede weitere Auswanderung unmöglich. Nur wenige Juden konnten sich über Rußland und China noch nach Schanghai durchschlagen. Dreihunderttausend polnische Juden entkamen in den russisch besetzten Teil Polens. Die Parteiführung der NSDAP interessierte sich kurze Zeit für den von Eichmann ausgearbeiteten *Madagaskar-Plan*. Dorthin sollten alle europäischen Juden transportiert werden und unter deutscher Oberaufsicht für Deutschland Sklavendienste leisten. Durch den Krieg schien der Plan unausführbar; deshalb wurde er verworfen. Die Auswanderung konnte für die deutschen Behörden keine befriedigende Lösung mehr sein, so wurde sie 1941 schließlich verboten.

Eine neue Phase der Judenverfolgung trat ein: Die systematische und völlige Ausrottung möglichst der gesamten europäischen Judenschaft. Was sich in der Folgezeit noch wandelte, waren lediglich die Methoden, das Ziel blieb unverändert.

Von *Palästina* aus versuchte man, den Juden in Europa zu helfen, so gut das möglich war. Da die Engländer nicht mehr Einwanderungen bewilligten, auch mehrere Versuche von zionistischer Seite, wenigstens Kindertransporte nach Palästina durchzulassen, scheiterten, blieb nur noch ein Weg: die *illegale Einwanderung*.

Als 1937 wegen der arabischen Unruhen die Einwanderung stark beschränkt wurde, hatte sich in Paris der *Mossad le Alija Bet* konstituiert, der ›Ausschuß für Einwanderung B‹. Der Mossad wurde im Laufe der Zeit die Zentrale für die gesamte illegale Auswanderung nach Palästina. Der Ausbruch des Krieges behinderte die Tätigkeit des Mossad stark. Die Donau wurde der letzte Fluß in eine unsichere Freiheit, Rumänien das letzte Ausfalltor aus Europa. Die Schiffe oder Kähne der Illegalen waren ungenügend ausgerüstet, ständig überladen und seeuntüchtig. Schiffe, die für sechzig Personen gebaut waren, liefen mit tausend aus. Wenn sie nicht vorher versanken, wurden sie von den Engländern vor der Küste Palästinas aufgetrieben, ihre ›Ladung‹ in Lager gebracht, später auch auf die Insel Mauritius verbannt. Als deutsche Armeen Rumänien besetzten, fiel der letzte freie Hafen. Die Flüchtlinge auf den Schiffen, derer man noch habhaft werden konnte, wurden niedergemacht.

Eines der letzten Schiffe, die entkamen, war die ›*Struma*‹. Es war ein kleines Schiff von sechzehn Meter Länge, hatte mehrere Jahre auf Donaugrund gelegen, war gehoben und notdürftig seetüchtig gemacht worden. Mit letzter Kraft erreichte es, mit 769 Flüchtlingen beladen, den Bosporus. Hier versagten vollends die Maschinen; Wasser strömte in das lecke Schiff. Die Not der Flüchtlinge war groß; aber alles Flehen um Hilfe war vergeblich. Ein türkischer Schlepper legte schließlich an und zog das Wrack zurück ins Schwarze Meer. Nachdem der Schlepper wieder losgemacht hatte, trieb die ›*Struma*‹ eine Weile auf dem Meer, ohne Verpflegung, ohne

Trinkwasser, ohne Motoren, ein Schiff voller Wasser und lebendiger Leichen, ohne Hoffnung auf Rettung. Niemand beachtete die aufgezogenen SOS-Zeichen. Ein Totenschiff der Vergessenen, versank es schließlich in den Wellen des Meeres. Erst 1943 erließen die Engländer an die Türkei eine Geheimverfügung, daß alle Flüchtlinge, die die Türkei doch noch erreichen sollten, legal nach Palästina ausgeschifft werden könnten. Davon erfuhr der Mossad. Transporte von Griechenland und Rumänien mit einigen tausend Menschen waren erfolgreich; wenigstens sie konnten der gierigen Vernichtungsmaschinerie der Nazis entrissen werden.

Der Kampf gegen die Bestimmungen des Weißbuches wurde nicht nur mit illegalen Schiffen mehr verzweifelt als hoffnungsvoll geführt, sondern auch auf politischer Ebene ausgetragen. 1942 kam es in New York zu einer Zionistentagung, die im Biltmore-Hotel stattfand. Die amerikanischen Zionisten und die Gruppe um Ben Gurion verurteilten hier zum ersten Mal die ihnen allzu mild erscheinende Haltung Weizmanns gegenüber den Engländern. Im sogenannten *Biltmore-Programm* forderten sie »ein jüdisches Commonwealth in Palästina, eingebaut in die Struktur der neuen demokratischen Welt«. Das war eine Erklärung gegen Englands Politik in Palästina. Das Programm durfte hier auch nicht veröffentlicht werden, wurde aber zum Ausgangspunkt für alle späteren Verhandlungen mit der englischen Regierung.

Trotz dieser Streitigkeiten, der Unzufriedenheit der Zionisten mit Englands Politik ihnen gegenüber, kämpften die Juden Palästinas und der ganzen freien Welt treu an der Seite der Alliierten gegen Deutschland. *Ben Gurion* umriß diesen Zwiespalt mit den Worten:

»Wir führen Krieg an Englands Seite, als gäbe es kein Weißbuch, und wir bekämpfen das Weißbuch, als gäbe es keinen Krieg.«

Der Feind war Deutschland. Der Krieg, den man gegen Deutschland führte, war zugleich auch ein Krieg gegen die restlose Ausrottung des Judentums. So war die Beteiligung der palästinensischen Juden am Krieg überwältigend. Von den gut fünfhunderttausend jüdischen Einwohnern Palästinas meldeten sich einhunderttausend Männer und Frauen freiwillig zum Kriegsdienst. Andere arbeiteten in der Kriegsindustrie. Palästina wurde zum wichtigsten Lieferanten der englischen Armee im Nahen Osten. Die palästinensische Wirtschaft erlebte einen neuen Aufschwung. Die Engländer bildeten jüdische Spezialtruppen von Fallschirmjägern aus, die in den deutsch-besetzten Gebieten absprangen, Widerstandsgruppen bildeten und mit den Partisanen jener Länder zusammenarbeiteten. Die Hälfte dieser Mutigsten der Mutigen fiel in die Hände der Deutschen und wurde erschossen. Besonders bedrohlich wurde die Lage für Palästina, als Rommels Truppen nach Ägypten vorrückten. Eine jüdische Elitetruppe, *Palmach*, die ›Stoßtruppe‹, die bei einem deutschen Einmarsch eingesetzt werden sollte, wurde gebildet. Sie kämpfte später gegen die Vichy-Franzosen in Syrien. 1944 wurden mehrere Einheiten der *Jüdischen Brigade* aufgestellt, die in Europa, später sogar in Deutschland zum Einsatz kamen. Als die Alliierten mit eigenen Augen gesehen hatten, was in den Konzentrationslagern geschehen war, hielten sie es für besser, die Jüdische Brigade aus Deutschland abzuziehen, um Verzweiflungstaten zu vermeiden.

1945 war der Krieg für Deutschland verloren. Die Juden hatten das schwerste Schicksal erlitten; sie hatten aber mit ihren Kräften zum Sieg der Alliierten beigetragen. Die Araber hatten ihre prodeutsche Haltung niemals verheimlicht. Endlich, so hofften die Juden, müßte und würde man Verständnis für ihre Lage zeigen.

6. Die Verwirklichung

Kampf im Chaos

Gegen Ende des Krieges hatte die wieder an die Regierung gekommene Partei Churchills allerlei Versprechungen gemacht: Man werde Palästina aufteilen, anders sei der Streit zwischen Juden und Arabern nicht zu beenden. Nach Ende des Krieges geschah aber zunächst nichts. Erst sollten die englischen Parlamentswahlen vorüber sein. Churchill wurde durch sie gestürzt; die Labour-Partei übernahm die Regierungsgeschäfte. Die Zionisten waren hocherfreut, hatte doch gerade diese Partei mehrmals, so noch kurz vor den Wahlen, freie Einwanderung für die Juden nach Palästina gefordert. Sie hatte einen Palästinaplan ausgearbeitet, der selbst den Revisionisten unter den Zionisten phantastisch vorkommen mußte: Ganz Palästina sei in einen jüdischen Staat umzuwandeln, dieser sei noch, um lebensfähig zu sein, um Randgebiete von den arabischen Staaten zu vergrößern, und die Auswanderung der Araber aus Palästina sei von England großzügig zu fördern.

Um so krasser mußte wirken, was nach der Wahl geschah. Als sie an der Regierung war, fiel es der Labour-Partei plötzlich ein, daß der Orient mit den Arabern zusammen vielleicht doch besser zu beherrschen sei. England zeigte sich lediglich bereit, monatlich fünfzehnhundert Einwanderer nach Palästina hereinzulassen.

Angesichts der katastrophalen Lage des europäischen Judentums war das ein Hohn. Die Konzentrationslager waren befreit worden. Zwischen Bergen von Leichen fanden die Sieger noch Überlebende. Auch nach der Befreiung starben noch Tausende, weil sie zu sehr geschwächt waren; der Lebensfunke in ihnen war bereits erloschen. Viele hatten keine Hoffnung mehr; sie hatten alles verloren, ihre Heimat, ihre Verwandten, eine Vorstellung vom Leben und ihre Menschenwürde.

Kein Staat außer Frankreich und Schweden war bereit, diese Menschen aufzunehmen. Sie schienen für jede nützliche Arbeit unbrauchbar geworden zu sein. Das einzige Ziel war für viele Palästina, das ihnen Heimat und Geborgenheit versprach.

Die Hagana, die jüdische Untergrundbewegung in Palästina, begann, sich um diese Menschen zu kümmern. Unterstützt wurde sie durch die Abteilungen der Jüdischen Brigade. Die Zionistische Organisation verhandelte mit England, wenigstens jene, die die Konzentrationslager überlebt hatten, nach Palästina zu lassen. Der amerikanische Präsident *Truman* forderte eine sofortige Zulassung von hunderttausend Einwanderern nach Palästina. Auf den Druck Amerikas hin wurde eine anglo-amerikanische Kommission nach Palästina und in die europäischen Lager entsandt. Auch diese Kommission kam zu dem Schluß, sofort hunderttausend Einwanderer zuzulassen; aber *Bevin*, der Außenminister der Labour-Regierung, blieb hart.

Im Jahr 1946 fand in Genf der erste *Zionistenkongreß* nach dem Krieg statt. Die Stimmung war niederdrückend. Die einst mitgliedsstärksten Organisationen, die aus Polen, Deutschland, den Balkanstaaten, aber auch aus den westeuropäischen Ländern, fehlten; es waren nur noch Reste übriggeblieben. Palästina und Amerika stellten jetzt die stärksten Gruppen. Ein düsteres Bild: Die Lücken in der Versammlung beschworen die Schatten der Ermordeten. Die Zukunft schien hoffnungslos, da England auch jetzt nicht bereit war, das gegen die Zionisten gerichtete Weißbuch aufzuheben. Diese erschreckende Lage brachte ganz neue Strömungen in der Bewegung nach oben: Die radikalen Kreise setzten sich stärker durch und beeinflußten auch die Gemäßigten. Das Vertrauen zu England war erschüttert. Die Zionisten konnten nicht mehr mit dieser Regierung zusammenarbeiten; sie planten offenen Widerstand.

Mit großer Mehrheit wurde das *Biltmore-Programm* angenommen, das eine Teilung Palästinas und die Errichtung eines unabhängigen jüdischen Staates vorsah; dieses Programm blieb aber bis zur Staatsgründung innerhalb der zionistischen

Bewegung heftig umstritten. Die Gegner des Biltmore-Programms verfochten einen *binationalen* arabisch-jüdischen Staat mit gleichen Rechten für beide Völker. Die Vertreter dieses Plans kamen aus den verschiedensten Lagern. Ihre politischen Argumente, wie sie etwa von der späteren linksgerichteten *Mapam-Partei* vorgebracht wurden, waren, daß ein jüdischer Kleinstaat, umbrandet von einem Meer arabischer Staaten, nur im Einvernehmen mit diesen Staaten lebensfähig sein und Bestand haben könne; darum müsse man jetzt schon einen Ausgleich mit den Arabern suchen. Außerdem dürfe die Einwanderung nicht auf einen Teil Palästinas beschränkt werden, sondern ganz Palästina müsse dem jüdischen Volk offenstehen. Bei den stärker links orientierten Kreisen kamen noch die alten marxistischen Parolen hinzu: Der Klassenkampf müsse vor rein nationalen Erwägungen den Vorrang haben; der Kampf gegen die Effendis und ihre Ausbeutung stehe an erster Stelle, trenne man sich von den arabischen Brüdern, so verrate man sie und überlasse sie hilflos ihrem Schicksal.

Eine andere Gruppe, die den binationalen Staat unterstützte, setzte sich aus den führenden geistigen Kräften des jüdischen Siedlungswerkes zusammen. Es waren Männer wie Martin Buber, Hugo Bergmann, Ernst Simon und der Präsident der Hebräischen Universität, Juda Leon Magnes. Ihre Gesichtspunkte waren vor allem idealistisch-humanistischer Art. Ein Teil dieser Leute hatte sich im *Brit Schalom*, im ›Bund des Friedens‹, zusammengeschlossen.

Die Gegner des binationalen Staates, die amerikanischen Zionisten, Ben Gurion und die sozialistisch bestimmte *Mapai-Partei*, wiesen darauf hin, daß die gegenwärtige Situation der Juden in Europa sofortige Hilfe erfordere und daß man darum auch mit einem Teil Palästinas zufrieden sein müsse, wenn man nur schnell dahin auswandern könne. Ihr stärkstes Argument gegen die Idee des binationalen Staates war jedoch, daß die überwältigende Mehrheit der Araber sich zu einer Zusammenarbeit mit den Juden in einem arabisch-jüdischen Staat nicht bereit erklärte.

Bevor sich durch Beratungen und Verhandlungen eine neue
Lage schaffen ließ, gab es indessen nur einen Ausweg: die
verstärkte illegale Einwanderung. Der *Mossad* nahm seine
Arbeit wieder auf. In den Lagern hatte sich bereits über eine
Viertelmillion Überlebender aus den Konzentrationslagern,
die sogenannten *Displaced Persons*, Menschen, die keiner auf-
nehmen wollte, angesammelt, eine Menge, die als einzige
Hoffnung nur Palästina kannte und die entschlossen war, alle
Bestimmungen zu mißachten, die sich diesem Ziel in den Weg
stellten, eine Menge zudem, über die niemand Gewalt besaß,
auch der Mossad nicht. Die verfügbaren Schiffe, die nur
Hunderte fassen konnten, genügten bei weitem nicht, und der
Unwille der unruhig Wartenden war durch derart unzu-
reichende Vorkehrungen nicht zu dämpfen.

Bei aller Bemühung vermochte der Mossad nur wenig zuwege
zu bringen, zumal die Engländer nicht untätig blieben. Sie
schufen neue Hindernisse gegen den unaufhaltsam an-
brandenden Einwandererstrom: Sie verstärkten ihre Mit-
telmeerflotte und errichteten eine regelrechte Blockade gegen
die überfüllten und unzulänglichen ›Sargschiffe‹. Die Methoden verbesserten sich auf beiden Seiten. Die Hagana arbeitete besonders erfolgreich in Italien, wo sie heimlich die
meisten Transporte vorbereitete. Die einzelnen Gruppen waren ständig untereinander mit dem Hauptbüro des Mossad
und mit der Hagana in Palästina in Funkverbindung. Ein anderes, genauso gut ausgerüstetes Hagana-Kommando übernahm die ankommenden Schiffe vor Palästina. Unter allen
Umständen war die Hagana bemüht, von den Waffen keinen
Gebrauch zu machen. Wurde sie von englischen Patrouillen
überrascht, dann versuchte sie diese durch Täuschungsmanö-
ver abzulenken und irrezuführen.

Der Mossad war noch mit einer anderen Aufgabe betraut.
Hunderttausend Juden, die aus Polen nach Rußland geflohen
waren, hatten den Krieg überlebt und wurden jetzt wieder
von Rußland nach Polen abgeschoben. Ihren ehemaligen Besitz hatten polnische Staatsangehörige übernommen, die nicht
bereit waren, ihn wieder herauszugeben. Infolgedessen war
Polen für diese Juden keine Heimat mehr. Der Mossad half

ihnen, nach Westeuropa zu gelangen. Die Regierungen Polens, Jugoslawiens und der Tschechoslowakei unterstützten diese Arbeit des Mossad, worin sich neben sicher auch humanen Gründen die Absicht verbarg, die Juden selbst loszuwerden und zugleich England damit Schwierigkeiten zu verursachen. England konnte deshalb auch mit fortwährenden Protesten nur wenig erreichen. In seiner Palästinapolitik stand es isoliert; die Sympathien der Großmächte galten in jener Zeit mehr den Juden als den Engländern. Ein großes Auffanglager für alle Transporte aus Osteuropa wurde die amerikanische Besatzungszone Deutschlands. Von hier aus ging es weiter zu den Häfen Südfrankreichs und Italiens. Eine andere Route ging von Polen über die Tschechoslowakei nach Jugoslawien, Bulgarien und Rumänien.

Die Taktik der illegalen Einwanderung war immer dieselbe. Der Mossad teilte an Geeignete ›Einwanderungsbescheinigungen‹ aus, auf denen stand, daß das jüdische Siedlungswerk befunden habe, der Betreffende sei berechtigt, nach Palästina einzuwandern. Begründet wurde diese Berechtigung mit der Balfour-Erklärung, dem Palästinamandat und Sprüchen aus den Propheten, die eine Rückkehr der Juden nach Palästina prophezeiten. Die Ausgewählten wurden bei Nacht möglichst schnell und unbemerkt auf die Schiffe gebracht. Ehe es Morgen wurde und ehe der englische Intelligence Service, der englische Geheimdienst, einschreiten konnte, befanden sich die Flüchtlinge bereits auf hoher See. Hier wurden ihre Personalpapiere ins Meer geworfen; damit waren die Passagiere staatenlos oder Palästinabürger; ein Land aber, wohin sie wieder zurückgeschickt werden konnten, gab es nicht mehr. Die Schiffe, die an die Küsten Palästinas gelangten, appellierten an das menschliche Empfinden der englischen Soldaten und trugen Aufschriften wie: »Die Deutschen zerstörten unsere Familien; zerstört ihr unsere Hoffnung nicht!« Die Engländer ließen sich aber durch solche Parolen nicht erweichen. In der ersten Zeit internierten sie alle, die sie abfangen konnten, in einem Lager bei Atlit, der alten Kreuzfahrerburg südlich von Haifa. Im Jahr 1946 waren es schon 24 000 Menschen.

In der *Spezia-Affäre* erreichte der Kampf einen ersten Höhepunkt. In La Spezia in Italien war ein Schiff, die ›Fete‹, kurz vor seiner Abfahrt entdeckt worden; tausend Flüchtlinge konnten aber noch an Bord kommen. Die Engländer sperrten den Hafen und besetzten das Schiff. Die Flüchtlinge drohten, das Schiff mitsamt den englischen Besetzern zu versenken, wenn die Engländer nicht sofort das Schiff verlassen und den Hafen räumen würden. Die Engländer verließen das Schiff, sperrten jedoch weiterhin die Ausfahrt des Hafens. Daraufhin traten die Juden in einen Hungerstreik. Als dieser erfolglos blieb, drohten sie mit Selbstmord. In Italien und anderen Ländern entstanden spontan Sympathiekundgebungen für die Flüchtlinge. Eine antibritische Welle lief durch ganz Europa, so daß die Engländer nachgeben mußten; allerdings wurden diese Tausend von der Einwandererquote des nächsten Monats abgezogen. Die Zionisten erklärten daraufhin, daß sie das gesamte Erlaubnisscheinsystem für die Einwanderung als ohnehin illegal ablehnten.

Der Kampf hatte sich verschärft. Ab August 1946 internierten die Engländer die Flüchtlinge, nicht mehr in Palästina, sondern auf *Zypern*. Die Juden antworteten mit passivem Widerstand. Die Zahl der illegalen Einwanderer wurde nicht geringer. Zypern war Palästina jedenfalls näher als Europa, und die Internierungslager waren hier wie dort gleich.

Die Blockade wurde immer fester; nur noch wenigen Schiffen gelang der Durchbruch, so auch der *Schabbtai Lujinski*. Die Geschichte ihrer Landung ist besonders bemerkenswert. Mit achthundert Flüchtlingen an Bord erreichte sie unbemerkt die Südküste Palästinas, konnte aber wegen Sturm und schwerem Wellengang keine Landungsboote aussetzen. Da tauchte in der Ferne ein britischer Zerstörer auf. Die Juden aber gaben noch nicht auf, sondern sprangen mutig in die tosende See; nur Kranke und Kinder blieben an Bord zurück. Zwei von dem Zerstörer ausgesetzte Boote, die die Schwimmenden abfangen sollten, kenterten, und ihre Mannschaft wurde selber schiffbrüchig. Allmählich wurde es Tag. Die Haganatruppen, welche die Einwanderer übernehmen sollten, versteckten schnell ihre Waffen; denn einem offenen Kampf gegen die englische

Übermacht war die kleine Truppe nicht gewachsen. Sie forderten alle Siedler der Umgebung auf, möglichst schnell und zahlreich zu erscheinen. Nach kurzer Zeit waren auf Lastwagen Tausende herangefahren und hatten sich am Strand versammelt. Sie trockneten die ankommenden Flüchtlinge ab und kleideten sie neu ein, so daß sie äußerlich von den ›alten‹ Palästinensern nicht mehr zu unterscheiden waren. Siebenhundert Juden erreichten die Küste; keiner war im tobenden Meer ertrunken. Als englische Truppen anrückten und die Juden umzingelten, hatten die Leute der Hagana bereits sämtliche Pässe eingesammelt, auf zwei Haufen geschichtet, mit Petroleum übergossen und angezündet. Voller Freude über die geglückte Landung tanzte die Schar der Tausende einen Freudentanz, den israelischen Nationaltanz Hora, um die brennenden Reste ihrer Pässe. Wutentbrannt sahen die Engländer zu. Um ihre Aufgabe dennoch zu erfüllen, nahmen sie wahllos tausend Juden fest und brachten sie nach Zypern. Was die Engländer erhofft hatten, erfüllte sich jedoch nicht. Keiner der ›echten‹ Palästinenser stellte einen Rückführungsantrag, womit er die anderen als Flüchtlinge verraten hätte, so daß die Engländer schließlich alle nach Palästina zurückbringen mußten. Israels Solidarität hatte sich bewährt.

Die paradoxe und zwiespältige Situation in diesem Kleinkrieg schildert der Bericht eines englischen Reporters aus jenen Tagen:

»Diese Menschen schätzen einer wie der andere den Eintritt in das Heilige Land höher als alles andere in der Welt. Die Verwirklichung dieser Idee durch alle, die sie bezeugten, machte die tragische Situation dieser sogenannten Einwanderer um so echter und lebendiger. Vielleicht war das der Grund, daß die britischen Truppen selbst die bittersten und ungerechtesten Anklagen und den gegen sie erhobenen physischen Widerstand so bald vergaben und vergaßen.«

Der Kampf geriet in eine immer größere Verbitterung, obwohl beide Parteien diese Verbitterung gar nicht wollten. Ihren Höhepunkt erreichten die Spannungen in der *Exodus-Affäre*. In Amerika hatte der Mossad den Mississippidampfer ›President Warfield‹ erworben und in Frankreich mit viertausendfünfhundert Flüchtlingen beladen. Dieses bisher größte Schiff versuchten die Engländer erst gar nicht ausfahren zu lassen. Bevin wandte sich persönlich an Frankreich, und tatsächlich verbot dessen Regierung die Ausfahrt. Trotzdem verließ das Schiff, allerdings ohne einen Lotsen, den Hafen unter dem neuen Namen ›Exodus‹. Auf hebräisch und auf englisch hatte man an die Schiffswand geschrieben: ›Auszug aus Europa 1947‹. Ganz bewußt knüpfte man an den Auszug aus Ägypten dreitausendfünfhundert Jahre zuvor an.

Vor dem Hafen empfingen sechs englische Zerstörer und der Kreuzer ›Ajax‹, derselbe, der das deutsche Panzerschiff ›Graf Spee‹ versenkt hatte, den Ausbrecher. Die Juden blieben jedoch optimistisch. Sie hatten alles zum passiven Widerstand vorbereitet. Bis zur Dreimeilenzone Palästinas durften sie nicht angegriffen werden. Im letzten Stück hofften sie den Kampf zu überstehen und wenigstens einige Flüchtlinge an Land zu bringen. Die Engländer warteten jedoch nicht so lange, sondern griffen schon zweiundzwanzig Meilen vor Palästina an. Verzweifelt wehrte sich die ›Exodus‹. Der Kampf war aber zu ungleich. Dem Maschinengewehrfeuer der Engländer, das als erstes Opfer den amerikanischen Kapitän niederstreckte, konnten die Juden nur einen leichten Beschuß mit Schrauben und anderen Gegenständen entgegensetzen. Nach drei Stunden hatten die Engländer das Gefecht gewonnen.

In Haifa wurden die Flüchtlinge in drei Deportationsschiffe umgeladen, aber nicht nach Zypern, sondern zurück nach Frankreich gebracht. England wollte ein Exempel statuieren. Die Franzosen weigerten sich, die Flüchtlinge aufzunehmen, wenn diese nicht freiwillig das Schiff verließen. Nur einige Kranke wurden an Land gebracht; die anderen blieben Woche um Woche. Die Lage auf den Schiffen wurde katastrophal. Es gab keine Betten, kaum sanitäre Anlagen, keine Kochgelegenheiten. Eingesperrt in ihren Zellen harrten die Juden auf engstem Raum aus, auf schlammigem, allmählich stinkendem Boden. Viele erkrankten; Kinder wurden geboren – aber die Juden blieben. In Frankreich und der ganzen Welt forderten Protestdemonstrationen die Rückführung nach Palästina. Die Engländer scheuten sich schließlich nicht, die Anker zu lichten und Hamburg anzulaufen. Jude um Jude mußte von den Engländern einzeln an Land getragen werden; zu größerem Widerstand reichten die Kräfte der Erschöpften und Ohnmächtigen nicht mehr aus. In zwei ehemaligen Konzentrationslagern wurden die meisten ein Jahr lang inhaftiert.

Durch diesen Zwischenfall war es mit der englisch-jüdischen Zusammenarbeit endgültig vorbei. In Palästina traten die beiden Terrorgruppen *Etzel* oder auch *Irgun* genannt, von Jabotinsky noch ins Leben gerufen, und die *Sternbande* mit verschiedenen Attentaten hervor. Einige englische Militärlager wurden attackiert. Ein Teil des King-David-Hotels in Jerusalem, Sitz der Palästinaregierung, wurde gesprengt. Hundert englische, jüdische und arabische Beamte kamen dabei ums Leben. Es entwickelte sich immer mehr ein Kampf aller gegen alle. In dieser hoffnungslosen Lage wandte sich England an die UNO. Damit traten die Geschehnisse in Palästina in eine neue Phase, in die letzte, die zur Staatsgründung führte.

Durchbruch zur Freiheit

Mit welcher Absicht England im Februar 1947 die Palästinafrage an die UNO übergab, machte ein Regierungssprecher unmißverständlich deutlich:

>»Wir wenden uns nicht an die Vereinten Nationen, um das Mandat zu übergeben... Wir verlangen nur einen Rat, wie es durchgeführt werden soll, oder aber, daß es geändert werde.«

England erhoffte wohl, von den Zusicherungen der Balfour-Erklärung befreit zu werden.

Am 28. April 1947 trat die UNO zu einer Sondersitzung über die Palästinafrage in Lake Success zusammen. Delegierte der *Jewish Agency* und des *Arab Higher Committee* trugen ihre Standpunkte ebenso vor wie die englische Regierung. Alle drei Parteien brachten keine wesentlich neuen Gesichtspunkte, die zu einer Auflockerung der verhärteten Standpunkte hätten führen können. Das Überraschende war die Erklärung des russischen Vertreters: »Die legitimen Interessen beider Völker Palästinas könnten durch die Gründung eines ara-

bisch-jüdischen Staates mit gleichen Rechten für beide Nationen« garantiert werden. Sollte sich dieser Plan nicht verwirklichen lassen, müsse eine Teilung des Landes in zwei unabhängige Staaten erwogen werden. Damit vertrat Rußland den
zionistischen Standpunkt, wie er einerseits von den Ver-
fechtern des binationalen Staates, andererseits vom Biltmore-Programm zum Ausdruck gebracht worden war. Diese
zionistische Haltung Moskaus war um so erstaunlicher, als
der Zionismus in Rußland selbst als ›konterrevolutionäre‹ Bewegung galt, es keine jüdischen Zeitungen und Schulen mehr
gab und die jiddischen Schriftsteller nach Sibirien gebracht
worden waren.

Vielleicht wollte Rußland Englands Schwierigkeiten in Palästina noch vergrößern. Dies war aber kaum das ausschlagge-
bende Motiv, da die russischen Pläne, falls sie verwirklicht
wurden, zu einer Entspannung führen mußten. Der wahre
Grund war wohl, daß ein jüdisches Palästina in damaliger
Zeit mehr Aussichten für ein erfolgreiches Eindringen des
Kommunismus zu gewährleisten schien als ein arabischer
Staat der Effendis und Großgrundbesitzer. Außerdem erinnerte man sich in der Sowjetunion, daß die ersten Pioniere
des Zionismus aus Rußland gekommen waren. Sie hatten zum
Teil vor der Oktoberrevolution die Sache des Kommunismus
als die ihrige betrachtet. Auch hat das System der kollektiven
Farmen, der Kibbuzim, Ähnlichkeit mit den russischen Kol-
chosen. Erst als einsichtig wurde, daß Israel gerade durch seine sozialen Einrichtungen gegen den Kommunismus besser
gefeit war als die arabischen Staaten, wechselte Rußland seine
Haltung. Das zeigte sich im Prager Prozeß Anfang der fünfziger Jahre, wo der Staat Israel als ›Imperialisten- und Kolo-
nialistenhelfer‹ abgetan wurde und ein Funktionär der israelischen Gewerkschaft ›Histadrut‹, der auf einem internationalen Gewerkschaftskongreß in Prag weilte, zu lebensläng-
lichem Zuchthaus verurteilt, später allerdings begnadigt wurde. Fortan war der Zionismus in den Augen der Kommunisten eine Bewegung, welche »die reaktionäre Idee der sogenannten ›Jüdischen Gemeinschaft‹ entwickelte, die die
Klassenlage ignorierte und damit das jüdische Proletariat

vom revolutionären Klassenkampf abzulenken suchte«, wie es ›A-Z‹, ein Volkslexikon der inzwischen untergegangenen DDR zum Stichwort ›Zionismus‹ schrieb.

Mit dieser unerwarteten Unterstützung durch die Sowjetunion beschloß die UNO-Sondersitzung im April 1947 eine Kommission aus elf in der Palästinafrage neutralen Staaten zu bilden. Gewählt wurden die Vertreter von Australien, Guatemala, Holland, Indien, Iran, Jugoslawien, Kanada, Peru, Schweden, Tschechoslowakei und Uruguay. Den Vorsitz hatte ein Schwede inne. Die Kommission erhielt den Namen UNSCOP. Sie führte jetzt in Palästina Verhandlungen mit der englischen Mandatsregierung und der Jewish Agency. Das Arab Higher Committee boykottierte die UNSCOP. Sechs Möglichkeiten wurden erwogen: Das Mandat, eine englisch-amerikanische Treuhandschaft, ein Kantonenstaat, ein arabischer Staat mit jüdischer Minorität, ein binationaler Staat und zuletzt ein jüdischer Staat. Weil aber ein jüdischer Staat, der das ganze Palästina umfaßte, schon wegen seiner jüdischen Minorität lebensunfähig erschien, erklärte sich die Jewish Agency mit einer Teilung des Landes einverstanden.

Während der Verhandlungen der UNSCOP wüteten Terror und Gegenterror in Palästina fort. Die Jewish Agency distanzierte sich von den jüdischen Terroristen und ihren Aktionen. Deshalb mahnte sie, in dieser für die jüdische Sache so entscheidenden Zeit jeden Terror einzustellen, weil er das jüdische Siedlungswerk in aller Welt und vor allem vor der UNO-Kommission nur in Verruf brächte.

Am 31. August 1947 unterbreitete die UNSCOP ihre Vorschläge der UNO. Weil man sich auf einen einzigen Vorschlag nicht hatte einigen können, waren zwei ausgearbeitet worden. Der Vorschlag der Minorität – der stärker moslemisch – kommunistisch – Dritte Welt bestimmten Länder Iran, Indien, und Jugoslawien – sah die Gründung eines Föderativstaates vor mit zwei föderativen gesetzgebenden Versammlungen. In einer dreijährigen Übergangszeit sollte die jüdische Einwanderung unter eine internationale, dann unter die Kontrolle der Föderation gestellt werden. Die Grenzen des für die Juden bestimmten Landes waren enger gezogen als in dem

Vorschlag der Majorität. Der Vorschlag der Majorität besagte, daß das Land in zwei unabhängige Staaten aufzuteilen sei mit ökonomischer Einheit des ganzen Landes und einem Sonderstatut für Jerusalem. In einer zweijährigen Übergangszeit sollten jährlich 150 000 Juden einwandern können, bei eventueller Verlängerung der Übergangszeit noch zusätzlich pro Jahr 60 000. Während dieser Übergangszeit dürfte sich kein Jude im arabischen und kein Araber im jüdischen Gebiet niederlassen.

Beide Vorschläge wurden von den Arabern abgelehnt. Die Juden erklärten sich mit dem Vorschlag der Majorität im allgemeinen einverstanden, forderten aber Westgaliläa mit seinen jüdischen Siedlungen für sich und erklärten sich gegen die Einbeziehung der jüdischen Neustadt von Jerusalem, die keine heiligen Stätten besitzt, in den internationalisierten Bereich. Amerika und die Sowjetunion, zum ersten Mal in der Geschichte der UNO sich einig, unterstützen beide den Vorschlag der Majorität. England erklärte sich zur Ausführung der Beschlüsse nur bereit, wenn beide betroffenen Parteien, Juden und Araber, zustimmten; für den anderen Fall drohte es seinen sofortigen Rückzug aus Palästina an, der Chaos zur Folge haben mußte. Diese Haltung Englands wurde von Amerika und der Sowjetunion aufs schärfste verurteilt. *Weizmann*, später der erste Präsident, und *Sharett*, der erste Außenminister Israels, kämpften in den folgenden Beratungen der UNO-Sonderkommission für die Erweiterung der Grenzen des jüdischen Staates.

Am 29. November 1947, dreißig Jahre nach der Balfour-Erklärung, wurde der Teilungsplan der UNO-Vollversammlung vorgelegt. Dreiunddreißig Staaten, darunter die Sowjetunion und Amerika, stimmten für die Annahme, dreizehn – Griechenland, Kuba und alle islamischen Länder – dagegen, und zehn – sechs südamerikanische Staaten, dazu Äthiopien, China, Jugoslawien und England – enthielten sich der Stimme. Angenommen wurde folgender Beschluß:

»Das Mandat über Palästina endet so bald als möglich, keinesfalls aber später als am 1. August 1948. . . Unabhängige arabische und jüdische Staaten und eine besondere internationale Verwaltung in der Stadt Jerusalem sollen in Palästina zwei Monate nach Abzug der Streitkräfte der Mandatsmacht errichtet werden, keinesfalls aber später als am 1. Oktober 1948.«

Die Juden stimmten sofort zu. Wenige Stunden nach Bekanntwerden der UNO-Beschlüsse war der Jubel der Juden in aller Welt unbeschreiblich. Die Araber lehnten ab und erklärten, man werde mit Gewalt die Durchführung der UNO-Beschlüsse zu verhindern wissen. Der Generalsekretär der arabischen Liga, *Azzam Pascha*, verkündete im SS-Stil:

»Es wird ein Ausrottungskrieg und ein gewaltiges Blutbad sein, von dem man einst sprechen wird wie von den Blutbädern der Mongolen und der Kreuzzüge.«

Am 30. November, einen Tag nach Bekanntwerden der UNO-Beschlüsse, begann der Kampf. Die Araber legten Feuer im jüdischen Handelszentrum von Jerusalem. An verschiedenen Orten griffen sie jüdische Siedlungen an. Die Engländer taten so, als gehe sie der interne Kampf zwischen Juden und Arabern nichts an. Durch passives Verhalten kämpften sie auf ihre Weise gegen den ihnen so unliebsamen Teilungsbeschluß der UNO. Einer fünfköpfigen UNO-Kommission, die sich aus Vertretern Boliviens, Dänemarks, der Philippinen, Panamas und der Tschechoslowakei zusammensetzte, von der die Selbständigkeit der beiden Staaten vorbereitet werden sollte, verweigerten die Engländer den Zutritt nach Palästina. Die ›Fünf einsamen Pilger‹, wie sie genannt wurden, mußten unverrichteter Dinge wieder abziehen.

Beabsichtigte England, trotz des UNO-Beschlusses seine Stellung in Palästina nicht so bald aufzugeben, dann konnte ihm dort ein Chaos, das englische Streitkräfte unentbehrlich machte, nur recht sein. Je strenger die Küsten Palästinas gegen illegale Schiffe bewacht wurden, um so gleichgültiger wurde man hinsichtlich der anderen Grenzen. So marschierte die ›Arabische Befreiungsarmee‹ unter *Fauzi Kawakji*, einem libanesischen Abenteurer, mit siebentausendfünfhundert ausgebildeten Guerillakämpfern am hellichten Tag auf der Allenbybrücke über den Jordan nach Palästina. Die Juden blieben in ihrem Verteidigungskampf völlig sich selbst überlassen. Als einer illegalen Armee waren der Hagana offizielle Waffenkäufe unmöglich; aber nicht nur, daß sie sich selbst

verteidigen mußte, die Engländer beschlagnahmten auch
noch alle jüdischen Waffen, die ihnen in die Hände fielen.
Die Lage in Palästina wurde unübersichtlich. Der Sicherheitsrat der UNO befaßte sich mit der Angelegenheit; es kam aber
zu keinen Beschlüssen. Im März 1948 schaltete sich erneut die
Vollversammlung ein. Nur die Sowjetunion sprach sich rück-
haltlos für die von der UNO bereits angenommenen Beschlüsse aus und drängte auf ihre Verwirklichung; alle anderen Staaten, die im November 1947 noch für die jüdische Sache gesprochen hatten, waren jetzt anderer Meinung. Sie beschuldigten die Zionisten, falsche Angaben gemacht zu haben.
Sie hätten die Stärke der Juden übertrieben und die der Araber unterschätzt. Die Amerikaner forderten eine UNO-Treu-
handschaft für Palästina. Diesen Plan und die erhobenen Be-
schuldigungen wiesen die Zionisten jedoch zurück. Sie seien
nicht bereit, noch länger auf ihren Staat zu warten, sie seien
sehr wohl in der Lage, sich selbst zu verwalten und zu verteidigen. Ebenso lehnten die Zionisten einen anderen Plan ab,
einen Waffenstillstand zu schließen und in Palästina nichts zu
unternehmen, bis wieder klare Übersicht herrsche. Damit
wäre die Proklamation des Jüdischen Staates auf unbestimmte
Zeit verschoben worden, und die Araber hätten den moralischen Sieg davongetragen.
Die arabische Befreiungsarmee hatte in der Zwischenzeit wenig erreichen können. Nachdem sie sich im alten Zentrum des
arabischen Aufstandes, im Dreieck Tulkarem, Nablus, Jenin
gesammelt und gestärkt hatte, griff sie am 16. Februar 1948
den religiösen Kibbuz *Tirat Zwi* im Jordantal südlich von Bet
Shean an. Wie immer in diesem Krieg fehlte es den Juden an
Waffen. Attrappen wie Ofenrohre mußten Geschütze ersetzen
und Lautsprecher den Geschützdonner. Als die überwältigende Übermacht der Araber sich der winzigen jüdischen
Grenzsiedlung näherte, setzte starker Regen ein; die Angreifer versanken buchstäblich im Schlamm. Der Krieg war für
sie vorerst vorbei. Auf seiten der Araber gab es sechzig Tote.
Eine abprallende, verirrte Kugel traf auf jüdischer Seite den
Schützen des einzigen Maschinengewehrs.

Erfolgreicher waren die Araber im Jerusalemer Gebiet. Es war ihnen gelungen, die Stadt, in der hunderttausend Juden lebten und die nach dem Plan der UNO internationalisiert werden sollte, vom jüdischen Küstenstreifen abzuschneiden und damit die Versorgung der jüdischen Bevölkerung zu gefährden. An zwei Stellen, die besonders dazu geeignet waren, sperrten sie die Straße, rissen das Pflaster auf und legten Minen. Ausweichmöglichkeiten gab es in der hier schluchtartig verlaufenden Straße nicht. Die Engländer unternahmen nichts gegen die willkürlichen Absperrungen. Sie benutzten für den Abtransport ihrer Truppen, den sie bis zum 15. Mai abschließen wollten, die Eisenbahn, die deshalb auch für den Transport jüdischer Güter nicht zur Verfügung stand, oder die Straße, die über Ramallah nach Haifa führte.

Die Juden befanden sich in einer militärisch ungünstigen Position, weil die Straße streckenweise durch rein arabisch besiedeltes Gebiet führte. Um die Verbindungswege nach Jerusalem noch einmal zu öffnen, starteten sie Anfang April ein großangelegtes Unternehmen, das nach jenem Anführer des Stammes Juda den Namen *Nachschon* erhielt, der sich nach einer alten jüdischen Erzählung beim Auszug der Kinder Israel aus Ägypten als erster in das tobende Meer stürzte, das hierauf augenblicklich auseinandertrat und den Kindern Israels den Weg in die Freiheit gewährte. Dem Unternehmen ›Nachschon‹ gelang es, beide Blockadestellen zu sprengen, so daß nach langer Zeit wieder ein größerer Konvoi die Straße passieren konnte. Dreihundert Lastwagen erreichten Stoßstange an Stoßstange in einer neun Kilometer langen Schlange und unter ständigem Beschuß durch die Araber am 17. April Jerusalem. Der spätere Militärgouverneur von Jerusalem, *Dov Joseph*, schreibt dazu in seinen Memoiren:

»Der Eindruck von Überschwang, von Selbstvertrauen und Furchtlosigkeit, den die Fahrer machten, ist mir unvergeßlich geblieben. Obwohl dieser Konvoi am Sabbat eintraf, an dem die orthodoxen Juden weder arbeiten noch reisen, segnete ein alter Rabbi die Lastwagen auf der Straße mit den Worten: ›Diese Männer heiligen Himmel und Erde‹. Selbst fromme Juden verließen die Synagogen, ohne die Gebetstücher abzulegen, und machten sich an die ihnen zugewiesenen Pflichten des Abladens und Zählens.«

Dieser Konvoi sollte der letzte gewesen sein, der Jerusalem bis zum Zustandekommen des Waffenstillstandes zwei Monate später erreichte.

Durch die Ereignisse aber ließen sich die Juden nicht beirren. Am Sabbat, dem 15. Mai 1948, sollte das englische Mandat über Palästina zu Ende gehen. Am Freitagnachmittag, acht Stunden vor Beendigung des Mandats, versammelten sich die Mitglieder des ›Provisorischen Staatsrats‹ im Museum von Tel Aviv. 2500 Jahre nach der Vernichtung Israels und Judas durch die Babylonier, knapp 1900 Jahre nach der Zerstörung Jerusalems durch die Römer, proklamierte Ben Gurion den Staat Israel aufs neue:

»Im Land Israel stand die Wiege des jüdischen Volkes, hier wurde sein geistiges, religiöses und politisches Antlitz geformt, hier führte es ein Leben staatlicher Selbständigkeit, hier schuf es seine nationalen und universalen Kulturgüter und schenkte es der Welt das unsterbliche ›Buch der Bücher‹. Mit Gewalt aus seinem Land vertrieben, bewahrte es ihm in allen Ländern der Diaspora die Treue und hörte niemals auf, um Rückkehr in sein Land und Erneuerung der politischen Freiheit in ihm zu beten und auf sie zu hoffen.

Auf Grund dieser historischen und traditionellen Verbundenheit strebten die Juden in allen Geschlechtern danach, ihre alte Heimat wiederzugewinnen. In den letzten Generationen kehrten Scharen von ihnen in ihr Land zurück. Pioniere, Helden und Kämpfer brachten die Wüste zu neuer Blüte, erweckten die hebräische Sprache zu neuem Leben, errichteten Städte und Dörfer und schufen so eine ständig zunehmende Bevölkerung mit eigener Wirtschaft und Kultur, friedliebend, aber fähig, sich selbst zu schützen, eine Bevölkerung, die allen Bewohnern des Landes Segen und Fortschritt bringt und nach staatlicher Selbständigkeit strebt.

Im Jahr 1897 trat auf den Ruf Herzls, des Schöpfers des jüdischen Staatsgedankens, der Zionistische Kongreß zusammen und proklamierte das Recht des jüdischen Volkes auf nationale Wiedergeburt auf dem Boden seiner Heimat.

Dieses Recht wurde in der Balfour-Erklärung vom 2. November 1917 anerkannt und im Völkerbundsmandat bestätigt, das vor allem der historischen Verbundenheit des jüdischen Volkes mit dem Land Israel und dem Recht des Volkes, sein Nationalheim wieder zu errichten, internationale Geltung verlieh.

Die über das jüdische Volk in der letzten Zeit hereingebrochene Vernichtung, in der in Europa Millionen Juden zur Schlachtbank geschleppt wurden, bewies erneut und eindeutig die Notwendigkeit, die Frage des heimat- und staatenlosen jüdischen Volkes durch Wiedererrichtung des jüdischen Staates im Land Israel zu lösen. Dieser Staat wird seine Tore für jeden Juden weit öffnen und dem jüdischen Volk die Stellung einer gleichberechtigten Nation unter den Völkern verleihen.

Die jüdischen Flüchtlinge, die sich aus dem furchtbaren Blutbad des Nationalsozialismus in Europa retten konnten, und Juden anderer Länder strömten ohne Unterlaß trotz aller Schwierigkeiten, Hindernisse und Gefahren ins Land Israel; sie forderten unablässig besonders ihr Recht auf ein Leben in Ehre, Freiheit und redlicher Arbeit auf dem Heimatboden ihres Volkes.

Im Zweiten Weltkrieg hat die jüdische Bevölkerung Palästinas an dem Ringen der freiheits- und friedliebenden Völker mit den Kräften der nationalsozialistischen Verbrecher ihren vollen Anteil genommen und sich mit dem Blut ihrer Kämpfer und durch ihren Kriegseinsatz das Recht erworben, den Völkern, die den Bund der Vereinten Nationen gegründet haben, zugerechnet zu werden.

Am 29. November 1947 hat die Vollversammlung der Vereinten Nationen einen Beschluß gefaßt, der die Errichtung eines jüdischen Staates im Land Israel fordert; diese Vollversammlung verlangte von der Bevölkerung des Landes Israel, selbst alle notwendigen Schritte zu ergreifen, um diesen Beschluß durchzuführen. Diese Anerkennung des Rechtes des jüdischen Volkes auf die Errichtung eines Staates durch die Vereinten Nationen kann nicht rückgängig gemacht werden. Es ist das natürliche Recht des jüdischen Volkes, ein Leben wie jedes andere staatlich selbständige Volk zu führen.

Wir, die Mitglieder des Volksrates, die Vertretung der jüdischen Bevölkerung Palästinas und der zionistischen Bewegung, sind daher heute, am Tag der Beendigung des britischen Mandats über das Land Israel, zusammengetreten und proklamieren hiermit kraft unseres natürlichen und historischen Rechtes und auf Grund des Beschlusses der Vollversammlung der Vereinten Nationen die Errichtung eines jüdischen Staates im Land Israel.

Wir bestimmen, daß vom Augenblick der Beendigung des Mandates in dieser Nacht zum 15. Mai 1948 an bis zur Errichtung der ordentlichen Staatsbehörden, die auf Grund eines durch die verfassungsgebende Versammlung bis spätestens zum 1. Oktober 1948 zu erlassenden Gesetzes gewählt werden sollen, der Volksrat als provisorischer Staatsrat dienen und seine Leitung die provisorische Regierung des jüdischen Staates, dessen Name Israel sein wird, bilden soll.

Der Staat Israel wird für die jüdische Einwanderung und die Sammlung der zerstreuten Volksglieder geöffnet sein; er wird für die Entwicklung des Landes zum Wohle aller seiner Bewohner sorgen; er wird auf den Grundlagen der Freiheit, Gleichheit und des Friedens – im Lichte der Weissagungen der Propheten Israels – gegründet sein; er wird volle soziale und politische Gleichberechtigung aller Bürger ohne Unterschied der Religion, der Rasse und des Geschlechts gewähren; er wird Freiheit des Glaubens, des Gewissens, der Sprache, der Erziehung und Kultur garantieren; er wird die Heiligen Stätten aller Religionen sicherstellen und den Grundsätzen der Verfassung der Vereinten Nationen treu sein.

Der Staat Israel wird bereit sein, mit den Institutionen und Vertretern der Vereinten Nationen bei der Verwirklichung des Beschlusses der Vollversammlung vom 29. November 1947 zusammenzuwirken und auf die Durchführung der wirtschaftlichen Einheit ganz Palästinas hinzuwirken.

Wir appellieren an die Vereinten Nationen, dem jüdischen Volk beim Aufbau seines Staates beizustehn und den Staat Israel in die Familie der Völker aufzunehmen.

Wir appellieren – sogar während der Dauer des blutigen Angriffs, der auf uns seit Monaten unternommen wird – an die Söhne des arabischen Volkes, die im Staat Israel leben, den Frieden zu bewahren und sich am Aufbau des Staates auf der Grundlage voller bürgerlicher Gleichheit und entsprechender Vertretung in allen Institutionen des Staates, den provisorischen und den endgültigen, zu beteiligen.

Wir strecken allen Nachbarstaaten und ihren Völkern die Hand zum Frieden und auf gute Nachbarschaft entgegen und appellieren an sie, mit dem in seinem Land selbständig gewordenen jüdischen Volk in gegenseitiger Hilfe zusammenzuarbeiten. Der Staat Israel ist bereit, seinen Anteil an der gemeinsamen Anstrengung beizutragen, den ganzen Vorderen Orient zu entwickeln.

Wir appellieren an das jüdische Volk in der Diaspora, sich um Israel beim Werk
der Einwanderung und des Aufbaus zu scharen und ihm in seinem schweren
Kampf um die Verwirklichung des Generationen alten Strebens nach Erlösung
Israels zur Seite zu stehen.
In sicherem Vertrauen auf den Hort Israels unterzeichnen wir zur Bekundung
dessen eigenhändig die Proklamation in der Sitzung des Provisorischen Staats-
rates auf dem Boden des Heimatlandes, in der Stadt Tel Aviv, heute, vor Ein-
gang des Sabbats, am 5. Tage des Monats Ijar 5708, dem 14. Mai 1948.«

Die Bewährungsprobe

Der Staat Israel war nach einer langen Zeit schwerer Wehen
endlich doch zur Welt gekommen. Die Freude des jüdischen
Volkes kannte keine Grenzen. In der ganzen Welt, besonders
aber in Israel, tanzte die jüdische Jugend auf den Straßen. In
den Synagogen Jerusalems wurde das Widderhorn geblasen,
was sonst am Neujahrstag geschieht, um auf das zukünftige
Erscheinen des Messias hinzuweisen.
Amerika erkannte als erste Großmacht den neuen Staat an.
Die Sowjetunion, die Staaten des Ostblocks und Südamerikas
folgten. England verhielt sich zunächst passiv und versuchte,
Westeuropa und die Dominien von einer Zustimmung abzuhalten. Südafrika durchbrach diesen Boykott zuerst; die an-
deren folgten allmählich.
Die Araber versuchten, das Rad der Geschichte zurück-
zudrehen und die Staatsgründung ungeschehen zu machen.
Am Tage der Aufhebung des Mandats rückten die Armeen
Ägyptens, Transjordaniens, Syriens, Libanons und des Irak in
Israel ein; auch Verbände aus dem Jemen und aus Saudi-
Arabien beteiligten sich. Im neuen Staat Israel lebten damals
650 000 Juden, die sich jetzt über vierzig Millionen feindli-
cher Araber gegenübersahen.
Israel, das auch mit diesem Krieg gerechnet hatte, gelang es in
wenigen Tagen, die Untergrundbewegung Hagana in eine
schlagkräftige Armee umzuwandeln. Die allgemeine Wehrpflicht wurde ausgerufen. Die ersten Waffenkäufe gelangen in
der damals noch nicht kommunistischen Tschechoslowakei.
Die Kämpfe hatten eine Massenflucht der arabischen Zivilbevölkerung zur Folge. Zum größten Teil flohen ganze Ort-

schaften geschlossen, einem alten orientalischen Grundsatz gehorchend, Kriegsschauplätze vorübergehend bis zum Ende der Kampfhandlungen zu verlassen. Die jüdische Führung sah diese Fluchtbewegung als zu ihrem Vorteil an und unternahm nicht viel, sie aufzuhalten.

Wenn auch die offizielle Führung sich bewußt zurückhielt und nur in Einzelfällen eine Evakuierung der arabischen Bevölkerung selber veranlaßte, traten die in Opposition stehenden rechten Gruppen für eine Vertreibung der Araber ein und versuchten dieses Ziel durch Verbreitung von Angst und Schrecken zu fördern. Höhepunkt dieser Kampagne war das Massaker von *Deir Jassin*. Deir Jassin war ein kleines arabisches Dorf in der Nähe Jerusalems. Die Bewohner dieses Dorfs hatten sich den Juden gegenüber strikt neutral verhalten und arabischen Terroristen jenseits der Grenze jeden Zugang in ihr Dorf verwehrt. Trotzdem suchten die beiden jüdischen Terrorgruppen Etzel und Stern gerade diese Siedlung aus, um ein Exempel zu statuieren. Sie griffen am 8. April das Dorf an, konnten sich aber gegenüber der Selbstwehr des Dorfes nur schwer halten und wurden schließlich von zu Hilfe eilenden arabischen Truppen eingeschlossen. In dieser chaotischen Situation verursachten die Terroristen ein furchtbares Blutbad unter den arabischen Dorfbewohnern und räumten zwei Tage später einen Ort des Schreckens. Über die Zahl der Toten gingen die Schätzungen in arabischen, aber auch in zionistischen Darstellungen weit auseinander. Ein Forschungsprojekt der palästinensischen Bir Zeit Universität, das laut der israelischen Zeitung Haaretz die intensivste und zuverlässigste Untersuchung über das Massaker angestellt hat, spricht von 107 Toten, darunter nur 11 Tote, die im Kampf selber gefallen sind. Die Hälfte der Tote waren Frauen, Kinder und Erwachsene über fünfzig Jahre. 120 Gefangene, darunter Frauen und Kinder, führten die jüdischen Terroristen in einem 'Triumphzug' durch das jüdische Jerusalem.

Diese Tat wurde von den meisten Israelis ebensosehr abgelehnt und verabscheut wie von der Hagana, der ›offiziellen‹ jüdischen Untergrundbewegung und der Jewish Agency. Ben Gurion entschuldigte sich telegrafisch für die Tat bei König

Abdulla. Als Vergeltung für Deir Jassin überfielen Araber am
12.4. Busse, die zum Hadassa-Krankenhaus auf den Skopusberg fuhren. Alle Insassen – 77 Ärzte, Krankenschwestern
und Wissenschaftler – wurden ebenso grausam niedergemacht
wie die Dorfbewohner von Deir Jassin. Die Engländer sahen
untätig zu.

Über die Auswirkungen von Terror und Gegenterror schrieb
ein Zeitbeobachter, der Engländer Christoph Sykes, folgendes:

»Beide Seiten neigten dazu, sich in Greuelpropaganda zu ergehen, für die beide
Seiten reichliches Material hatten, aber die Gefahr dieser Art von Propaganda
wurde von den Juden erkannt, doch niemals von den Arabern. Die Juden gaben
solchen Katastrophen wie dem Hadassah-Überfall keine übergroße Publizität.
Die Rundfunksendungen von Kol Israel – zusammengestellt von Leuten, die
die im Krieg entwickelte Technik, Moral aufzubauen, beherrschten – kon-
zentrierten sich darauf, die eigene Kraft und die eigenen Erfolge herauszustel-
len und leidvolle Themen zu vermeiden. Die arabische Radiopropaganda dagegen schwelgte in Greuelgeschichten und übertrieb sie noch. Ohne es zu ahnen, nahm sie Irgun und den Sternisten die Arbeit ab. Das Ziel war, die Menschen mit Haß gegen die Juden zu erfüllen; die Wirkung jedoch war, ihnen
Schrecken vor den Juden einzujagen, und der Schrecken war um so größer, da
viele Araber in Palästina wegen ihrer an Juden begangenen Greueltaten ein
schlechtes Gewissen hatten.«

Eine Mitschuld an der Fluchtbewegung trug auch das arabische Oberkommando. Bei ihrem Einmarsch forderten die Befehlshaber der arabischen Armeen alle Araber im jüdisch besetzten Gebiet auf, das Land sofort zu verlassen; in wenigen
Tagen, sobald sie die Juden ins Meer geworfen hätten, könnten die Araber wieder zurückkehren und auch die jüdischen
Siedlungen mit übernehmen. All dies führte im Laufe der
Kämpfe zu einer Flucht von ungefähr sechshunderttausend
Arabern; nur hundertfünfzigtausend blieben im jüdisch eroberten Gebiet zurück, besonders im geschlossen arabisch besiedelten Westgaliläa, das nach dem Teilungsplan der UNO
dem arabischen Staat einverleibt werden sollte. Aber auch
hier war meistens die arabische Intelligenz geflohen. In der
Regel waren die Christen eher geblieben als die Moslems. Die
Flüchtlinge ließen sich vor allem in der arabischen Westbank
Palästinas nieder, dann aber auch in Transjordanien. In Jordanien stellten alteingesessene Palästinenser und Flüchtlinge die

Mehrheit der Bevölkerung. Weiteres Hauptaufnahmeland für die Flüchtlinge wurde der Libanon und der von Ägypten verwaltete Gazastreifen. Kleinere Kontingente kamen auch nach Syrien. Da die Gastländer sich weigerten, die Flüchtlinge zu integrieren, stellte die UNO die Hilfsorganisation UNRWA auf, die die Flüchtlinge in Lagern unterbrachte, sie ernährte und schulisch betreute.

Auf militärischem Gebiet hatten die Araber wenig Erfolg. Die syrische Armee konnte bei Deganja zum Stehen gebracht werden. Die Libanesen blieben in Obergaliläa stecken, ebenso erging es der Armee des Irak im Gebiet von Samarien. Der ägyptischen Armee war es gelungen, bis nach Bethlehem vorzustoßen und sich dort mit der Arabischen Legion zu vereinigen. Dadurch waren die Verbindungswege zur Wüste Negev abgeschnitten, die Israel durch die UNO zugesprochen erhalten hatte.

Am erfolgreichsten kämpfte die Arabische Legion aus Transjordanien. Von Engländern ins Leben gerufen, von Engländern ausgebildet, mit englischem Geld bezahlt, von einem Stab englischer Offiziere unter dem Oberkommando des Engländers John B. Glubb, der sich *Glubb Pascha* nannte, befehligt, brachte die Arabische Legion der israelischen Armee die größten Verluste bei. Einige Einheiten der Arabischen Legion hatten sich als Teil der englischen Armee seit Ende des Zweiten Weltkrieges in Palästina befunden. Die Engländer hatten versprochen, sie nach ihrem Abzug ebenfalls zurückzuziehen, erfüllten dieses Versprechen aber nicht. Deshalb gelang es der Arabischen Legion bald nach dem Abzug der Engländer, den besonders isolierten Siedlungsblock Etzion in der Nähe Hebrons, der die Straße von Jerusalem nach dem Negev offenhalten sollte, zu erobern und viele seiner Bewohner niederzumetzeln ohne Rücksicht darauf, daß sie sich mit erhobenen Händen ergeben hatten. Einer Gruppe von fünfunddreißig jungen Leuten, meist Studenten und Wissenschaftler, die am 28. Januar aufgebrochen waren, um dem schon damals schwer bedrängten Etzion zu Hilfe zu kommen, war es ähnlich ergangen, nachdem sie von mehreren Hundert schwerbewaffneter Araber in einer Schlucht eingeschlossen worden waren. Keiner von ihnen kehrte zurück.

Am 18. Mai griff die Arabische Legion in die Kämpfe in der
Jerusalemer Altstadt ein. Bereits seit Dezember 1947 hatten
die Araber versucht, jene zweitausend orthodoxen Juden, die
im jetzt von der Neustadt abgeschlossenen jüdischen Viertel
der Altstadt wohnten, von hier zu vertreiben. Aus achtzehn
Hagana-Leuten, die anfänglich dieses Viertel verteidigten, waren nach und nach durch Bestechen der englischen Wacht-
posten einhundertzwanzig Mann geworden. Aber auch sie waren den ständigen arabischen Überfällen kaum gewachsen;
dabei wurde die Lage der Zivilbevölkerung immer verzweifelter. Ein Hoffnungsschimmer war die Eroberung des Zion-
berges auf dem Gebiet des alten Stadthügels, direkt vor der
Mauer der Altstadt. Am nächsten Tag, am 19. Mai, sprengte
die Hagana das Ziontor; dadurch konnte sie den Eingeschlos-
senen achtzig Ersatzleute, Waffen und Medikamente über-
bringen, die Verwundeten und Toten herausschaffen und einige Soldaten ablösen, die schon lange in der Altstadt ausgeharrt
hatten. Durch einen taktischen Fehler wurde der neue Zugang
aber nicht militärisch gesichert, so daß ihn die Araber wieder
abriegeln konnten. Zehn Tage lang hofften die Juden der Altstadt auf einen erneuten Durchbruch; als dieser aber ausblieb,
kapitulierten sie am 28. Mai. Nachdem die Arabische Legion,
die den freien Abzug aller Zivilpersonen zugesichert hatte,
nur noch knapp vierzig kampffähige Hagana-Leute und ein
Minimum an Munition vorfand, die sie als Beute in den Waf-
fenstillstandsverhandlungen zugesprochen bekommen hatte,
führte sie außer den Soldaten alle irgendwie waffenfähigen
Männer, die sie aus den Zivilisten aussuchte, in die Kriegs-
gefangenschaft, so daß sich der Oberkommandierende der
Arabischen Legion, *Glubb Pascha*, rühmen konnte, dreihundert Gefangene gemacht zu haben. Beim Abtransport der verbliebenen Zivilpersonen benahmen sich die Soldaten der Arabischen Legion äußerst korrekt und schützten sie vor Angriffen der jerusalemischen Araber, die sich mit der Plünderung
und Zerstörung des jüdischen Viertels begnügen mußten.
Wenn die Juden die Heilige Stadt, in der sie seit der Zeit nach
den Kreuzzügen wieder Bürgerrechte genossen hatten, auch
erneut räumen mußten, nachdem sie sie unter weit schreck-

licheren Umständen bereits zweimal hatten verlassen müssen, so blieb das jüdische Viertel der Altstadt doch der einzige Stadtteil Jerusalems, den sie aufgeben mußten. Alle Viertel der Neustadt, in denen Juden lebten, befanden sich fest in israelischer Hand. Alle arabischen Viertel innerhalb der Neustadt, die den Zusammenhalt der jüdischen Stadt hätten bedrohen können, hatte die Hagana bereits vor Abzug der Engländer erobert und besetzt; dennoch befanden sich die Israelis in einer ernsten Lage, weil sie vom jüdischen Küstenstreifen völlig abgeschnitten waren. Anschaulich schreibt der israelische Publizist *Ben Gavriel*:

»Das Zentrum des Kampfes war vor allem das ringsum eingeschlossene, ohne Verbindung mit dem übrigen Land stehende Jerusalem. Die Stadt verfügte nur über sehr beschränkte Wasserreserven in den alten Hauszisternen; denn die Araber hatten das Pumpwerk in der Ebene besetzt, das die Hauptstadt mit Wasser versorgte. Es gab wenig Lebensmittel, noch weniger Waffen und keinen Nachschub von Petroleum, dem einzigen Heizmittel des Landes. Man mußte in primitiven Werkstätten, ständig unter feindlichem Beschuß, Waffen herstellen. Kinder kämpften mit selbstangefertigten Molotow-Granaten gegen Panzer, und tatsächlich wurden auch alle Tankangriffe zurückgewiesen. Frauen trugen Munition in die Stellungen, und wer nicht eines der wenigen Gewehre bediente, sprengte Gänge durch Häuserblocks bis an die arabischen Positionen. Das jüdische Jerusalem hatte monatelang keine einzige Kanone, mit der es der ununterbrochenen Artilleriebeschießung hätte antworten können; aber es hatte die Gewißheit, daß es nicht fallen werde, nicht fallen dürfe. Nur aus diesem geradezu biblischen Vertrauen heraus ist das Wunder von Jerusalem zu erklären... Der mit rund 117 Gewehren und zwei Maschinengewehren begonnene Abwehrkampf endete mit einer vollkommenen Niederlage der Angreifer.«

Am 11. Juni 1948 gelang es der UNO, einen Waffenstillstand zu vermitteln. Israel hatte sich gegen die gewaltige Übermacht halten können, so war es auch bereit, auf Verlangen der UNO das Abkommen, das am 9. Juli ablief, zu verlängern; die Araber aber lehnten ab und griffen erneut an. Sie wurden jedoch an allen Fronten zurückgeschlagen. Israel besetzte ganz Obergaliläa, eroberte Lydda und Ramle und erkämpfte sich mit Hilfe einer neu angelegten Straße einen Zugang nach Jerusalem. Als Israel im Begriff war, Palästina gänzlich zu erobern, schritt die UNO zum zweiten Mal ein. Am 18. Juli wurde ein neuer Waffenstillstand geschlossen, dem die Araber diesmal zustimmten. Damit waren die Kampfhandlungen im großen und ganzen abgeschlossen.

Als die Libanesen später erneut angriffen, wurden sie von den israelischen Truppen weit in ihr eigenes Land hinein zurückgetrieben; auf Intervention der UNO zog sich Israel aber wieder zurück. Im Herbst 1948 verwehrten Ägypter den Lastwagen, die jüdische Siedlungen im Negev mit Geräten und Waren versorgen wollten, die Zufahrt, was zu heftigen Gefechten führte. Die Ägypter wurden im Laufe der nächsten Monate aus dem Negev völlig vertrieben. Israelische Truppen eroberten große Gebiete des Sinai, gaben sie aber wieder frei.

Inmitten der Kämpfe mit den feindlichen Nachbarn mußte aber auch ein Kampf im Inneren ausgefochten werden. Bei Staatsgründung waren alle ehemaligen jüdischen Untergrundbewegungen und Elitetruppen aufgehoben worden. Dies galt auch für die Palmach. Auch die rechts gerichteten Gruppen Stern und Etzel hatten sich äußerlich gefügt, dachten aber in Wirklichkeit nicht daran, auf eine gewisse Eigenständigkeit zu verzichten. Gerade in der ersten Feuerpause Juli 1948 sollte die Vorentscheidung fallen, als ein mit 900 Einwanderern und vielen Waffen an Bord beladenes Schiff, das von den rechten Untergrundsbewegungen gechartert worden war, von Frankreich her kommend sich der israelischen Küste näherte. Es hieß nach dem literarischen Pseudonym des Revisionistenführers Jabotinsky *Altalena*. Ben Gurion forderte die bedingungslose Übergabe der Waffen an die neue israelische Armee. Als sich das Schiffskommando weigerte, wurde das Schiff mit allen Waffen an Bord vor der Küste Tel Avivs von der israelischen Armee beschossen und versenkt, nachdem es die Einwanderer zuvor mit einem Sprung ins Wasser verlassen hatten.

Daß die Rechtsgruppen trotzdem noch nicht tot waren, stellte sich im September desselben Jahres heraus. Im Mai hatte die Vollversammlung der UNO Graf Folke Bernadotte als Unterhändler ins Kriegsgebiet geschickt. Er sollte nach Friedenslösungen Ausschau halten. Der von ihm erarbeitete Friedensplan sah die Übergabe des Negev an die Araber, Galiläas an Israel vor. Jerusalem sollte internationalisiert werden, die Flüchtlinge sollten zurückkehren können. Noch ehe er aber diesen Plan persönlich der UNO unterbreiten konnte, wurde er am 17. September in Jerusalem erschossen. Als verantwortlich meldete sich eine Organisation, die sich ›Vaterländische Front‹ nannte, und die man wohl nicht zu Unrecht mit der Sterngruppe identifizierte. Ein Ultimatum zur sofortigen Waffenübergabe erzielte immerhin das Ergebnis, daß Terroranschläge der Rechtsgruppen für die nächsten Jahrzehnte verschwanden. Die verbliebenen Führer und Kräfte, an der Spitze Menachem Begin, formierten sich zur politischen Partei *Herut*, ›Freiheitspartei‹.

Nach der Befriedigung im Inneren ging Israel daran, *Waffenstillstandsabkommen* mit den arabischen Ländern zu schließen, mit denen es eine gemeinsame Grenze hatte. Den Anfang machte Ägypten im Februar 1949. Im März folgte der Libanon, im April Jordanien, im Juli Syrien. Im Abkommen mit Jordanien fiel bei Grenzberichtigungen das ›kleine Triangel‹, ein rein arabisch besiedeltes Gebiet mit 30.000 Einwohnern zwischen Hadera und Afula, an Israel. Irak und Saudi-Arabien, die keine gemeinsame Grenze mit Israel haben, befanden sich weiterhin mit Israel im Kriegszustand. Durch die Waffenstillstandsverträge hatte Israel dem Teilungsplan der UNO gegenüber sein Gebiet vergrößern können. Dreiviertel des Gebietes vom Palästina des Jahres 1947 befand sich in israelischer Hand. In den Restgebieten wurde kein arabischer Staat gegründet, wie vom UNO-Teilungsplan vorgesehen, sondern Transjordanien annektierte die Westbank, einschließlich Ostjerusalems, und nannte sich von jetzt ab Jordanien, nicht ohne Zustimmung palästinensischer Notabeln, die sich zu schwach fühlten, einen eigenen Staat, der dem jüdischen widerstehen konnte, zu gründen. Diese Annektion wurde international, aber auch von den arabischen Staaten niemals anerkannt. Ägypten übernahm den Gazastreifen, stellte ihn unter seine Verwaltung, ohne ihn zu annektieren, gestattete aber auch keine Ausreise der Flüchtlinge nach Ägypten. Im Mai 1949 wurde Israel in die UNO aufgenommen.

Der junge Staat hatte seine Feuerprobe bestanden. Aus einem Kampf, der von vornherein für Israel aussichtslos erschien, war es siegreich hervorgegangen, wenn auch der Preis für das Überleben mit 6000 Toten für ein so kleines Land sehr hoch war.

7. Das erste Jahrzehnt

Die Einwanderung

Am 8. November 1948 wurden die ersten Wahlen in Israel abgehalten. Die Wahlbeteiligung unter den 440 000 Wahlberechtigten, Juden und Arabern, war mit 87% besonders hoch. Das Parlament, nach dem Vorbild des letzten unabhängigen Israel vor 2000 Jahren Knesset genannt, hatte (und hat) wie diese 120 Mitglieder. 46 Sitze errang die Arbeiter-Partei Mapai (gemäßigt links), 19 die links von ihr stehende Mapam, die vereinigten religiösen Parteien 16, die rechte Herut 14, und die bürgerlichen Parteien der Mitte erreichten zusammen 12 Sitze; in die übrigen teilten sich die Kommunisten, eine arabische Partei und verschiedene landsmannschaftliche Blöcke.

Staatspräsident wurde der altbewährte zionistische Politiker Haim Weizmann, erster Ministerpräsident der Führer der Arbeiter-Partei David Ben Gurion. Die Regierungskoalition umfaßte außer der Arbeiter-Partei die vereinten religiösen Parteien, die Progressiven (die kleine bürgerliche Partei der Mitte) und die Partei der orientalischen Juden. Mehr oder weniger haben sich diese Parteien oder ihre Nachfolgerinnen und Aufsplitterungen die Macht im Staate Israel in den ersten dreißig Jahren geteilt.

Die Stimmung dieser Tage kommt in der Eröffnungsrede des Staatspräsidenten am besten zum Ausdruck:

»Ströme der Ermunterung und Hoffnung gehen in dieser Stunde aus von diesem Haus, von dieser Heiligen Stadt, zu allen Verfolgten und Unterdrückten in der ganzen Welt, die für Freiheit und Gleichberechtigung kämpfen. Es gibt einen Lohn für den gerechten Streit. Wenn wir, die Leidenden und Elenden, die Ausgesaugten und mit Füßen Getretenen, ausersehen wurden, diese Stunde zu erleben, dann gibt es Hoffnung für alle, die nach Recht und Gerechtigkeit dürsten«.

Eine der ersten Maßnahmen der Regierung war nach Aufhebung aller Restriktionen gegen die jüdische Einwanderung aus der Zeit der englischen Mandatsregierung die Verkündigung des *Rückkehrgesetzes*, das jedem Juden das Recht auf Einwanderung und Staatsbürgerschaft im neuen Staat gewährt (5. Juli 1950).

Die Masseneinwanderung war inzwischen auf ihrem ersten Höhepunkt angekommen. Die ersten Einwanderer nach Staatsgründung waren noch als Illegale in Europa aufgebrochen. Mit Jubel wurden sie begrüßt. Es folgten die Überlebenden aus Europas Lagern, die sogenannten DP's (displaced persons), und die Internierten aus Zypern. Aus den arabischen Staaten, in denen es zu Pogromen gekommen war, strömten die Juden zum Teil fluchtartig nach Israel. Die ganze Judenschaft des *Irak*, hundertzehntausend Menschen, wurde in der sogenannten Aktion ›Esra und Nehemia‹ nach Israel gebracht. Juden, deren Familien zum Teil seit der babylonischen Gefangenschaft im Zweistromland gelebt hatten, sahen jetzt die Prophezeiung erfüllt, die ihren Ahnen vor zweitausendfünfhundert Jahren von den Propheten gegeben worden war. Ebenso erschien die Aktion ›Zauberteppich‹, welche die gesamte Judenschaft des *Jemen*, fünfundvierzigtausend Seelen, per Flugzeug nach Israel brachte, den jemenitischen Juden, die jahrhundertelang Knechte der Araber gewesen waren, als die Erfüllung alter Weissagung. Von der messianischen Erregung, die in jener Zeit unter den Juden Jemens herrschte, gibt der Bericht eines Jemeniten jener Zeit beredtes Zeugnis:

»Wir lebten in der Verbannung und warteten auf unsere kommende Erlösung. Einer ging zur Hauptstadt und kam zurück mit der Nachricht: Es gibt einen Staat Israel! Wir aber wußten nicht, ob diese Nachricht richtig war. Verschiedene Tage vergingen ohne eine Stimme oder ein Zeichen. Inzwischen mehrten sich die Gerüchte, und Männer von drüben sagten: Es gibt einen König in Israel! Später sagten sie: Es gibt eine Armee in Israel, eine Armee von Helden! Und schließlich kamen sie und sagten: Die Leiden des Messias – es gibt Krieg in Israel! Wir aber blieben in der Verbannung und wußten nicht, ob die Nachrichten richtig waren. Wir hofften auf Erlösung, und der Geist war unruhig... Wir verwarfen unsere Verbannung, und es war, als ob der Geist des Herrn in uns wach wurde: Kommt und laßt uns ins Land Israel ziehen! Wir fragten wieder: ›Gibt es Neues über die Erlösung?‹ Und sie sagten uns: ›Wartet! Die dafür ausersehene Zeit rückt heran.‹
Zweimal kam in diesem Jahr die Nachricht, daß die Erlösung nahe war; da verkauften viele ihren Besitz und machten sich auf. Beim dritten Mal ging jedermann mit der Erlaubnis des Königs. Die Nachrichten kamen durch einen Brief, und in dem Brief war geschrieben: ›Laßt Euch nicht aufhalten‹‹ Aber wir waren schon fertig. Viele, mit ihrem Besitz, zusammengerollt in Säcken, warteten auf ein Zeichen, und es gab keines...

Aber an einem Tag kam ein Brief aus Israel: ›Stehet auf, Brüder, und macht Euch fertig! Die Stunde ist gekommen. Unser Land erwartet seine Söhne und Bauern für seine und Eure Erlösung, um seine Trümmer zu beseitigen und seine Wüste zu bewohnen. Nehmt auf Euch das Leiden und die Mühe des Wegs; denn ohne Euch wird Israel nicht erlöst! Zögert nicht, noch versäumt die richtige Stunde, sonst könntet Ihr zu spät kommen! Wagt es, sofort aufzubrechen, und laßt nicht die alte Kultur, Schriften und Stickereien zurück!...‹

Wir gaben unsere Häuser und unseren Besitz ohne Geld dahin. Wir überließen unsere Synagogen den Heiden. Wir kamen zu der Synagoge und hielten einen Gedenkgottesdienst für die Toten. Wir baten um Vergebung; aber wir wußten: Das Land Israel sühnt alle Sünde; auch unsere Väter werden uns vergeben. Wir nahmen mit uns auf den Weg die Bibelrollen und die heiligen Gegenstände, um sie zu unserem neuen Land zu bringen. An vielen Orten begruben sie die Bibelrollen und heiligen Bücher in den Boden; denn sie konnten nicht alle tragen.

Dann bereiteten wir unsere Wegzehrung, jede Familie für sich: Trockene Kuchen und Butter und trockenes Fleisch, Gewürze und Kaffee. Wir nahmen uns Mehl für den Weg, und die Frauen sammelten Holz und buken Brot über einer Blechbüchse draußen im Feld, oder sie rollten den Teig aus auf den Steinen und legten ihn dann ins Feuer...

Die Grenze war geschlossen wegen der Fülle der Menschen; wir übernachteten, der eine hier, der andere dort... Die Wege waren überfüllt von Juden, und wir saßen etwa zweitausendfünfhundert zusammen und beteten unter dem offenen Himmel... In den Tagen des Laubhüttenfestes und des großen Versöhnungstages beteten wir besonders viel, herzzerbrechend und weinend auf dem Boden: Wann würden wir würdig sein, in Israels Pforten einzugehen?

Dann kam ein Tag, und die Hungersnot nahm überhand; es gab kein Brot für unseren Mund, und das Herz war traurig der Kinder wegen. Da standen wir auf und brachten unsere Gebete vor den Allerhöchsten. Der Herr aber erhörte unseren Schrei, und als wir noch beteten, kamen Araber und brachten uns Brot und sagten: ›Für euer Geld werden wir euch Brot geben!‹

Viele von uns wurden unterwegs krank; aber es gab keinen Arzt und keine Arznei und keinen Tropfen Milch, um die Kinder am Leben zu erhalten. Es gab nur ein Gebet in unserem Mund zum Herrn, daß Er helfen möge. Viele waren gepackt von einem Schütteln des Leibes, als ob sie Fieber hätten, und doch gingen sie mit uns auf den Weg...

Dann an einem Tag sprach ein Botschafter aus Israel zu uns, ermutigte unser Herz und füllte uns mit dem Brot des Lebens und sagte zu uns: ›Habt keine Angst! Keiner wird in der Verbannung im Jemen zurückbleiben; der Staat Israel wird euch nicht aufgeben. In kurzem wird eure Trübsal ein Ende haben. In Israel gibt es ein jüdisches Herz. So laßt auch ihr keinen Hunger unter euch sein!‹ Und er erfüllte alle seine Worte...

Gruppen kamen aus allen Enden des Jemen, und unsere Herzen schlugen in großem Verlangen nach dem Land Israel. So kamen wir nach Aden, solange Atem in unseren Nasen war, verwundet und verarmt, ermüdet und aller Güter beraubt. Nach einem mühsamen Weg von oft zwei oder drei Monaten hatten wir keinen Piaster mehr bei uns, noch irgendeinen Besitz. Auch die einst Reichen unter uns kamen, die meisten ohne Geld, in derselben Lage wie wir. Sie sammelten uns in einem großen Lager, das nahe an der Stadt war, und es war auf dem Sand der Wüste; aber der Ort war zu klein für uns alle. Wir legten uns in großer Zahl auf den Sand unter dem offenen Himmel dicht nebeneinander, jede Familie zusammen. Mächtige Sandstürme tobten über uns, und in unseren Herzen war ein Gebet um Alija, ›Aufstieg‹, um ›auf Adlersflügeln‹ zu unserem Land zu fliegen. – Dann aber stiegen wir hinauf.«

In den ersten Staatsjahren kamen ferner jeweils über dreißig-
tausen Juden aus dem Iran, aus Lybien und der Türkei. Auch
viele der zweihundertfünfzigtausend Juden aus Marokko trafen in jenen Jahren in Israel ein, die restlichen marokkanischen Juden bis auf zwanzigtausend, die in Marokkko blieben, kam in den Jahren nach dem 1956er Krieg. Über zehntausend Juden gaben in der Aktion ›Gosen‹ aus Ägypten,
nach dem Sinaifeldzug waren es noch einmal zwölftausend.
Viertausend Juden aus Afganistan und dieselbe Zahl aus Syrien erreichten von 1949 bis 1951 Israel. Fünftausend Juden
blieben in Syrien zurück, wo sie seitdem von den Behörden als
Staatsgefangene behandelt werden. Die einzigen Juden, die
seinerzeit die kommunistische Welt verlassen konnten, waren
die dreihunderttausend Juden Rumäniens, die gleich nach
Staatsgründung begannen, ins Land zu kommen. Aus Indien
trafen in den ersten Jahren über zehntausend Juden ein.
Kleinere Kontingente kamen aus allen Teilen der Welt, aus
siebzig Ländern der Erde. Zusammen genommen wanderten
in den ersten drei Jahren siebenhunderttausend Menschen in
Israel ein, mehr als in den vorausgegangenen siebzig Jahren
zionistischer Siedlungstätigkeit und mehr als Israel zur Staatsgründung jüdische Einwohner hatte.
Eine besondere Form der Einwanderung war die *Jugend-Alija*.
Im Jahr 1934 von *Henriette Szold* für die Einwanderung von
Kindern aus dem bedrängten Deutschland ins Leben gerufen,
erhielt sie jetzt eine besondere Bedeutung. Durch die Massaker in Europa gab es Tausende von Kindern, die ihre Eltern
nicht mehr finden konnten oder die keine Eltern mehr hatten.
Für sie schuf die Jugend-Alija eigene Kinderdörfer. Das bekannteste von ihnen ist *Kirjat Jearim* in der Nähe von Jerusalem. Das Dorf wurde vor allem mit Geldern aus der
Schweiz und eines Stuttgarter Freundeskreises errichtet. Hier
waren zweihundert besonders schwer betroffene Kinder untergebracht, junge Menschen, welche die Konzentrationslager
überlebten, zum Teil in ihnen geboren wurden und heimlich
aufgezogen werden konnten. Die Leiden, der Hunger und die
Entbehrungen, die sie in den ersten Jahren ihres Lebens
durchlebt hatten, haben sie fürs Leben gezeichnet. Über

hunderttausend Kinder sind mit der Jugend-Alija ins Land
gekommen.
Die Eingliederung dieser Massen von Neuankömmlingen war
für ein so kleines und armes Land, das dazu gerade seinen
Kampf ums Überleben bestanden hatte, eine Unmöglichkeit.
In den Jahren 1948–51 wurden ca. achtzigtausend Wohnungen gebaut, völlig ungenügend für die Masse der zu in-
tegrierenden Flüchtlinge. Im Sommer 1949 lebten noch mehr
als hunderttausend in riesigen Zeltstädten, verpflegt durch
Großküchen, Menschen ohne Einkommen und Beschäftigung. Aufforstung, Straßen- und Wohnungsbau waren die ersten Projekte zur Beseitigung der Massenarbeitslosigkeit.
Hunderte von Übergangslagern aus Zelten oder Asbestbarak-
ken wurden in der Folgezeit in der Nähe der Städte angelegt,
um die Beschäftigungschancen zu erhöhen.
Hauptproblem war es aber, die Menschen auf Dauer anzusiedeln und nicht nur massiert in den Städten, sondern im ganzen Land verteilt. Immer noch, und gerade für David Ben Gurion, galt das Ziel ›Zurück aufs Land‹. Der Kibbuz als Lebensform kam für die meisten Orientalen nicht in Frage. Er wi-
dersprach zu sehr ihren Traditionen von Familie oder Groß-
familie, die die natürliche Lebensform der orientalischen Juden darstellt. Der andere aus der Geschichte des Zionismus
bekannte Siedlungstyp, der bisher neben dem Kibbuz nur eine
bescheidene Rolle gespielt hatte, wurde in diesen Jahren zur
Hauptsiedlungsform: der Moschav. 1949/50 wurden alleine
126 neue Moschavim gegründet. Ende 1951 gab es 345 neue
Siedlungen insgesamt seit Staatsgründung gegenüber 293 ›alten‹ Siedlungen aus der siebzigjährigen Geschichte des Zionismus. Vierhunderttausend Neueinwanderer hatten damit
eine endgültige Heimat gefunden, während noch zweihundertfünfzigtausend in Übergangslagern lebten.
Bei einer solchen Masseneingliederung kann es nicht verwun-
dern, daß größere Fehler gemacht wurden. In diese Zeit reichen die Wurzeln für das Auseinanderklaffen zwischen den
orientalischen Juden, den Neuankömmlingen, und den westlichen Juden, den Alteingesessenen, zurück. Die orientalischen Juden waren durchaus nicht so primitiv oder unzivili-

siert, wie einige ihrer exotischen Vertreter, zum Beispiel die Höhlenbewohner aus dem marokkanischen Atlasgebirge, die nie zuvor auf einem Stuhl gesessen oder auf einem Bettgestell geschlafen hatten, hätten vermuten lassen. Diese Exoten waren eher untypisch für die Masse der Ankömmlinge. Die meisten orientalischen Juden hatten zur Mittelschicht ihrer Länder gehört, einige zur Oberschicht. Sie waren Handwerker gewesen, Händler, Lehrer oder Beamte. Die meisten der ihnen entsprechenden Stellen waren durch Alteingesessene besetzt. Neue Stellen konnten so schnell nicht geschaffen werden. Die jahrelange Nichtbeschäftigung oder Beschäftigung unter dem Ausbildungsniveau führte häufig zu einer Verelendung und sozialen Ächtung dieser Schichten, die sich später bei den sozialen Unruhen im Lande rächte.

Es ist müßig, darüber zu debattieren, ob diese Entwicklung bei größerem Einsehen in die soziale und kulturelle Situation dieser Menschen durch die damalige Führung hätte vermieden werden können. Ohne größere Geldmittel und bei der ständigen Bedrohung von außen konnte wohl nicht mehr erreicht werden als erreicht wurde. Schließlich hatte es wohl noch nie in der Geschichte einen Staat gegeben, der Menschen solch unterschiedlicher Herkunft, in solch kurzer Zeit und unter so schwierigen Umständen zu einem Volk zusammenschmieden mußte.

Bei den gegebenen Umständen war es gerade die Armee, die sich als Schmelztiegel einer Nation aus verschiedenen Landsmannschaften besonders bewährte. Sie war es, die durch Hebräischkurse am schnellsten eine einheitliche Sprache (wenn auch nicht immer die beste) schuf. Die Berufsschulung der Armee ist bis heute ein wesentlicher Aufbaufaktor des jungen Staates. Auch an der Gleichberechtigung der Frau hatte die israelische Armee einen beträchtlichen Anteil.

Im November 1952 starb Weizmann. Sein Nachfolger im Präsidentenamt wurde Jizchak Ben Zwi, der sich durch seine besondere Offenheit und sein Verständnis für das orientalische Judentum auszeichnete.

Im Dezember 1953 trat Ben Gurion als Ministerpräsident zurück. Sein Nachfolger wurde der bisherige Außenminister

Moshe Sharett. Ben Gurions Vorwand zur Resignation war
Überanstrengung in den letzten zwei Jahrzehnten politischer
Führerschaft bei der Aufrichtung des jüdischen Staates, in
Wirklichkeit war es wohl Enttäuschung über den Lauf der
Dinge im neuerrichteten Judenstaat. In einem grundlegenden
Essay zur Lage der Nation unter dem Titel ›Jüdisches Überleben‹, das im Jahrbuch der Regierung 1953/54 erschien, äu-
ßerte er sich kritisch über die Zusammenstöße zwischen religiösen und nichtreligiösen Gruppierungen, die Konfrontation
zwischen orientalischen und westlichen Juden, über die Notwendigkeit, den Geist der ersten Pioniere zu erneuern und
über das Auseinanderleben von Israelis und Juden in der Diaspora, besonders in den reichen Ländern Westeuropas und
Amerikas, wo es viel zionistische Aktivität, von wo es aber
fast keine Einwanderung in den Judenstaat gebe. Ben Gurion
zog sich ostentativ in die Negevwüste, in das von ihm zum
Pioniergebiet erklärte Gebiet des Staates zurück, in den kurz
zuvor im Herzen der Wüste gegründeten Kibbuz Sde Boqer,
um damit ein Beispiel zu geben, ein Beispiel, das kaum befolgt
wurde.

Bei einer Regierungskrise 1955, die eine fehlgeschlagene
Agententätigkeit des israelischen Geheimdienstes in Ägypten
zur Ursache hatte, der sogenannten Lavon-Affäre, war
Ben Gurion wieder bereit, in die politische Aktivität zurückzukehren. Er wurde Verteidigungsminister und schließlich
wieder Ministerpräsident.

Die ›Lavon-Affäre‹ sollte die israelische Politik noch für eine
Weile beschäftigen. Ben Gurion beschuldigte Verteidigungsminister Pinhas Lavon für einen Fehlschlag des israelischen
Geheimdienstes 1954 persönlich verantwortlich gewesen zu
sein, bei dem acht Juden in Kairo zum Tode, beziehungsweise
zu langjährigen Haftstrafen verurteilt worden waren. Zwei Juden waren hingerichtet worden. Wenn auch aus Zensurgrün-
den jahrelang nicht klar wurde, was eigentlich passiert war, so
sickerte doch als Gerücht durch, daß Israelis und ägyptische
Juden als Araber verkleidet einen Anschlag auf die amerikanische Botschaft in Kairo durchgeführt hatten, um die ägyp-
tisch-amerikanischen Beziehungen zu stören.

Der Sinaifeldzug

Israel hatte im Unabhängigkeitskrieg 1948 gesiegt, aber eine Entspannung der Lage war noch nicht erreicht. Nur *Abdullah* von Jordanien war bereit, mit Israel auf gewissen Gebieten zusammenzuarbeiten; sein Land war auf die Hilfe Israels angewiesen, da es keine nennenswerten Bodenschätze und keinen Mittelmeerhafen besitzt. Dieser ungünstigen Lage Jordaniens hatte der Plan Bernadottes Rechnung tragen wollen. Er sah vor, daß Israel und Jordanien einen Staatenbund mit einheitlicher Wirtschaft, Außenpolitik und Verteidigung bilden sollten. Haifa sollte Freihafen und Lydda Luftfreihafen werden. Die Juden waren für diesen Plan nicht zu gewinnen, weil er große Teile des Negev und vor allem Jerusalem, für das die jüdische Bevölkerung so große Opfer gebracht hatte, in den arabischen Staat eingliedern wollte. Die anderen arabischen Staaten lehnten ab, weil sie einen Machtzuwachs Abdullahs fürchteten, wenn dieser die palästinensischen Gebiete erhielt. Der besondere Widersacher Abdullahs in dieser Sache war der ehemalige Mufti von Jerusalem *Husseini*, der inzwischen mit Unterstützung von Syrien und Ägypten in Gaza eine ›Arabische Regierung von Gesamtpalästina‹ ausgerufen hatte, es dann aber vorzog, nach dem Abzug der ägyptischen Truppen aus Gaza sich nach dem Libanon ins Exil zu begeben. Wenn der Plan Bernadottes auch scheiterte, so hatte er doch die Möglichkeit einer israelisch-jordanischen Verständigung gezeigt. Als Abdullah bereit schien, Israel de facto anzuerkennen, wurde er von Leuten des Mufti im Juli 1951 ermordet. Wollte sein Enkel und späterer Nachfolger *Hussein* einem ähnlichen Schicksal entgehen, mußte er vorerst auf Kontakte mit Israel verzichten.

Ägypten war immer der wichtigste und letztlich entscheidende Nachbar gewesen, nicht nur auf Grund seiner Größe - immerhin übersteigt die Einwohnerzahl Ägyptens die der anderen Nachbarn Israels um ein Mehrfaches - sondern auch seines Ansehens wegen in der arabischen Welt und später zu Zeiten Nassers in der Dritten Welt. Zu dieser Zeit regierte in Ägypten noch das reaktionäre mit dem Westen verbundene

Feudalregime König Feisals. Im Verhältnis zu Israel war
Ägypten tonangebend unter den arabischen Nachbarn Israels.
Ägypten erklärte 1951:

»Juristisch sind wir noch immer im Krieg mit Israel. Ein Waffenstillstand setzt
einem Kriegszustand kein Ende. Der Waffenstillstand hindert den Feind nicht,
bestimmte Kriegsrechte auszuüben.«

So sperrte Ägypten die Zufahrt nach Eilat, dem einzigen Hafen Israels am Roten Meer, und verbot israelischen Schiffen
und Schiffen anderer Nationalitäten, die israelische Häfen an-
liefen oder israelische Waren transportierten, die Durchfahrt
durch den Sueskanal. Alle Proteste der UNO blieben ergebnislos. Zahlreiche israelische Schiffe und Schiffe anderer Nationen wurden festgehalten, konfisziert und ihre Mannschaf-
ten verhaftet. Dies änderte sich auch nicht nach der Revolution durch Oberst Nagib, der bald von dem stärkeren Mit-
streiter der Revolution *Gamal Abdel Nasser* abgelöst wurde.
In dieser Zeit wurde das Problem der arabischen Flüchtlinge
zu einem Hauptinstrument im Kampf der arabischen Staaten
gegen Israel. Besonders darunter zu leiden hatten in erster
Linie die Flüchtlinge selbst. Sie wurden zum Faustpfand in
der Politik ihrer arabischen Gastländer. In allen Ländern mit
der Ausnahme von Jordanien erhielten die Flüchtlinge nicht
die Staatsangehörigkeit ihrer Gastländer. Auf arabischen
Druck hatte die Vollversammlung der UNO in mehreren Ent-
schließungen die Rückkehr der Flüchtlinge nach Israel gefordert. Die Araber gaben aber immer wieder zu verstehen, daß
es nicht darum gehen könne, die zurückkehrenden Flüchtlinge zu friedlichen Bürgern eines jüdischen Staates zu machen. Andererseits war auch Israel nicht bereit, die Flüchtlinge aufzunehmen. Inzwischen hatte es eine ungefähr gleich
große Anzahl von jüdischen Flüchtlingen aus den arabischen
Staaten aufgenommen und eingegliedert. Die Aufnahmemög-
lichkeiten des jungen und kleinen Staates schienen damit erschöpft. Nur auf dem Weg der Familienzusammenführung
konnten einige zehntausend Flüchtlinge in ihre Heimat zurückkehren.
Immer mehr bedienten sich die arabischen Staaten der
Flüchtlinge nicht nur passiv. 1955/56 ging Ägypten dazu über,

Flüchtlinge aus dem vierzig Kilometer langen und acht Kilometer breiten Gazastreifen in den Kampf zu schicken. Die Not war hier besonders groß. Hier lebten über zweihunderttausend Flüchtlinge ohne Beschäftigung auf engstem Raum zusammengepfercht, weil Ägypten eine Auswanderung nicht zuließ. Der Gazastreifen wurde zum Ausgangspunkt großangelegter Terrorüberfälle, die sich bis nach Tel Aviv hinein erstreckten. Von der ägyptischen Regierung wurden Verbände aufgestellt, unterstützt und ausgerüstet, die sich *Fedajin*, ›Selbstmordkommandos‹, nannten. Bis Ende 1956 wurden allein von Gaza aus 3367 Überfälle verübt, denen 443 Israelis zum Opfer fielen und die außerdem zahlreiche Verwundete forderten und großen Sachschaden anrichteten. Auf viele dieser Überfälle reagierte Israel mit militärischen Angriffen auf die Basen der Fedajin, wofür es regelmäßig von der UNO-Vollversammlung verurteilt wurde. Israel antwortete mit dem Argument, »daß Grenzen, die für Saboteure und Mörder offen sind, nicht vor den Verteidigern geschlossen sein können«. Die Kriegsdrohungen wurden immer offener. Im Dezember 1955 erklärte Nasser:

»Ägypten wird glücklich sein, wenn seine Armee und die Syriens einander auf den Ruinen dieses verräterischen Volkes, dieser zionistischen Banden, treffen werden«.

Im Februar 1956 erging eine Verordnung an die ägyptische Armee:

»Jeder Kommandant hat sich und seine Soldaten für die Schlacht mit Israel vorzubereiten mit dem Ziel, unsere erhabene Tradition zu verwirklichen – das ist, Israel zu überwältigen und in kürzest-möglicher Zeit und mit der größten Grausamkeit und Bestialität im Kampf zu zerstören«.

Am 25. Oktober schlossen Ägypten, Syrien und Jordanien ein Militärabkommen gegen Israel. Im Sinaigebiet waren Russen damit beschäftigt, ägyptische Soldaten an den eben von ihnen gelieferten Waffen auszubilden.

Inzwischen hatte sich Nasser auch auf Grund sowjetischen Einflusses mit England und Frankreich überworfen, indem er die Sueskanalzone verstaatlichte. In seiner Not sah Israel so in England und Frankreich natürliche Verbündete und beschloß,

einem Angriff durch einen Gegenangriff zuvorzukommen.
Israel war der einzige Beteiligte in diesem Krieg, der um seine
Existenz kämpfte. Kurz vor Ausbruch des Krieges soll
Ben Gurion einen Geheimbesuch in Paris abgestattet haben.
Frankreich war zum wichtigsten und in gewisser Weise zum
einzigen Verbündeten Israels geworden, besonders, soweit es
Waffenkäufe und eine Verteidigung Israels vor der Weltöf-
fentlichkeit betraf. Nach 1967 übernahm diese Rolle Ameri-
ka.

Am 27. Oktober unterbreitete Ben Gurion dem Kabinett den
Plan einer größer angelegten militärischen Aktion, die folgende Ziele hatte:

– die Beseitigung der Basen der Fedajin und der ägyptischen
Armee im Gazastreifen und im angrenzenden ägyptischen
Gebiet;

– die Eroberung der Westküste des Golfes von Aqaba, um die
freie Schiffahrt nach Eilat zu gewährleisten.

Am 29. Oktober 1956 begann die *Sinai-Aktion*. Dank der
französischen und englischen Hilfe, dank der eigenen hohen
militärischen Ausbildung und Disziplin war sie nach fünf Tagen abgeschlossen. Der Sinai und der Gaza-Streifen befanden
sich in israelischer Hand, die sowjetischen Waffen waren er-
beutet, die Geschütze am Ausgang des Golfes von Eilat zer-
trümmert. Damit hatte der Krieg sein Hauptziel erreicht: Die
freie Zufahrt zum Hafen Eilat und die Beseitigung der Überfälle durch die Fedajin. UNO-Truppen sicherten beides nach
dem Abzug der israelischen Truppen, der im März 1957 zum
Abschluß kam.

Mit dem Ausbruch der Sinaikampagne ist ein tragischer Zusammenstoß verbunden, der auf viele Jahre das Verhältnis Israels zu seinen arabischen Einwohnern überschattete. Israels
Führung war sich der Loyalität seiner arabischen Staatsbürger
nicht sicher gewesen und hatte deshalb bei Ausbruch der
Feindseligkeiten ein generelles Ausgangsverbot über alle arabischen Siedlungen verhängt. In dem Dorf *Kafr Kasim* war
dieses Verbot nicht rechtzeitig bekanntgeworden. Auf dem
Weg zurück von den Feldern wurden 43 Dorfbewohner von
der israelischen Grenzpolizei erschossen. Entsetzen machte

sich nach den ersten Nachrichten über diesen Vorfalls in Israel und im Ausland breit. Es half nicht viel, daß die Regierung sofort an alle betroffenen Familien eine Entschädigung bezahlte. Auf einer Parlamentssitzung brachte Ben Gurion seinen Schock über diese »flagrante Verletzung der unantastbaren Prinzipien der Heiligkeit menschlichen Lebens« zum Ausdruck. In einem Prozeß, der für die israelische Rechtsgeschichte Bedeutung haben sollte, wurden die Schuldigen ermittelt, zwei Offiziere, ein Korporal und fünf Soldaten wurden zu Gefängnisstrafen zwischen 7 und 17 Jahren verurteilt, wobei ein Militärgericht festlegte, daß ein Soldat eindeutig ungesetzlichen Befehlen nicht nachkommen dürfe und er persönlich dafür haftbar sei. Sicherlich war die Formulierung dieses Grundsatzes wichtiger als die Strafe selbst, denn Ende 1959 wurden die Verurteilten durch den Staatspräsidenten bereits begnadigt und auf freien Fuß gesetzt.

Zwischen den Kriegen

Die Sinai-Aktion veränderte die Situation schlagartig. Die militärische Leistung Israels und die ägyptische Unfähigkeit – jedenfalls den Israelis gegenüber – versetzte die Weltöffentlichkeit in Erstaunen, die arabische Welt in Schrecken. Israel war wie von einem Druck befreit. Die Hafenstadt Eilat, die bisher nur eine Grenzbastion war an einem Meer, das zu einer Sackgasse geworden war, wurde großzügig ausgebaut. Ein Hafen wurde angelegt, der bald den Bedürfnissen nicht mehr genügte und einem größeren weichen mußte. Eilat, das bisher auch auf dem Landwege vom übrigen Israel abgeschnitten war und nur auf einer unsicheren Piste, die an der jordanischen Grenze vorbeiführte und deshalb nur in begleitetem Konvoi befahrbar war, bekam eine neue, asphaltierte Straße, die sich durchs Innere der Negevwüste schlängelte und gleichzeitig auch diese Wüste erschließen half. Später wurde auch die alte Piste doppelspurig asphaltiert.
Israel erschloß sich durch den Hafen *Eilat* zwei neue Kontinente: Afrika und Asien. Haupthandelspartner war bisher Eu-

ropa gewesen; Israel begann aber nun, auch in Asien und Afrika trotz Boykotts und Anfeindung durch die arabischen Staaten einen Markt aufzubauen. Obwohl selber noch in großen Entwicklungsschwierigkeiten, beteiligte sich Israel seit 1958 am Aufbau anderer Entwicklungsländer. Besonders eng waren die Beziehungen zu Burma (seit 1954), Thailand, Liberia, Äthiopien, Kongo und Ghana (seit 1957). Berater halfen beim Aufbau dieser Staaten. Die Idee der Kibbuzim hatte großen Eindruck gemacht. In manchen dieser Staaten richteten die Israelis Versuchskibbuzim ein. Zahlreiche Studenten aus diesen Ländern erhielten in Israel ihre Ausbildung. In den nächsten Jahren studierten an die tausend Afrikaner und Asiaten jährlich an den verschiedenen Fach- und Hochschulen in Israel; das waren, im Verhältnis zur einheimischen Studentenzahl gerechnet, mehr als in jedem anderen Land. Ebenso besuchten viele Politiker und Fachleute aus diesen Ländern den Staat Israel, um seine Aufbaumethoden auch für ihr Land zu übernehmen. Sie zogen Israel anderen Ländern wie der Sowjetunion, Amerika oder der Bundesrepublik vor, weil sie wußten, daß Israel ein Land mit entsprechenden Größenverhältnissen und klimatischen Bedingungen war; aber auch, weil sie in Israel einen Partner sahen, der zu keinem der beiden großen ideologischen Blöcke gehörte, sondern seinen eigenen Weg suchte. Daß die Juden vor der Gründung ihres Staates in vielen Ländern ein versklavtes Leben führen mußten, war vielen durch den Kolonialismus gegangenen Ländern bekannt und erweckte bei ihnen ein Gefühl der Solidarität. Das drückte der Staatspräsident von Obervolta, *Maurice Yameogo*, mit den Worten aus:

»Jedermann weiß, daß zusammen mit den Afrikanern die Juden das bilden, was die Eitelkeit und der Egoismus gewisser Völker die minderwertigen Rassen nennt, die verfluchten Rassen, die verachteten und geschmähten. Gerade deshalb sollen die Parias der Welt ihr Land wiedergewinnen, das Wiege und Grab ihrer Väter war, und damit beweisen, daß Mensch gleich Mensch ist.«

Israel hatte inzwischen internationale Anerkennung gefunden. Es verfügte nicht nur über diplomatische Beziehungen zu den meisten Ländern des Ostblocks und der westlichen Welt, sondern auch zu fast allen Ländern der Dritten Welt.

Eins der letzten Länder, das mit Israel in jener Zeit diplomatische Beziehungen aufnahm, war die *Bundesrepublik Deutschland*. Mit ihrer ›Hallstein-Doktrin‹, die jedem Staat den Abbruch der diplomatischen Beziehungen androhte, der Beziehungen zur Deutschen Demokratischen Republik aufnahm, hatte sich die Bundesrepublik selber blockiert. Die arabischen Staaten drohten nun ihrerseits, die DDR anzuerkennen, wenn die Bundesrepublik Israel anerkennen sollte. Aus Verärgerung über eine Einladung Ulbrichts, des Staatsoberhauptes der DDR, nach Ägypten durch Nasser, knüpfte die Bundesrepublik unter Kanzler Erhard im Jahr 1965 diplomatische Beziehungen zu Israel an. Die meisten arabischen Staaten brachen daraufhin ihre diplomatischen Beziehungen zur Bundesrepublik ab.

Ebenso hervorzuheben ist der Aufschwung der Industrie und Landwirtschaft in dieser Zeit. Aus dem Nichts war eine Schwerindustie aufgebaut worden. Am Toten Meer entstanden die modernen ›Totes-Meer-Werke‹, die Pottasche produzieren. Im Negev wurden außerdem Phosphate bei Oron und Kupfer in dem Gebiet der antiken Minen von Timna abgebaut. Israel wurde zu einem der größten Pottasche- und Phosphatproduzenten der Welt. In der Nähe der Negevstadt Dimona wurde mit französischer Hilfe ein Atomforschungszentrum errichtet. 1955 wurde bei Helez, im Gebiet um Aschkelon, Öl gefunden, das aber lediglich 10% des Eigenbedarfes des Staates deckte.

Auch auf dem Gebiet der Landwirtschaft wurden große Fortschritte erzielt. Das alte malariaverseuchte Sumpfgebiet um den Hulasee wurde gegen den Widerstand Syriens und unter ständigem Beschuß von dort trockengelegt. Das größte nationale Werk dieser Zeit aber war die Fertigstellung des nationalen Wasserleitungsprojektes, das Wasser aus dem See Genezareth bis tief in den Negev brachte, und so die Möglichkeit zu einer umfassenden Urbarmachung des gesamten nördlichen Negev schuf.

Im Jahre 1958, zehn Jahre nach Staatsgründung wurde die Zweimillionenmarke der Bevölkerungsstatistik überschritten: 1 800 000 Juden und 200 000 Araber. Dies waren 15% des Gesamtjudentums gegenüber 6% im Jahre 1948. Hauptansiedlungsgebiete waren Entwicklungsgebiete, wo sich eine Anzahl dörflicher Siedlungen um ein städtisches Zentrum gruppierte. Mustersiedlungsgebiet waren die 54 neuen dörflichen Siedlungen um die Entwicklungsstadt Kirjat Gat herum, im nördlichen Negev. Man versprach sich hier die beste Möglichkeit der Integration, indem Landsmannschaften zusammen siedelten, ihre Kinder aber in den regionalen Schulen mit den Kindern anderer Dörfer und Herkunftsländer zu einer neuen Gesellschaft verschmelzen konnten.

Auch das Schul- und Ausbildungswesen hatte sich 10 Jahre nach Gründung des Staates fest etabliert. Die Hälfte aller Schüler setzte ihre Ausbildung nach dem Abschluß mit 14 Jahren auf der Höheren Schule oder Berufsfachschulen fort. An den Universitäten des Landes studierten zu Anfang dieser Periode (1958) ca. 10 000 Studenten, gegen Ende 30 000 (1967). Neben den beiden alten Institutionen der Hebräischen Universität in Jerusalem und dem Technion in Haifa, waren neue Universitäten gegründet worden: in Tel Aviv 1956 die Tel Aviv-Universität, zusätzlich zu der kurz vorher entstandenen religiösen Bar Ilan Universität. In Jerusalem bezog die Hebräische Universität 1958 einen neuen, großzügig geplanten Campus auf Givat Ram, nachdem der alte Campus auf dem Skopusberg 1948 als israelische Enklave im jordanischen Jerusalem unzugänglich geworden war. Besonders schmerzlich war die Nichterreichbarkeit der Nationalbibliothek auf dem Skopus. Erst 1967 waren Campus und Bibliothek wieder erreichbar.

In den späteren Jahren wurden noch weitere Universitäten gegründet: in Beer Sheva 1970 die Negev-Universität und in Haifa neben dem Technion die Haifa-Universität. Seit 1949 bestand das Weizmann-Institut in Rechovot für Naturwissenschaften. Auf dem religiösen Sektor gab es an die 250 Talmudhochschulen, die Jeshivot, mit 18 000 eingeschriebenen Studenten.

Israels Buchproduktion lag im Bevölkerungsverhältnis an zweiter Stelle der Welt. Führend wurde Israel auf dem Gebiet der Bibelwissenschaft und des gesamten Feldes jüdischer Studien. Enzyklopädien zu Bibel, Talmud und Judentum entstanden. Die wichtigsten klassischen Texte des Judentums wurden neu aufgelegt oder in einer besseren Form herausgegeben. Die Archäologie wurde zu einer der populärsten Volksdisziplinen. Die Ausgräbertätigkeit brachte verborgene Schätze und Geheimnisse verflossener Jahrhunderte ans Tageslicht, wobei besonderes Interesse für die israelitische und jüdische Vergangenheit anzutreffen war. Eine Reihe guter Theater konzentrierte sich besonders in Tel Aviv und Haifa. Das Musikleben mit dem ›Israelischen Philharmonischen Orchester‹ und seinen 22 000 Subskribenten erreichte bald Weltruhm.

Neben 18 Morgenzeitungen, davon 11 in Hebräisch, und zwei Abendzeitungen gab es an die 300 weiterere Publikationen – über alle Gebiete des Lebens und der Unterhaltung in den verschiedensten Sprachen. In Deutsch erschienen eine Tageszeitung und ein Wochenblatt.

Politisch war die Epoche zwischen den Kriegen durch zwei Persönlichkeiten bestimmt: David Ben Gurion und Levi Eschkol. Die Wahlen 1959 hatten den größten Sieg für die Arbeiter-Partei und Ben Gurion gebracht. Aber die ›Lavon-Affäre‹, die Ben Gurion 1955 auf den Stuhl des Ministerpräsidenten zurückgebracht hatte, sollte auch die weitere Regierungsperiode bis zu seinem endgültigen Rücktritt 1963 beschäftigen. Levi Eschkol, von Ben Gurion zu seinem Nachfolger eingesetzt, führte die Politik seines Vorgängers fort. Sein Stil war aber gekennzeichnet durch größere Geschmeidigkeit und feinfühliges, diplomatisches Verhalten. Er verstand es, bessere Beziehungen zur eigenen Partei und zur Opposition, besonders aber auch zum Judentum in der Diaspora und zu den Weltmächten aufzubauen.

Mit dem Regierungswechsel waren aber die inneren Streitigkeiten in der Arbeiter-Partei über die Lavon-Affäre nicht überwunden. Kurz vor den Wahlen 1965 kam es zu einem Bruch: Ben Gurion gründete mit seinen jungen Gefolgsleuten Moshe Dayan und Shimon Peres eine neue Partei – Rafi, die erst 1968 wieder zur Mutterpartei zurückkehrte. Auch bei anderen Parteien kam es zu Verschiebungen. Die Lager der Bürgerlichen, Allgemeine Zionisten und Progressive, schlossen sich zusammen, trennten sich aber wieder vor den Wahlen 1965, als sich die Allgemeinen Zionisten mit der nationalen Partei Herut zu einem Wahlbündnis Gachal (Abkürzung für Liberale-Herut Block) vereinigten, das beständig blieb und sich später Likud nannte. Die restlichen Liberalen blieben fortan selbständig unter dem Namen ›Unabhängige Liberale Partei‹, die besonders von vielen Juden aus Deutschland gewählt wurden. Auch die Kommunisten trennten sich in eine kleinere, jüdische Partei (Maki) und eine größere, vorwiegend arabische Partei (Rakach).

Das Ende dieser Periode war gekennzeichnet durch wirtschaftlichen Stillstand, wachsende Inflation (7%) und Arbeitslosigkeit, sowie sinkende Einwanderung. All das sollte sich durch die militärischen Auseinandersetzungen 1967, die den gesamten Mittleren Osten erschütterten, ändern.

8. Krieg und Frieden

Der Sechs-Tage-Krieg

Die Zeit nach dem Sinaikrieg 1956 versetzte die arabischen Nachbarstaaten in eine Reihe interner Auseinandersetzungen, die sie gegenseitig lähmten und Israels Grenzen eine Zeit lang Ruhe gewährten. Israel war allerdings auch wieder der Faktor – wie es aussah, zeitweilig der einzige Faktor – der im Stande war, die arabische Welt zu einen.

Im Februar 1958 entstand die ›Vereinigte Arabische Republik‹, ein Bündnis zwischen Ägypten und Syrien. Die beiden, von Haschemiten regierten Länder Irak und Jordanien schlossen sich bald darauf ebenfalls zusammen. Durch die Revolution im Irak kurz darauf blieb dieses Bündnis bedeutungslos. Nasser versuchte seinen Machtzuwachs noch zu erweitern und griff 1962 in einen Bürgerkrieg im Jemen ein. Da sich aber auf der anderen Seite Saudi-Arabien engagierte, war dieser Krieg nicht zu entscheiden, und Nasser sah sich gezwungen, sein Expeditionsheer zurückzuziehen.

Nach diesen innerarabischen Geplänkeln trat die Auseinandersetzung mit dem Erzfeind Israel wieder in den Vordergrund. 1964 wurde auf der Arabischen Gipfelkonferenz die ›Palästinensische Befreiungsorganisation‹ (PLO) – ein Parlament der Palästinenser im Exil – im Gazastreifen unter ägyptischer Herrschaft gegründet, mit Ahmed Shukeiri an der Spitze.

Im Januar 1965 wurde die Organisation ›El Fatach‹ von einem Exil-Palästinenser mit Namen Jasser Arafat gegründet. Arafat, 1929 in Jerusalem geboren, hatte sich als palästinensischer Studentenführer in Kairo einen Namen gemacht und war dann Ingieneur in Kairo und Kuwait geworden. 1965 wurde diese Organisation dadurch berühmt, daß die Israelis einen Sabotageakt von ihr durch einen großangelegten Vergeltungsschlag ahndeten und 40 Häuser in dem jordanischen Grenzdorf Samoa, von dem aus der Fatach-Überfall gestartet worden war, sprengten. Sie wurde bald zur wichtigsten Orga-

nisation der in der Palästinensischen Befreiungsbewegung
(PLO) zusammengeschlossenen palästinensischen Bewegungen.

Die zunehmende militärische Aufrüstung – besonders durch
die Waffenhilfe aus der Sowjetunion – in den Nachbarstaaten
ließ auch Israel nicht untätig sein. Waffenkäufe gelangen außer
in Frankreich auch in England, Amerika und der Bundesrepublik. Die Wehrpflicht für Männer wurde von 26 auf 30
Monate hinaufgesetzt, die Reservedienstzeit verlängert.

Zu Beginn des Jahres 1967 kam es zu einer verstärkten Terroristentätigkeit von syrischem Gebiet aus. Außerdem wurden vom syrischen Golan aus die jüdischen Siedlungen im
Jordantal unter Beschuß genommen. Israel wehrte sich durch
gelegentliche Einfälle in syrisches Gebiet, die aber die Syrer
nicht zur Einstellung der Kampfhandlungen und der Terrors
brachten. Da den syrischen Stellungen auf dem hochgelegenen Golan nur schwer beizukommen war, setzte Israel
schließlich auch die Luftwaffe ein. Am 7. April des Jahres
kam es zu einer Luftschlacht, in der Syrien sechs sowjetische
Migs verlor. Frankreich war besonders stolz, hatten doch die
Israelis die von Frankreich gelieferten Mirage-Jäger benutzt.
Die Sowjetunion fühlte sich in ihrer Ehre schwer getroffen
und versuchte nun, Ägypten in den Konflikt mithineinzuziehen. Eine ägyptische Militärdelegation unter der Führung von
Anwar Sadat wurde nach Moskau eingeladen, wo man ihr
weismachte, daß Israel einen Krieg gegen Syrien plane und
bereits elf bis dreizehn Brigaden an der syrischen Grenze zusammengezogen habe. Dimitri Chuvakhin, der sowjetische
Botschafter in Israel lehnte eine Einladung von Premierminister Levi Eschkol ab, sich durch persönlichen Augenschein
davon zu überzeugen, daß diese Gerüchte unwahr seien.
Ägypten wurde aufgefordert, durch Manöver an der Sinaifront Syrien zu entlasten. Von dieser Falschmeldung irregeführt, forderte Nasser am 16.5. den Rückzug der UNO-
Truppen, die seit 1957 im Sinai stationiert waren und für die
freie Durchfahrt zum Hafen Eilat zu sorgen hatten. Am selben Tage erklärte das Kairoer Radio:

»Die Existenz Israels hat schon zu lange gewährt. Wir begrüßen die israelische Aggression. Wir begrüßen den Kampf, den wir schon lange erwartet haben. Die große Stunde ist gekommen: Die Schlacht ist gekommen, in der wir Israel zerstören werden.«

Nachdem die UNO widerstandslos abgezogen war, fühlte sich Nasser durch den Erfolg beflügelt, überquerte mit starken Truppenkontingenten (80 000 Soldaten) den Sueskanal und erklärte am 22.5. die Blockade des Golfs von Eilat.

Israel hatte immer wieder klargemacht, daß die freie Schiffahrt zum Hafen Eilat für Israel lebensnotwendig sei und eine Gefährdung der Schiffahrt casus belli sei. In einer Rede machte Nasser deutlich, welche Absichten er hegte:

»Wir warteten den geeigneten Zeitpunkt ab, bis wir hinlänglich gerüstet waren und Zuversicht hegen konnten, bei einer kriegerischen Auseinandersetzung mit Israel einen durchschlagenden Erfolg zu erzielen. Ich sage das mit voller Absicht... Vor kurzem nun fühlten wir uns stark genug, bei einem Zusammenstoß mit Israel mit Gottes Hilfe zu siegen. Ich sagte einmal, wir könnten der UN-Truppe nahelegen, in einer halben Stunde das Land zu räumen. Sowie wir voll gerüstet waren, konnten wir die UN-Truppe ersuchen, abzuziehen. Das ist nun geschehen.
Die Einnahme von Sharm el-Sheikh bedeutet den Zusammenstoß mit Israel. Eine derartige Aktion bedeutet, daß wir zum Krieg gegen Israel bereit sind. Es handelt sich dabei um keine Sonderoperation.
Das Hauptziel, das wir in dem bevorstehenden umfassenden Krieg verfolgen, ist die Zerstörung Israels. Noch vor fünf oder selbst vor drei Jahren hätte ich wohl schwerlich so sprechen können. Heute, rund elf Jahre nach 1956, äußere ich diese Gedanken, weil ich zuversichtlich bin. Ich weiß, wie wir hier in Ägypten stehen und wie Syrien steht. Ich weiß auch, daß andere Staaten – etwa der Irak – ihre Truppen nach Syrien geschickt haben. Algerien wird Truppen entsenden. Kuwait auch. Sie werden Panzerinfanterieeinheiten schicken. So sieht arabische Macht aus.«

Israel erlebte die bedrückendsten Wochen seit dem Unabhängigkeitskrieg. Tag um Tag vergrößerte sich die Truppenkonzentration im Sinai. Die Westmächte reagierten zwar empört, aber von ihnen, besonders auch von Amerika, waren nur Trostworte und Durchhalteparolen zu hören. Nassers Drohungen wurden immer frecher. Er brüstete sich, die Ergebnisse von 1956 rückgängig gemacht zu haben und stehe nun kurz vor dem Ziel, die Ergebnisse von 1948 zunichte zu machen. Am 25. Mai marschierten irakische Truppen nach Syrien ein, um diesem Land im Kampf gegen Israel beizustehen. Am 30. Mai flog König Hussein von Jordanien nach Kairo, unter-

zeichnete mit Nasser einen Verteidigungspakt und stellte seine
Truppen unter ägyptisches Oberkommando. Ägyptische und
saudiarabische Kontingente wurden nach Jordanien verlegt,
irakische, algerische und kuwaitische Truppen nach Ägypten.
Den Verantwortlichen in Israels Regierung war klar, daß sich
jetzt die Todesschlinge zuzog, ein Krieg unvermeidlich war
und jedes längere Warten das Ende des Staates bedeuten
könnte. Unter dieser Gefahr von außen einigten sich auch die
zerstrittenen Lager im Inneren. *Moshe Dayan*, die führende
Kraft in der Splitterpartei Rafi, wurde Verteidigungsminister.
Zum ersten Mal in der Geschichte Israels wurde auch die
Rechtspartei mit Regierungsverantwortung betraut; *Menachem Begin*, der Führer der Opposition, wurde Minister ohne
Portefeuille.

Am Morgen des 5. Juni 1967 überflogen israelische Flugzeuge
die Grenze nach *Ägypten* und Syrien und zerstörten in einem
Überraschungsangriff den Großteil der ägyptischen und syrischen Luftwaffe am Boden. Israel hatte auf einen Schlag die
Luftüberlegenheit im Mittleren Osten erlangt. Wenig später
ließ es *Jordanien* wissen, daß ihm kein Angriff drohe, wenn es
sich aus diesem Krieg heraushalte. Vergeblich, Jordanien griff
auf der ganzen Front an und eroberte als erstes das UNO-
Hauptquartier im Niemandsland von Jerusalem. In den
nächsten fünf Tagen eroberte Israel die gesamte Westbank
Jordaniens und den Sinai. *Syrien* hatte sich am Krieg bisher
nur mit Kanonendonner beteiligt. Die UNO und die Großmächte, Amerika unter starkem Druck der Sowjetunion,
drängten auf einen Waffenstillstand. Fast sah es so aus, als ob
Syrien, der eigentliche Anlaß des Krieges, verschont bleiben
sollte. Israel zog nach der Niederwerfung Ägyptens und Jordaniens seine ganzen Streitkräfte nach Norden zusammen und
eroberte kurz vor der Unterzeichnung des Waffenstillstandes
die Golanberge, von denen aus es die letzten zwanzig Jahre
ständig beschossen worden war.

Der militärische Sieg Israels war ungeheuer. Die eroberten
Gebiete waren dreimal so groß wie das ganze Staatsgebiet des
Kleinstaates Israel. Die Altstadt von Jerusalem mit der West-
mauer des Herodianischen Tempelbezirks, der sogenannten

Klagemauer, und dem ehemaligen jüdischen Viertel waren in jüdischer Hand. Ein Taumel erfaßte die gesamte jüdische Bevölkerung. Die ersten, die an der Westmauer – beteten, waren die Soldaten, die die Altstadt von Jerusalem in Kämpfen von Haus zu Haus erobert hatten. Eine Jerusalem-Begeisterung erfaßte jung und alt. Jerusalem-Schlager entstanden in unendlicher Zahl und wurden vom Volk auf der Straße gesungen. Das ging bis zu dem Vorschlag, eins der bekanntesten dieser Lieder zur israelischen Nationalhymne zu machen. Aber auch die jüdische Diaspora wurde von diesem Taumel ergriffen. Tausende von Freiwilligen strömten ins Land, viele davon blieben als Neueinwanderer. Millionen Dollarspenden trafen im Lande ein. Seit 1967 identifizierte sich der Großteil des jüdischen Volkes mit dem jüdischen Staat.

Hochstimmung

Nach dem militärischen Sieg wähnte man sich endlich am Ende des langen Krieges mit den arabischen Nachbarn. Man war davon überzeugt, daß man nach diesem Sieg bald zum Frieden kommen könne, wenn man bereit war, den größten Teil der Eroberungen wieder zurückzugeben. Diesen Optimismus dürften die Führer des Volkes kaum geteilt haben. Ihnen war klar, daß mit dem militärischen Sieg noch lange kein politischer Sieg errungen war und daß ein so tief gedemütigter Gegner besonders wenig kompomißbereit ist. So konzentrierte sich die nächste Phase der Diplomatie auf eine Verhinderung der Forderung der arabischen Staaten und der Sowjetunion nach bedingungslosem Rückzug aus den eroberten Gebieten.

Der sowjetische Vorschlag, der diese Forderungen enthielt, wurde in der UNO mehrfach abgelehnt. Angenommen wurde indes nach zähem Ringen ein Kompromißvorschlag Englands, der – wohlformuliert und unklar – den Rückzug Israels »aus eroberten Gebieten« auf sichere und anerkannte Grenzen forderte. Der sowjetische Vorschlag »aus *den* besetzten Gebieten« war abgelehnt worden. Außerdem forderte der

UNO-Beschluß die Anerkennung Israels durch seine Nachbarn. Dies ist die Quintessenz der einstimmig angenommenen Resolution 242 des Sicherheitsrates der Vereinten Nationen vom 22. November 1967, seitdem Grundlage und Ausgangspunkt aller Friedensbemühungen im Nahen Osten.

Israel erkannte die Resolution an. Die Palästinenser lehnten sie ab, da das Problem der palästinensischen Araber in der UNO-Resolution nur als »Flüchtlingsproblem, das gerecht zu lösen« sei, angesprochen wurde. Die arabischen Staaten waren in ihrer Einstellung zur UNO-Resolution 242 unterschiedlicher Meinung. Während Syrien und der Irak die Resolution ganz ablehnten, waren Jordanien und Ägypten zur Anerkennung bereit, interpretierten sie aber im Sinne der sowjetischen Urfassung, indem sie den Rückzug Israels aus allen besetzten Gebieten forderten und auch nicht bereit waren, die in der UNO-Resolution ausdrücklich geforderte Anerkennung des jüdischen Staates mit zu übernehmen. Vorher hatten sich bereits die Mitgliedstaaten der Arabischen Liga auf der Konferenz in Khartoum am 1. September 1967 auf die drei kategorischen ›Nein‹ geeinigt: keine Verhandlungen, keine Anerkennung und kein Friedensvertrag mit Israel.

Es ist nicht erstaunlich, daß unter diesen Voraussetzungen die Mission des von der UNO eingesetzten Vermittlers Dr. Gunnar Jarring, vorher schwedischer Botschafter in Moskau, von vornherein zum Scheitern verurteilt war. Im Dezember 1967 reiste Jarring in den Nahen Osten und schlug in Zypern sein Hauptquartier auf. Bis zum Dezember 1968 pendelte Jarring ein paar dutzendmal zwischen den Hauptstädten der Nah-Ost-Staaten hin und her, ohne auch nur ein gemeinsames Treffen der Gegner vereinbaren zu können. Die allein zu Verhandlungen bereiten Länder Ägypten und Jordanien wollten dies erst tun, nachdem sich Israel aus allen besetzten Gebieten zurückgezogen habe. Im März 1969 kündigte Nasser die Waffenruhe und begann mit einem Abnützungskrieg, der auf beiden Seiten viele Opfer forderte und die ägyptischen Städte am Kanal stark in Mitleidenschaft zog. Die meisten Bewohner dieser Städte flohen in der Folgezeit ins Innere Ägyptens. So scheiterten auch die Verhandlungen zwischen den vier Großmächten, Amerika, England, Frankreich und der Sowjetunion, die im Sommer 1969 zusammentraten.

Die israelische Führung glaubte, daß Friedensaussichten für die nächste Zukunft gering seien, und versuchte, sich auf die neue Situation einzustellen. Nach dem ersten Schock hatte sich die Bevölkerung der Westbank und des Gazastreifens auf die Besetzung so oder so eingestellt. Einige Gruppen, besonders die alten Führungsschichten, waren bereit, mit den israelischen Okkupanten zusammenzuarbeiten, während das einfache Volk die Gelegenheit ergriff, in Israel zu arbeiten. Bald waren mehr als 50 000 Araber vor allem in Israels Bau- und Landwirtschaft beschäftigt. Die Arbeitslosigkeit, die kurz vor der Eroberung in der Westbank bis zu 25% betragen hatte, wich einer Vollbeschäftigung. Dagegen erhob sich ein innerer Widerstand im palästinensischen Lager. Eine Terrorbewegung entstand, die sich zuerst gegen die Kollaborateure aus den eigenen Reihen richtete, später aber auch Terrorakte unter der jüdischen Bevölkerung im ganzen israelischen Stammland durchführte. Dank einer verstärkten Abwehr gelang es den israelischen Sicherheitskräften bald, diesen Terror stark einzudämmen.

Organisiert wurde dieser Terror von der PLO (Palestine Liberation Organisation, Palästinensische Befreiungsorganisation), die sich 1964 gebildet hatte, bis zum Ausbruch des Krieges 1967 aber kaum in Erscheinung getreten war. Auf der Konferenz der Arabischen Liga in Khartoum am 1.9.1967 war sie als alleinberechtigte Sprecherin der Palästinenser anerkannt worden; indirekt hatte damit Jordanien diese Rolle verloren. Ihr Hauptquartier nahm die PLO trotzdem in Jordanien, und ihre Kämpfer rekrutierten sich vorwiegend aus den neu eingerichteten Flüchtlingslagern im östlichen Jordantal, wohin besonders die Flüchtlinge des Lagers von Jericho während der Kampfhandlungen des Krieges 1967 geflohen waren. Von schwerem Artilleriebeschuß und einem Vorstoß aufs östliche Jordanufer durch israelische Truppen im Jahr 1968 wurden Flüchtlinge und PLO dann nach Amman verschlagen, wo das größte Flüchtlingslager Zarqa entstand. Die PLO und die jordanische Armee nahmen daraufhin die jüdischen Siedlun-

gen im nördlichen Jordangraben um Bet Shean unter Dauer-
beschuß. Im selben Jahr wurde Jasser Arafat, der Führer der
wichtigsten militärischen Gruppe Al Fatach, zum Vorsitzenden der PLO gewählt.

Da eine politische Lösung nicht in Sichtweite war, ging die
israelische Regierung Ende der sechziger, Anfang der siebziger Jahre dazu über, entsprechend ihren eigenen Friedensvorstellungen Fakten in den besetzten Gebieten zu schaffen. Bei
verschiedenen Gelegenheiten hatte die Regierung verlauten
lassen, daß sie für einen Frieden bereit sei, die meisten besetzten Gebiete zu räumen, daß sie aber aus Sicherheitsgründen
auf der Beibehaltung einiger Gebiete bestehen werde. Diese
Gebiete seien die Pufferzone zwischen Ägypten und dem Gazastreifen, die Ostsinaiküste, die Golanhöhen und der Jordangraben.

Der Friedensplan unter Beibehaltung dieser Gebiete hieß
nach dem stellvertretenden Ministerpräsidenten der Eschkol-
Regierung, Jizchak Allon, ›Allon-Plan‹. Seit 1969 wurde er in
der Partei diskutiert, ab 1971 war er offizielle gemeinsame
Grundlage des Arbeiter-Partei-Bündnisses. Den Golan hatten
bis auf die Drusen im Norden alle Einwohner, meist Tscher-
kessen, im Krieg 1967 verlassen. Der Jordangraben war mit
Ausnahme des Gebietes um Jericho fast menschenleer, der
Ostsinai und der Streifen um die spätere Stadt Jamit war von
Beduinen bewohnt, die man abfinden zu können hoffte. In all
diesen Gebieten begann eine planmäßige *Siedlertätigkeit* mit
Dutzenden von Siedlungen.

Schon vorher hatten sich religiöse Siedler in der Nähe
Hebrons niedergelassen, von der Regierung zwar nicht ermutigt, aber geduldet. Unter den Siedlern waren Nachkommen der ehemaligen jüdischen Bewohner von Hebron gewesen, die den Pogrom des Jahres 1929 überlebt hatten. Auch
auf der Stätte der ehemaligen vier religiösen Siedlungen des
Etzionblockes waren schon im Jahre 1968 Siedlungen gegründet worden. In all diesen Jahren bemühte sich die Regierung,
eine bewußte Siedlungspolitik zu betreiben, die durch Sicher-
heitsgründe bestimmt war. Sie geriet dabei unter den starken
Druck nationaler und religiöser Kreise, die sich im ›Gusch

Emunim‹, dem ›Block der Treuen‹, zusammengeschlossen hatten und für eine Besiedlung der gesamten Westbank, gerade auch im Herzen der arabischen Bevölkerung, plädierten. Die erste illegale Siedlung dieser Gruppe war Kaddum bei Sebaste/Samaria, die von der Regierung verboten, aber nicht zwangsgeräumt wurde. Elon More, wie sie sich später auf neuem Territorium nannte, wurde erst 1977 von der im selben Jahr zur Macht gekommenen Rechtsregierung unter Menachem Begin bestätigt.

1969 war Levi Eschkol gestorben. Seine Nachfolge übernahm zum ersten Mal in der Geschichte des Mittleren Ostens eine Frau als Premier, Golda Meir. 1898 in der Ukraine geboren, 1906 als Kind mit ihren Eltern in die USA ausgewandert, war sie früh, 1921 nach Palästina gekommen und bald dank ihrer Fähigkeiten vom Kibbuz in die Politik übergewechselt. Sie machte sich einen Namen in Verhandlungen mit arabischen Politikern. Als enge Mitarbeiterin Ben Gurions war sie seit 1949 im Kabinett – zuerst als Arbeitsministerin, später als Außenministerin. Vieles vom aggressiven Regierungsstil Ben Gurions brachte sie wieder in die Regierungsgeschäfte ein.

Inzwischen hatte sich der Abnützungskrieg mit Ägypten verschärft. Im Januar 1970 flog die israelische Luftwaffe Angriffsflüge bis nach Kairo. Die Sowjets brachten darauf SAM3-Raketen in Stellung, die sie selbst bedienten. Ein direkter Kontakt mit den Russen war auf die Dauer nicht vermeidbar. Im Juli wurden in einem Luftkampf 4 sowjetische Maschinen abgeschossen.

Eine Ausweitung des Konfliktes wurde immer wahrscheinlicher. Der Punkt war erreicht, daß Amerika wie die Sowjetunion an einer Entschärfung der Situation interessiert waren. So willigte Ägypten im August 1970 in eine *Waffenruhe* ein. In den Verhandlungen, bei denen Israel besonders unter amerikanischem Druck stand, platzte die große Koalition zwischen der Arbeiter-Partei und Gachal. Begin trat mit seinem Gefolge zurück, als Golda Meir sich bereit zeigte, über die Rückgabe der Westbank zu verhandeln.

Jordanien hatte sich inzwischen in Probleme mit der PLO verstrickt. Immer undurchsichtiger wurde, wer Herr im Hause war. Da die Durchführung von Terrorakten innerhalb der besetzten Gebiete oder gar in Israel sehr schwierig geworden war, hatte sich die PLO auf *Terrorakte* im Ausland spezialisiert. Besonders hatte die Luftpiraterie zugenommen. Im Sommer 1970 häuften sich die Flugzeugentführungen. Hauptschauplatz für spektakuläre Szenen wurde der internationale Flugplatz von Amman, wo die PLO an einem Tage drei Großraumflugzeuge verschiedener internationaler Gesellschaften in die Luft sprengte. Es kam zu einem Machtkampf zwischen der PLO und dem Beduinenheer Jordaniens, das dem König treu ergeben war. Als während dieser Kämpfe die syrische Armee zugunsten der Palästinenser in Irbid in jordanisches Gebiet einfiel, machten die Vereinigten Staaten und Israel unmißverständlich klar, daß sie einen Machtwechsel in Jordanien nicht stillschweigend hinnehmen würden. Die jordanische Armee war aber besser als ihr Ruf, in wenigen Wochen wurde die Macht der PLO in Jordanien zerschlagen. Einige der palästinensischen Flüchtlinge retteten sich sogar über den Jordan zum Erzfeind Israel. Die PLO mußte aus Jordanien abziehen und suchte sich, uneingeladen, eine neue Heimat im Libanon. Zu allem Unglück für die Palästinenser starb im selben Monat September noch ihr Hauptmentor Gamal Abdel Nasser in Kairo, auch von den Palästinensern der Westbank tief betrauert.

Die Zeit nach dem Sechs-Tage-Krieg ist geprägt durch wirtschaftlichen Aufschwung, durch eine verstärkte Einwanderung aus den reichen westlichen Ländern – zum ersten Mal seit Staatsgründung – und durch stärkeren Kapitalzufluß.

Gerade angesichts dieses verhältnismäßigen Reichtums und aufgrund der guten und schnellen wirtschaftlichen Eingliederung der westlichen Einwanderer fühlten sich die alteingesessenen Orientalen, besonders aber die zweite Generation dieser Einwanderung aus der Anfangszeit der Staatsgründung, benachteiligt. Sie forderten stärkere staatliche Hilfe für junge orientalische Paare bei der Wohnungsbeschaffung, die vor allem dadurch erschwert ist, daß es in Israel so gut wie keine Mietwohnungen, sondern nur Eigentums- oder Schlüsselgeldwohnungen mit dem Charakter von Eigentumswohnungen gibt. Anfang der 70er Jahre entstand so eine Unruhebewegung, die ganze Stadtviertel ergriff. Die jungen Demonstranten nannten sich ›Black Panther‹, in Anspielung auf ihre ebenfalls diskriminierten schwarzen Brüder in Amerika. Tatsächlich ließ sich die Regierung durch diese Protestbewegung beeinflussen und erhöhte ihr Sozialbudget in den nächsten Jahren.

Eine weitere große Einwanderungsbewegung setzte aus einer ganz anderen Richtung ein, aus der Sowjetunion, aus der es seit 1922 keine nennenswerte Einwanderung nach Palästina bzw. Israel mehr gegeben hatte. In den Jahren 1971 bis 1975 wanderten über 100 000 Juden aus der Sowjetunion ein; bis zum Stopp dieser Einwanderung 1982 waren es 160 000. Nachdem jahrelang eine Kampagne von Israel und dem Judentum in der Diaspora geführt worden war, den Juden freie Auswanderung zuzugestehen, hatten die Sowjets beschlossen, den Unruheherd im Inneren loszuwerden, in der Hoffnung, daß die assimilierten Juden dann um so bessere Staatsbürger sein würden. Die Einwanderung aus der Sowjetunion war für die zionistische Idee besonders wichtig, waren doch Menschen, die jahrzehntelang antireligiös und antijüdisch erzogen worden waren, weiterhin nicht davon abzubringen gewesen, in ihre Nationalheimat zurückzukehren. Außerdem brauchte der jüdische Staat Menschen, da der natürliche Geburtenüberschuß spärlich ist. Die Begeisterung legte sich etwas Mitte der 70er Jahre, als ein Großteil der sowjetischen Auswanderer Amerikas Fleischtöpfe der kargen israelischen Kost vorzog. Gerade die Eingliederung der russischen Einwanderer war nicht einfach. Die kommunistische Erziehung und Berufsbildung hatte zu einem Spezialistentum geführt, das die meisten Einwanderer für das israelische Berufsleben untauglich machte. Erst durch teure und mühevolle Umschulung waren diese Einwanderer einzugliedern. Besonders schwierig war dies mit den Einwanderern aus dem orientalischen Teil der Sowjetunion, den Grusiniern. Die Zahl derer, die den Staat wieder verließen, war bei dieser Einwanderung besonders groß.

Seit Bestehen des Staates war der Streit um das Problem »wer ist Jude« nicht abgeflaut. Diese Frage war besonders für das

Rückkehrergesetz relevant. Nach dem jüdischen Religionsgesetz ist jeder Jude, der von einer jüdischen Mutter geboren
wurde oder zum Judentum übertritt. Der Kampf entzündete
sich im Prozeß um einen polnischen Karmeliter, Pater Daniel
Rufeisen, der als Jude geboren wurde, als Partisane vieles für
die jüdische Sache getan hatte und aus Lebensgefahr durch
ein Nonnenkloster gerettet zum Christentum übergetreten
war. Von seinem Orden nach Israel geschickt, um vor allem
katholische Frauen in Mischehen zu betreuen, forderte er die
Anerkennung als Jude und damit den Staatsbürgerstatus auf
Grund des Rückkehrergesetzes. Im Prozeß wurde bestimmt,
daß das Staatsgesetz dem jüdischen Gesetz gegenüber erwei-
tert werden müsse: Jude ist, wer von einer jüdischen Mutter
geboren wurde oder zum Judentum übergetreten ist *und* zu
keiner anderen Religion konvertiert ist. In einem weiteren
Verfahren eines jüdischen Offiziers, der mit einer christlichen
Frau verheiratet war, wurde das Rückkehrergesetz hingegen
auf nichtjüdische Partner eines Juden oder einer Jüdin ausge-
dehnt. Weiterführende Probleme brachte die Anerkennung
jüdischer Kinder aus – nach dem Religionsgesetz – ver-
botenen Ehen mit sich. Ungelöst blieb der Streit zwischen
Orthodoxem auf der einen Seite und Reform-, Liberalem und
Konservativem Judentum auf der anderen Seite um die Anerkennung der nichtorthodoxen Gruppen in Israel.

Der Jom-Kippur-Krieg

Als sich im Jahr 1972 der Nachfolger Nassers, Anwar Sadat, in
einer aufsehenerregenden Affäre der sowjetischen Militär-
und Wirtschaftsberater entledigte, war ein Krieg in noch weitere Ferne gerückt. Ohne Ägypten konnte ein Krieg nicht
stattfinden, und Ägypten schien, seines sowjetischen Ratge-
bers und Waffenlieferanten beraubt, außer Gefecht gesetzt zu
sein. Israel konzentrierte daher seine ganze militärische Aufmerksamkeit auf die Bekämpfung des Terrors, der besonders
vom Libanon aus wieder stärker gegen Israel und seine Mis-
sionen im Ausland geführt wurde. 1972 erlebte er mehrere

traurige Höhepunkte, als Japaner 25 Israelis auf dem Flugplatz in Lod ermordeten und als Palästinenser auf den Olympischen Spielen in München das israelische Team heimtückisch liquidierten.

So kam es zu der völligen Überraschung und Überrumpelung in den ersten Tagen des Jom-Kippur-Krieges, der am 6. Oktober 1973 ausbrach. Israel feierte seinen höchsten Feiertag, den Jom-Kippur, den Versöhnungstag, an dem aller Verkehr ruht und alle Radio- und Fernsehstationen schweigen. Der Moment war von Sadat, dem Planer dieses Krieges, gut gewählt. Die Überraschung konnte nicht perfekter sein. Der israelische Geheimdienst hatte noch am 5. Oktober alle Anzeichen von Truppenkonzentrationen auch an der syrischen Grenze als Herbstmanöver abgetan und nicht zur Mobilisierung geraten. Am Morgen des 6. Oktober, als der bevorstehende Krieg nicht mehr zu übersehen war, war es zu spät.

Am selben Tage überquerten die Ägypter im Süden den Sueskanal und nahmen im Sturm die als uneinnehmbar geltende Bar-Lev-Verteidigungslinie der Israelis direkt hinter dem Sueskanal. Im Golan stießen syrische Truppen bis weit in das von den Israelis besetzte Gebiet vor. Nur mit Mühe gelang es den Siedlern, sich in Sicherheit zu bringen. Zahlreiche israelische Soldaten waren im ersten Feueransturm gefallen, andere in Gefangenschaft geraten. Israelisches Kriegsmaterial war in solchen Mengen vernichtet worden, daß ernste Gefahr für die Weiterführung des Krieges bestand. Israel war in eine Existenzkrise hineingeraten, wie es sie seit dem Unabhängigkeitskrieg nicht mehr erlebt hatte. Israels einziger militärischer Verbündeter, die Vereinigten Staaten, erkannte die tödliche Gefahr und ersetzte in einer gigantischen Luftbrücke das nötigste Kriegsmaterial. Israel übernahm langsam wieder die Initiative im Kampf. Die Wende kam am 14. Oktober, als es Israel gelang, einen ägyptischen Vorstoß in den Sinai zurückzuschlagen. Die Verluste Ägyptens waren hoch. Am 16. Oktober, dem elften Kriegstag, überquerte Israel seinerseits den Sueskanal, drang in den nächsten Tagen ins Innere Ägyptens vor und sperrte mit Erfolg alle Zufahrtsstraßen zur Sueskanalzone. Damit war die dritte ägyptische Armee auf dem

Westufer des Kanals vom Nachschub abgeschlossen. In Syrien gelang es den Israelis, die Angreifer aus dem Golan zu vertreiben, Teile des Baschan zu erobern und die Stadt Damaskus selbst zu bedrohen. Als am 26. Oktober von allen Seiten ein Waffenstillstand akzeptiert wurde, war Israel in besserer Position als vor dem Kriege. Trotz dieses Ausganges konnte nicht übersehen werden, daß die Führung Israels bei Ausbruch des Krieges schwerwiegend versagt hatte. Eine eingesetzte Untersuchungskommission, nach dem Vorsitzenden ›Agranat-Kommission‹ genannt, deckte diese Fehleinschätzungen auch auf und trug dazu bei, daß in der nächsten Zeit die Hauptverantwortlichen abgelöst wurden. 1974 wurde Golda Meir von Jizchak Rabin, dem Generalstabschef des Sechs-Tage-Krieges, als Ministerpräsident ersetzt, Verteidigungsminister Moshe Dayan durch Shimon Peres.

Der Oktoberkrieg hatte die politische und psychologische Atmosphäre bei Juden wie Arabern verändert. Der Mythos von der Unbesiegbarkeit der Israelis war verflogen, und die Araber hatten ihr Selbstvertrauen wiedergefunden. In Israel wurden kritische Stimmen laut, die dazu aufriefen, die eigene Lage zu überdenken, selbstkritischer zu werden und weniger selbstgefällig zu sein. Hatte Israel seit 1967 in einem Gefühl der Hochstimmung gelebt, so hatte der Schrecken der ersten Tage des Oktoberkrieges doch den meisten die Augen geöffnet. Daran konnte auch der relativ glimpfliche Ausgang des Krieges nichts ändern.

»Der Krieg gab uns unsere Vernunft, die uns abhanden gekommen war, zurück«, erklärte ein israelischer Offizier. »Eine Viertelstunde, bevor wir in tiefen Schlaf versanken, gingen die Ägypter und Syrer zum Angriff über. Heute sehen wir die Wirklichkeit im anderen Licht.«

Der Krieg hatte die gegenseitige Achtung zwischen Arabern und Juden – wenigstens für den Moment – wiederhergestellt. Die einsetzenden Friedensgespräche verliefen denn auch schneller und erfolgreicher als alle ähnlichen Versuche zuvor. Dem amerikanischen Unterhändler und späteren Außenminister und Staatssekretär *Kissinger*, einem aus Deutschland stammenden Juden, gelang es, Waffenstillstandsabkommen zwischen den Partnern abzuschließen, die allen Partnern annehmbar schienen. Israel zog an beiden Kampffronten seine Truppen aus den neueroberten Gebieten ab und wich noch hinter die Waffenstillstandslinien von 1967 zurück. Ägypten wurde damit in die Lage versetzt, den Sueskanal zu öffnen. Syrien sollte die Gelegenheit erhalten, seine einzige im Krieg von 1967 verlorengegangene Stadt, Kuneitra, wiederaufzubauen, was es aber nicht tat.

Auf dem Wege zum Frieden mit Ägypten

Der Besserung des Klimas zwischen Arabern und Juden ist wohl das Zustandekommen der Friedensinitiative des ägyptischen Staatspräsidenten *Anwar Sadat* zuzuschreiben, der der Hauptinitiator des Oktoberkrieges von 1973 gewesen war.

Am 19. November 1977 traf der Staatschef des größten und einflußreichsten Landes, das sich bisher an führender Stelle an allen Kriegen gegen Israel beteiligt hatte, in Jerusalem ein und hielt vor der Knesset, dem israelischen Parlament, eine Rede, in der er unter anderem ausführte:

»Niemand hat es für möglich gehalten, daß der Staatspräsident des größten arabischen Landes, welches die Hauptlast wie auch die größte Verantwortung gegenüber der Frage Krieg oder Frieden im nahöstlichen Gebiet trägt, eine solche Entscheidung treffen kann und seine Bereitschaft erklärt, in Feindesland zu reisen, wenn beide Seiten sich noch im Kriegszustand befinden. Sie und wir leiden immer noch unter den Folgen von vier harten Kriegen innerhalb von dreißig Jahren... Die Antwort auf die Kardinalfrage über den Frieden ist weder schwierig noch unmöglich, trotz der vielen Jahre, die von Feindschaft und von Haß geprägt worden sind. Die Beantwortung dieser Frage ist einfach, wenn wir einer geraden Linie der Wahrheit und des Glaubens folgen. Sie wollen mit uns in diesem Gebiet zusammenleben. Dazu sage ich ganz ehrlich: Wir heißen Sie willkommen.«

Der Präsident machte in seiner Rede besonders drei Punkte deutlich:

a) Es kann keinen Separatfrieden zwischen Israel und Ägypten geben.

b) Israel muß alle im Krieg 1967 eroberten Gebiete räumen.

c) Das Hauptproblem ist das Problem der Palästinenser. Ohne eine gerechte Lösung dieses Problems wird es keinen Frieden im Nahen Osten geben.

Der Empfang für den fremden Staatspräsidenten war überwältigend. Noch nie hatte es für einen Staatsführer auch eines
befreundeten Landes eine solche Begrüßung, einen solchen
Jubel gegeben. Israelische Schulkinder säumten die Straßen
und winkten mit ägyptischen Fähnchen, die in aller Eile zu
Abertausenden hergestellt worden waren. Ein Traum, dem
noch einen Monat zuvor niemand Glauben geschenkt hätte,
schien Wirklichkeit zu werden. Eine Friedenssehnsucht und
-liebe kam nach dreißig Jahren Krieg an die Oberfläche, wie
sie überzeugender nicht hätte sein können. Sadat machte aber
deutlich, daß es sich um keinen Traum handele, sondern um
eine bittere Notwendigkeit, für die Völker der Region die einzige Überlebenschance: Friede und Anerkennung. Schritt für
Schritt folgten zähe Verhandlungen, die zeitweise auseinanderzubrechen drohten. Manchmal dachte die eine Seite,
nicht nachgeben zu können, manchmal die andere. Die Verhandlungen fanden ihren krönenden Abschluß im *Camp-
David-Abkommen*, das zwischen den drei Staatspräsidenten
von Amerika, Ägypten und Israel, Jimmy Carter, Anwar Sadat und Menachem Begin, abgeschlossen und unterzeichnet
wurde. Dort heißt es:

»Der Frieden erfordert die Respektierung der Souveränität, der territorialen
Integrität und der politischen Unabhängigkeit aller Staaten in dem Gebiet und
ihr Recht, in Frieden innerhalb gesicherter und anerkannter Grenzen ohne
Bedrohung oder Gewaltanwendung zu leben.«

Über die Palästinenser findet sich folgender Passus:

»Das Ergebnis der Verhandlungen muß auch die legitimen Rechte des palästinensischen Volkes und seine gerechtfertigten Bedürfnisse anerkennen.«

Am 26. März 1979 wurden die Verträge in Washington feierlich unterzeichnet. Israel verpflichtete sich, in zwei Stufen das
ganze eroberte ägyptische Gebiet bis zur internationalen
Grenze an Ägypten zurückzugeben. In der ersten Stufe ging
nach einem Jahr, 1979, der Westsinai westlich der Linie Ras
Mohammed – El Arish mit den reichen Ölquellen an der
Westküste an Ägypten zurück. Im April 1982 folgte nach
schweren innenpolitischen Kämpfen und Demonstrationen in
Israel der übrige Sinai mit der von den Israelis gebauten Pal

menstadt Jamit und über zwanzig jüdischen Siedlungen. Während der Straßenkämpfe zwischen ultrarechtsgerichteten Gegnern des Friedensvertrages, die nach friedlicher Räumung durch die Siedler Jamit besetzt hatten, und der israelischen Armee wurde die Stadt Jamit völlig zerstört.

Das Friedensabkommen mit Ägypten war von der kurz vor dem Sadatbesuch ans Ruder gekommenen Rechtskoalition der israelischen Regierung abgeschlossen worden. Weder in der vorstaatlichen Periode innerhalb der zionistischen Geschichte noch in der fast dreißigjährigen Geschichte des Staates Israel bis zum Jahr 1977 hatte das Wahlbündnis der rechten Herut mit der bürgerlichen Partei der Liberalen, zusammengeschlossen im ›Likud‹, je Aussichten gehabt, die Regierungsgeschäfte zu führen. Daß es ihm 1977 gelang, lag an der Schwäche und Aufsplitterung des Arbeiter-Partei-Bündnisses. Als ersten Schritt hatte die Rechtsregierung die Besiedlung auch der arabisch bewohnten Gebiete der Westbank gefordert und forciert. Über fünfzig neue Siedlungen entstanden in den folgenden Jahren in den besetzten Gebieten. Und gerade dieser Regierung war es gelungen, einen Friedensvertrag mit dem stärksten und größten arabischen Nachbarn zu unterzeichnen, dessen Bevölkerung mehr als zehnmal die Bevölkerung Israels übertraf.

Politische Beobachter des Geschehens haben immer wieder hervorgehoben, daß es einer Arbeiter-Partei wahrscheinlich niemals gelungen wäre, gegen den geballten Widerstand der Rechten und Religiösen den Friedensvertrag durchzusetzen. Dieser Friedensvertrag ist und bleibt das historische Verdienst der Regierung Begin. Es zeigte sich aber, daß diese Regierung, nachdem sie über ihren eigenen Schatten gesprungen war, ihre Kräfte erschöpft und ihre Reserven verbraucht hatte. Israel hatte den ersten Teil des Vertrages mit Ägypten erfüllt und den Sinai schweren Herzens, unter großen Opfern und unter hoher Selbstdisziplin geräumt. Der zweite Teil des Vertrages, eine gerechte Lösung für das Palästinenserproblem zu finden, stand aber noch aus. Die Begin-Regierung hatte immer wieder deutlich gemacht, daß sie es niemals zulassen werde, daß diese Gebiete, das historische ›Land Israel‹, an ein

fremdes Staatswesen wie Jordanien oder in die Eigenstaatlich-
keit übergeben werden. Die ›Autonomie‹, die den Palästinensern eingeräumt werden sollte, konnte damit keine volle
Autonomie sein.

So waren es denn auch die *Palästinenser*, die das Camp-David-Abkommen und die gesamte Friedensiniative Präsident
Sadats ablehnten, zusammen mit den Verweigerungsstaaten
Syrien, Libyen und Algerien. Haupthindernis für eine Aussöhnung zwischen Israelis und Palästinensern war auch die
Weigerung der zwar nie gewählten, aber zweifelsohne von der
Mehrheit des Volkes akzeptierten Führung der Palästinenser,
der PLO, das Existenzrecht Israels in irgendeiner Weise
anzuerkennen. In der palästinensischen Nationalcharta, die in
ihrer letzten Form aus dem Jahr 1968 stammt und seitdem
immer wieder bestätigt wurde, heißt es weiterhin, daß nur das
arabische Volk das Schicksal Gesamtpalästinas in den Grenzen des englischen Mandats bestimmen darf.

»Juden, die bis zum Beginn der zionistischen Invasion dauernd in Palästina
lebten, werden als Palästinenser betrachtet«,

heißt es anachronistisch in Artikel 6 dieser Charta.

Das Friedensabkommen mit Israel hatte für Ägyptens mutigen Staatspräsidenten Anwar Saddat ein trauriges Nachspiel.
Am 6. Oktober 1981 bei den Feierlichkeiten zum 8. Jahrestag
des Oktoberkrieges 1973, der in Ägypten als arabischer Sieg
gefeiert wird, erlag der erste arabische Friedensstifter und
Träger des Friedens-Nobelpreises (zusammen mit Begin) einem Attentat, so daß er den endgültigen Rückzug der Israelis
aus dem Sinai nicht mehr erlebte. Bei einer Militärparade
wurde Saddat von der Kugel eines Friedensgegners getroffen.
Husni Mubarak, der Nachfolger Saddats, führte die Friedens-
politik seines Vorgängers aber unbeirrt weiter.

9. Gespaltenes Israel

Das Libanon-Debakel

Die PLO hatte den schwachen und von inneren Unruhen zerrissenen Libanon als neues Hauptquartier ausersehen, nachdem sie aus Jordanien 1970 vertrieben worden war. Keins der anderen arabischen Länder hatte den Mut gehabt, diese Gruppe aufzunehmen. Der Libanon war nicht gefragt worden.

Der Libanon war mit Rücksicht auf den besonderen Charakter der Region als Separatstaat nach dem Zweiten Weltkrieg gegründet worden. Seit Jahrhunderten waren hier Volksgruppen und Religionsgemeinschaften ansässig gewesen, die in einer gewissen Autonomie teils miteinander, teils gegeneinander gelebt hatten. Dieser religiösen Parität hatte auch die in der französischen Mandatszeit ausgearbeitete Verfassung Rechnung getragen. Danach hatte der Präsident ein maronitischer Christ, der Präsident der Abgeordnetenkammer ein schi'itischer und der Ministerpräsident ein sunnitischer Moslem zu sein. Immer wieder war es zu größeren Reibereien gekommen. Im Jahr 1958 brach ein Bürgerkrieg aus, der nur durch die Landung amerikanischer Truppen beendet werden konnte.

Alle größeren Gemeinschaften verfügten über Privatarmeen, die zum Teil stärker waren als die Nationalarmee, und die sich gegenseitig in Schach hielten. Durch den Zuzug mehrerer Zehntausend palästinensischer Flüchtlinge im September 1970 aus Jordanien glaubten die vereinten Linkskräfte, zu denen die Drusen, die meisten Moslems, aber auch vereinzelt orthodoxe Christen gehörten, endlich die Oberherrschaft der maronitisch-christlichen Kreise brechen zu können. Seit 1975 tobte ein erbarmungsloser Bruderkrieg, der Tausende von Opfern forderte und blühende Dörfer und Städte zerstörte. Erst das Eingreifen einer vorwiegend syrischen Friedensmacht der Arabischen Liga konnte die Kämpfe wenigstens zeitweise unterbrechen.

Im *Südlibanon* hatte die PLO ein eigenes Gebiet zugewiesen
bekommen, von dem ihre Überfälle auf Israel ausgingen. Die
christliche Bevölkerung dieser Gebiete war zum Teil vertrieben worden oder war geflohen. Aber auch einige schi'itische
Dörfer waren verlassen worden. Vom Südlibanon aus starteten seit Anfang der siebziger Jahre Terroristengruppen, die
versuchten, Israels Zivilbevölkerung zu beunruhigen. Auf jeden Terrorakt, auf jede Beschießung folgten israelische Ge-
genschläge. Häufig wurde dadurch auch die unschuldige libanesische Zivilbevölkerung getroffen. Noch viel mehr litten
die palästinensischen Flüchtlinge in den Lagern, da die PLO
hier ihre Kommandostellen, ihre Ausbildungslager und Basen
einrichtete. Als die Überfälle sich mehr und mehr verstärkten, besetzte Israel im März 1978 im ›Litanifeldzug‹ den Südlibanon, vertrieb die PLO aus diesem Gebiet und zog erst wieder ab, nachdem eine UNO-Sicherheitstruppe die Kontrolle
über dieses Gebiet übernommen hatte. Im südlichen Streifen,
im direkten Grenzgebiet zu Israel, errichtete der Oberst Said
Haddad, Kommandant der libanesischen Armee im Südab-
schnitt vor deren Auflösung, ein autonomes Südlibanon, das
von christlich-schi'itischen Milizen regiert wurde und von der
militärischen Unterstützung Israels abhängig war.
Die Ruhe hielt nicht lange an. 1981 kam es zu länger an-
haltendem Feueraustausch, der wochenlang die Bevölkerung
Nordisraels in den Bunkern hielt, die Industrieproduktion
von Kirjat Shmoneh zum Erliegen brachte und der Touristen-
stadt Naharia die Einnahmequellen entzog. Eine beginnende
Abwanderung aus diesen Gebieten machte deutlich, daß dieser Zustand auf die Dauer nicht tolerierbar war. Nach einer
weiteren Eskalation konnte am 24. Juli 1981 ein Waffenstillstand mit der PLO erreicht werden.
Mehrere Falken in der Regierung Begin – an erster Stelle Verteidigungsminister Arik Sharon und der israelische Oberbefehlshaber Raphael Eitan- hatten im Laufe der Jahre 1981
und 1982 immer wieder betont, daß der Waffenstillstand mit
der PLO nur so lange gelte, wie die PLO sich an allen Fronten
daran halte. Israel drohte mehrmals, die PLO anzugreifen,
falls der Waffenstillstand weiter gebrochen würde. Sharon

hielt auch nicht mit seiner Meinung zurück, eine Verbindung mit den christlichen Kräften nördlich von Beirut zu schaffen, um so einen endgültigen Frieden an der Nordgrenze zu erreichen, wobei auch die Syrer aus dem Libanon zu vertreiben seien. Die sich steigernden Drohungen schienen darauf hinzudeuten, daß Israel nur auf einen spektakulären Anlaß wartete, um endlich loszuschlagen.

Am 3.6.1982 wurde ein Attentat auf den israelischen Botschafter in London verübt, bei dem der Botschafter lebensgefährlich verletzt wurde. Der Anschlag war von der aus der PLO ausgetretenen Splittergruppe Abu Nidal durchgeführt worden. Trotzdem glaubte die israelische Regierung, genügend Grund zum Losschlagen zu haben. Am 4. Juni griff die israelische Luftwaffe Stellungen der PLO in Beirut an. Die PLO antwortete mit dem Beschuß von 29 israelischen Siedlungen. Am 5.Juni lieferten sich israelische Truppen und PLO-Kräfte das schwerste Artillerieduell seit dem Waffenstillstand. Die gesamte israelische Zivilbevölkerung Obergaliläas saß in den Luftschutzkellern. Am 6. Juni drangen starke israelische Panzerverbände in den Südlibanon ein, durchquerten das Haddad-Land und die von der UNO kontrollierten Gebiete und eroberten die strategisch wichtigen Plätze und Städte Beaufort, Nabatie und Tyros, alles innerhalb von 24 Stunden. In den nächsten Tagen wurden die Küstenstädte Sidon und das ehemals christliche, 1976 von der PLO eroberte und zu einem ihrer Hauptstützpunkte ausgebaute Damour südlich von Beirut erobert. Am 11. Juni wurde der erste Waffenstillstand unterzeichnet. Die israelischen Truppen standen vor den Toren Beiruts.

Noch nie hatten israelische Truppen eine arabische Hauptstadt bedroht. Zu Beginn der Kämpfe hatte der israelische Regierungssprecher die Kampfhandlungen als ›Feldzug für den Frieden in Galiläa‹ bezeichnet und als Kriegsziel die Vertreibung der PLO aus einem vierzig Kilometer breiten Streifen entlang der israelischen Grenze erklärt. Hatte über ein solches Vorgehen nationaler Konsens bestanden, so gingen die Meinungen zur Überschreitung dieses Kriegsziels weit auseinander. Die oppositionelle Arbeiter-Partei sprach sich gegen

die Eroberung von Westbeirut mit dem Hauptkommando der
PLO aus. Schon in den ersten Kriegstagen wurde massive Kritik laut. Es versammelten sich über hunderttausend Demonstranten in Tel Aviv. Vor dem Sitz des Ministerpräsidenten gab es eine Dauerdemonstration die ganze Zeit des Krieges hindurch. Besonders zurückgekehrte Reservisten waren
die Anführer dieser Demonstrationen. So etwas hatte es noch
nie zuvor in Israel gegeben. Viele betrachteten den Krieg mit
seinen erweiterten Kriegszielen als den Ausstieg aus den Idea-
len des Zionismus und brachten ihren Unmut in einer Flut
von Leserbriefen in den unabhängigen großen hebräischen
Zeitungen des Landes, besonders im Ha-aretz, zum Ausdruck.
Der Krieg zog sich in die Länge und dauerte mit Ausnahme
des Unabhängigkeitskrieges länger als alle anderen Kriege zusammen. Der massive Beschuß der Stadt durch israelische
Truppen rief große Empörung in aller Welt hervor und führte
zu einer Diskussion im Kabinett, wo Verteidigungsminister
Arik Sharon vorschnelles und eigenmächtiges Handeln ohne
vorherigen Kabinettsbeschluß vorgeworfen wurde. Die be-
harrliche Diplomatie und Geduld des amerikanischen Unter-
händlers Philipp Habib, selbst libanesischer Herkunft, be-
wirkten schließlich den entscheidenden Durchbruch des Krieges. Am 22. August begann unter internationaler Aufsicht der
Abzug der PLO-Kämpfer und der syrischen Soldaten, zumeist
zur See, dann aber auch auf dem Landweg. Am 1. September
war er abgeschlossen.
Eine erste Entspannung schien in Sicht, als am 14. September
der libanesische designierte Präsident Baschir Gemayel ermordet wurde, der proisraelisch eingestellt war. Als Antwort
auf die Ermordung besetzte die israelische Armee Westbeirut
unter dem Vorwand, daß noch 2 000 PLO-Kämpfer entgegen
dem Abkommen nicht abgezogen seien. Dies nutzten die mit
Israel verbündeten Truppen des ermordeten Gemayel, die
Phalangisten, unter dem Schutz der Israelis furchtbare Rache
für die Ermordung ihres Kommandanten an der unschuldigen
Zivilbevölkerung zu nehmen. In den Beiruter Elendsvierteln
Sabra und Shatilla, die von palästinensischen Flüchtlingen bewohnt wurden, ermordeten sie Hunderte Frauen, Kinder und

Männer, angeblich auf der Suche nach versteckten PLO-Kämpfern.

Nachdem die ersten Berichte von den Greueltaten durch israelische Journalisten und Soldaten an die Öffentlichkeit kamen, gab es einen Aufschrei der Empörung in der ganzen Welt. Die Protestbewegung in Israel schwoll zu einem Orkan an. In Tel Aviv versammelten sich nach Schätzungen der Veranstalter, der Friedensbewegung Shalom Achshav, 'Frieden Jetzt', 400 000 Menschen zur größten Demonstration der Geschichte Israels, umgerechnet die ganze Einwohnerschaft dieser Stadt oder ein Zehntel der Bevölkerung Israels. Sie forderten unter anderem die sofortige Räumung Beiruts und die Einsetzung einer Untersuchungskommission. Mit beiden Forderungen konnte sich die Protestversammlung, die von der politischen, aber auch von der außerparlamentarischen Opposition unterstützt wurde, durchsetzen, wenn auch erst nach langem Sträuben der Regierung ›Begin‹. Arik Sharon mußte im Februar 1983 nach Veröffentlichung der Ergebnisse einer Untersuchungskommission, die nach ihrem Vorsitzenden Kahan-Kommission hieß, als Verteidigungsminister abdanken, einige höhere Offiziere verloren ihre Posten. Der Vertrag des Oberkommandierenden der israelischen Streitkräfte, Rafael Eitan, wurde nicht verlängert.

Inzwischen waren Anfang September 1982 die arabischen Staatsoberhäupter in der marokkanischen Stadt *Fez* zusammengetreten, um über ein gemeinsames arabisches Vorgehen zu beraten. Ägypten war nicht eingeladen worden, Libyen war nicht erschienen. Alle anderen Staaten einigten sich zum ersten Mal überraschend auf einen Friedensplan, der Israels Existenz zwar nicht direkt anerkannte, aber von einer Garantie für Israel durch den Sicherheitsrat sprach. Zum ersten Mal gab es ein arabisches Dokument, das eine friedliche Lösung andeutete.

Die israelische Friedensbewegung

Der Libanonkrieg war der erste Krieg, der als Krieg gegen die Palästinenser zu bezeichnen ist. Es war auch der erste Krieg Israels, der zumindest in seinem immer komplizierter werdenden Verlauf keinen Konsensus mehr im Volke hatte. Statt das Palästinaproblem zu lösen, schuf er ein neues Bündel von Problemen für den bereits mit Problemen genug geplagten Staat, und er schuf neue Feinde, wie die fundamentalistischen Moslems im Süden Libanons und damit auch in der übrigen arabischen und islamischen Welt. So ist es kein Wunder, daß das Friedenslager, das sich im Verlauf des Krieges als außerparlamentarische Opposition bildete, immer stärker wurde, je länger der Konflikt sich hinzog.

Als Dachverband für die vielen Friedensbewegungen, alte und neue, bildete sich die freie Gruppe *Shalom Achshav*, ›Frieden Jetzt‹, heraus, die während der Verhandlungen mit Ägypten 1977 entstanden und immer dann mit Demonstrationen an die israelische Öffentlichkeit getreten war, wenn die Verhandlungen zum Stillstand kamen oder zu scheitern drohten. Ihren Höhepunkt erreichte die Bewegung aber mit dem Libanonkrieg und besonders während der Demonstrationen nach den Vorgängen in Sabra und Shatilla. Die Bewegung bemühte sich, parteiunabhängig zu bleiben, so daß bei gewissen Aktionen auch Mitglieder von Rechtsparteien oder religiösen Parteien sich beteiligen konnten. Hauptanhänger der Bewegung aber waren Mitglieder verschiedener Linksparteien und der Arbeiterpartei, sowie Menschen, die zu keiner der Parteien gehörten.

Nach dem Höhepunkt der Sabra und Shatilla Demonstrationen sollten für die Friedensbewegung bald schwierigere Zeiten und Tiefpunkte folgen. Auch das rechte militante Lager erstarkte in einer sich immer mehr zuspitzenden Polarisierung der politischen Szene über Recht und Unrecht des Libanonkrieges und seiner Folgen. Die Friedensdemonstranten wurden müde und wurden zunehmend von Gegendemonstranten auch tätlich angegriffen. Den Höhepunkt erreichten diese inneren Auseinandersetzungen zwischen Rech-

ten und Linken, als bei einer Demonstration nach Veröffentlichung der Ergebnisse der Kahan-Kommission eine Hand-
granate von einem Einzeltäter in die kleine Menge von Demonstranten geworfen wurde, die einen Demonstranten, Emil
Grünzweig, tötete und zehn weitere Demonstranten verletzte.
Dieser Exzess in den inneren Auseinandersetzungen markier-
te gleichzeitig auch eine Wende in der Demonstrationsszene.
Rechtsdemonstrationen wurden schwächer, die Antikriegsde-
monstrationen wurden für die nächste Zeit nicht mehr ge-
stört.

Shalom Achshav war nur ein Dachverband. Daneben bildete
sich eine Reihe von kleineren Friedensbewegungen, die besondere Gruppen und besondere Ziele vertraten. Einige seien
hier als Beispiel aufgeführt. Eine der Gruppen war ein loser
Kreis von Soldaten und Offizieren, die den Wehr- oder Reser-
vedienst im Libanon verweigerten. Er nannte sich *Jesh Gvul*,
'es gibt eine Grenze!'. Generelle Kriegsdienstverweigerung
hatte es bisher kaum gegeben. Absolute Pazifisten waren zwar
gesetzlich nicht zugelassen, da sie aber so wenige waren und
man von seiten des Militärs keine Märtyrer schaffen wollte,
hatten sie auch keine Verfolgungen oder Maßnahmen zu erlei-
den. Jetzt änderte sich die Situation. Von den über tausend
Mitgliedern und Sympathisanten der Gruppe saßen ca. 150
Soldaten unterschiedlich lange Gefängnisstrafen für ihre Verweigerung ab.

Eine weitere Gruppe hatte eine besondere Bevölkerungs-
schicht zum Ziel. Die Bewegung *Ha-mizrach el-haShalom*,
'der Orient für den Frieden' wollte bewußt die Gruppe
orientalischer Juden ansprechen, denen man immer nachsag-
te, besonders radikal, antiarabisch und ein Obstakel für eine
Aussöhnung mit den Arabern zu sein. Der Begründer der Bewegung, Shlomo Elbaz, ein aus Marokko stammender Intelek-
tueller und Professor an der Hebräischen Universität, wies im
Gegensatz dazu auf die orientalischen Juden als Brücke zu
den Arabern hin. Juden hätten Jahrhunderte hindurch durchaus auch in Frieden mit den Arabern im Orient gelebt. Israel
habe durch die Masseneinwanderung der ersten Staatsjahre
eine jüdisch-orientalische Mehrheit. Allerdings müsse Israel

seinen orientalischen Charakter auch annehmen, nur so könne es sich friedlich in den Nahen Osten eingliedern. Bei diesem Prozeß seien die orientalischen Juden die wichtigste
Gruppe. Die orientalischen Juden seien durchaus nicht die
Radikalen im Staate. Die radikalen Gruppen, wie die Siedler,
'Gush Emunim', oder die rechtsradikale Gruppe 'Kach' habe
kaum orientalische Mitglieder. Es komme alles darauf an, die
orientalischen Juden zum Frieden zu erziehen. Dies ist das
Anliegen der Bewegung 'der Orient für den Frieden'.

Weitere Gruppen versuchen die religiösen Bürger anzuspre-
chen, die auch in der gängigen Vorstellung als besonders na-
tionalistisch gelten und die einen großen Teil der nationalen
Siedlergruppen ausmachen. Zwei religiöse Friedensbewegungen sind hier zu nennen, die sich später vereinigt haben. *Oz
we-Shalom*, 'Kraft und Frieden', eine Wendung aus dem
jüdischen Gebet, und *Netivot Shalom*, 'Wege des Friedens'.
Während Oz we-Salom von einem Kreis religiöser Intellektueller, darunter viele, die aus Mitteleuropoa eingewandert
sind, gegründet worden ist, sind die Väter und Schüler von
Netivot Shalom in der Mehrheit Lehrer und Studenten der
Talmudhochschulen, einschließlich der der besetzten Gebiete.
Sie vertreten damit eine viel breitere Bevölkerungsgruppe.
Die religiösen Friedensbewegungen verstehen sich als Gegengewicht zu 'Gush Emunim', dem Block der Treuen, der
religiös nationalen Siedlerbewegung. Uri Simon, einer der
Gründer von Oz we-Shalom, bezeichnete einmal den Gegensatz zwischen den beiden Streitparteien im religiösen Judentum so: Gusch Emunim sage, das 'ganze Land' jetzt, den Frieden werde der Messias bringen, während die religiöse Friedensbewegung sage, der Frieden jetzt, das 'ganze verheißene
Land' werde der Messias bringen. Es gäbe im Judentum viele
Werte, und nicht nur den einen, von der Heiligkeit und Un-
versehrtheit des Landes. Frieden, Gerechtigkeit und Liebe
seien nicht minder bedeutsam.

Wie wichtig diese und hier nicht aufgezählte Friedenskreise
auch für das moralische Ansehen Israels sein mögen, sie stellen nicht die Mehrheit der Bevölkerung Israels dar, ebensowenig wie die militanten Rechtsgruppen für sich beanspru-

chen können, das Volk zu repräsentieren. Die große Mehrheit
des Volkes war und ist in der Sache des Friedens gespaltener
Meinung. Mißtrauen und Angst bestimmen die Haltung der
Einzelnen. Je nach innen- und außenpolitischen Ereignissen
neigt man mehr zu der einen oder der anderen Seite.

Die Ära nach Begin

Am 30.August 1983 resignierte Menachem Begin als Ministerpräsident. Das kam für die israelische Öffentlichkeit
überraschend. Eingeweihte hatten dies aber längst voraus-
gesehen. Seit dem Tode seiner Frau 1982 sei Begin nicht mehr
der Alte gewesen. Begin, der sein Leben lang kränklich gewesen war, habe zu immer stärkeren Medikamenten greifen
müssen, die ihn zeitweise regierungsunfähig gemacht hätten.
Menachem Begin ist ein Volksführer gewesen. Er, der aus dem
kleinbürgerlichen Polen stammte, hatte es verstanden, gerade
die orientalischen Menschen mitzureißen. Seiner großen
Überredungskunst ist der Wahlsieg 1981 zuzuschreiben. Die
Arbeiter-Partei konnte zwar einen Großteil ihrer Stim-
menverluste aus den Wahlen 1977 wieder gut machen, Begin
gelang es aber noch einmal, unter seiner Führung und der
seiner Partei eine Regierung zu bilden, obwohl wirtschaftlich
wie außenpolitisch keine großen Erfolge aufzuweisen waren.
Es gab keinen ebenbürtigen Nachfolger für Begin. Arik Sharon war zwar bei vielen beliebt als der starke Mann, bei anderen aber gehaßt und gefürchtet; David Levi, Vorbild und
Spitzenkandidat der orientalischen Juden, aus Marokko
eingewandert, Vater von 11 Kindern, hatte zu wenig Anhänger in der Partei und galt als unrealistisch, unzuverlässig und
nicht seriös genug. Die Herut-Partei und der Likudblock
einigten sich also auf den blasseren Außenminister der Regierung Begin – seinen engen Freund aus der vorstaatlichen
Kampfzeit – Jizchak Shamir.
Die Regierung Shamir trat ein schweres Erbe an. Die Inflation hatte sich von 25% zu Beginn der Likudregierung 1977
auf 200% heraufkatapultiert. Die immer neuen Vorschläge der

wechselnden Finanzminister hatten diese Entwicklung nicht
aufhalten können. Im Oktober 1983 trat der Finanzminister
Aridor zurück. Die Eindämmung der Inflation scheiterte vor
allem an den hohen Ausgaben der Regierung. Der Libanonkrieg und die Libanonbesetzung verschlangen große Summen.
Aus innenpolitischen Gründen scheute man sich jedoch die
Subventionen zu drosseln, um nicht die Wählerstimmen der
armen Bevölkerungsschichten zu verlieren. In einem Finanzskandal verloren Hunderttausende ihr Vermögen.
Außenpolitisch herrschte vollkommener Stillstand. Shamir,
konservativer als Begin – er hatte seinerzeit gegen den Friedensvertrag mit Ägypten gestimmt – war zu keinerlei Zugeständnissen an die arabische Seite bereit.
Auch in der Siedlungspolitik erwarb sich die Likudregierung
keine Freunde. Die Opposition der Arbeiter-Partei hatte sich
immer gegen die Besiedlung im arabischen Kernland der
Westbank ausgesprochen. Aber auch die Siedler zeigten sich
nicht mit der Rechtsregierung zufrieden. Die Politik in der
Westbank gegenüber dem arabischen Terror schien diesen
Siedlern zu milde. Die Aufdeckung eines jüdischen Terror-
untergrundes, der für den Überfall auf Bürgermeister der
Westbank verantwortlich war, sowie für einen Überfall auf
die islamische Hochschule in Hebron, der drei Palästinensern
das Leben kostete, irritierte die israelischen Öffentlichkeit.
Plötzlich waren wieder Elemente eines militärischen Untergrundes da wie in der vor- und frühstaatlichen Periode, und
dies unter einer Rechtsregierung.
Andere, isoliert arbeitende jüdische Terrorgruppen oder Einzeltäter wurden gestellt: eine religiös-fanatische Viererbande,
die vorhatte, den Felsendom zu sprengen; eine Gruppe, die
Anschläge auf Kirchen und Moscheen verübt hatte; ein amerikanischer Neueinwanderer, der zwei Palästinenser im
Felsendom erschoß, und schließlich Ende 1984 ein Einzeltäter, der einen arabischen Autobus mit einer Rakete angriff.
Im März des Jahres 1984 führten die immer stärkere Verstrik-
kung in Mißwirtschaft und Erfolglosigkeit der Regierung und
Verstimmungen innerhalb der Koalition mit der orientalischen Partei Tami, zur Forderung nach Neuwahlen. Der

Wahlkampf war weit weniger von Affekten bestimmt als der von 1981. Das lag wohl auch daran, daß der Likud zu sehr mit sich selbst beschäftigt war. Das Bündnis zwischen Herut und Liberalen drohte mehrfach vor den Wahlen auseinander-zubrechen. In der Herut tobte der Diadochenkampf zwischen den drei Spitzenkandidaten, Shamir, Levi, Sharon. Die Ar-beiter-Partei hatte sich hingegen zusammengeschlossen und alle Reibereien und Querelen, in denen sie sich seit der Nie-derlage 1977 aufzehrte, eingestellt. Die drei großen Rivalen kämpften geeint gegen die schwer angeschlagene Regierung. Am beliebtesten war der ehemalige Präsident, Jizchak Navon, der von einem weiteren Kandidaten der Arbeiter-Partei, Haim Herzog, als Präsident im Frühjahr 1983 abgelöst wor-den war. Um des innerparteilichen Friedens willen stellte er seine Ansprüche zurück. Auch die ehemals erbitterten Geg-ner, der letzte Ministerpräsident der Arbeiter-Partei vor 1977 und Generalstabschef des Sechs-Tage-Krieges Jizchak Rabin, der in einem Finanzskandal hatte zurücktreten müssen, und der seit 1977 nominierte Kandidat der Partei für den Posten des Ministerpräsidenten, der Ben Gurion Schüler Shimon Pe-res, versöhnten sich für die Dauer des Wahlkampfes. Peres wurde uneingeschränkt akzeptierter Spitzenkandidat seiner Partei.

Skandale gab es vor der Wahl noch durch Verbot und Wieder-zulassung zweier Wahllisten vom äußersten Ende des politi-schen Spektrums. Beide übersprangen die Ein-Prozent-Hürde und kamen ins Parlament.

Patt und Rotation

Die Wahlen im Juli 1984 erbrachten folgendes Ergebnis: Als Sieger dieser Wahlen erhielt die Arbeiter-Partei 44 der 120 Sitze der Knesset, des israelischen Parlaments, 41 erhielt der Likudblock, die rechts von Likud angesiedelte Tehia (›Aufer-weckung‹) 5, die National-Religiösen 4, ebensoviel die neuent-standene und zu den National-Religiösen in Konkurrenz ste-hende orientalisch-religiöse Liste Schas. Gleichviel Stimmen errang auch die arabisch kommunistische DFPE. Jeweils 3 Sitze entfielen auf die Partei Ezer Weizmanns, der, von der Politik des Likud enttäuscht, diesen schon vor dem Libanonkrieg verlassen hatte; auf die Bürgerrechtsbewegung Shulamit Allonis, und auf die ›Bewegung für Änderung‹, 'Shinui', die im Kampf um einen Neubeginn 1977 entstanden war. 2 Sitze erhielt die orthodox-religiöse Agudat Jisrael, die rechts-religiöse Morascha und die linke PLP; einen Sitz der ehemalige Finanzminister Horowitz, der ebenfalls den Likud verlassen hatte, sowie die orientalische Liste Tami, deren Führer Abuhazeira einige Monate Haft wegen Bestechung abzubüßen gehabt hatte, und das Enfant terrible der israelischen Demokratie, Meir Kahane mit seiner rechtsradikalen anti-arabischen Liste Kach und dem Parteiabzeichen der geballten Faust.

Als Kandidat der stärksten Partei für den Ministerpräsidentenposten forderte Staatspräsident Herzog Shimon Peres auf, eine Regierung zu bilden. Nachdem sich die Likud-Abtrünnigen Weizmann und Horowitz auf die Seite der Arbeiter-Partei stellten, entstand eine Patt-Situation, die es keiner der großen Parteien ermöglichte, eine Regierung zu bilden. Der einzige Ausweg war der einer großen Koalition der Hauptparteien einschließlich ihrer Satelliten.

Im Koalitionsabkommen war eine Rotation zwischen Ministerpräsident und Vizeministerpräsident, der zugleich auch Außenminister sein sollte, vorgesehen. Die ersten zwei Jahre regierte Schimon Peres als Vertreter der größten Partei als Ministerpräsident, Shamir war sein Stellvertreter und Außenminister. Nach zwei Jahren sollte gewechselt werden.

Aus Protest gegen die große Koalition und vor allem wegen allzu undeutlicher Absprachen über die Fortsetzung der Siedlertätigkeit in den besetzten Gebieten trat die linksgerichete Mapam, die seit 1968 zur Arbeiter-Partei gehört, aber nicht auf eine eigene Parteistruktur und -ideologie verzichtet hatte, aus der Arbeiter-Partei aus und ging in die Opposition. Zur Opposition gehörten auch die vorwiegend arabischen Kommunisten, die Bürgerrechtspartei und die PLP auf der Linken, die Tehia, Morascha und Kach auf der Rechten.

Besonders die letztgenannte Partei sollte bald Unfrieden in die politische Szene und in das Zusammenleben von Juden und Arabern im Staat bringen. Meir Kahane gab bekannt, daß er in die arabischen Dörfer zu fahren gedenke und dort die Araber zum Verlassen des Landes aufrufen wolle. Sein erster Versuch in dem Großdorf Um el Fachem, das später zur Stadt erklärt wurde mit seinen fast 30 000 Einwohnern, scheiterte kläglich, als er mit einer Handvoll Leute durch die Polizei von den Tausenden Gegendemonstranten, Arabern wie Juden, getrennt werden mußte. Die Juden waren schon einen Tag zuvor ins Dorf gekommen und hatten bei den Arabern eine Herberge gefunden, da am Demonstrationstag das Dorf von der Polizei abgeriegelt wurde. Das Dorf lud seine jüdischen Freunde wiederholt an den nächsten Wochenenden ein. Im Endeffekt hatte Kahane wohl das Gegenteil erreicht.

Das Parlament sah sich aber genötigt, eine ›lex Kahane‹ zu schaffen, und hob die Bewegungsfreiheit, die sonst jedem Parlamentsabgeordneten gewährt werden muß, für Kahane auf.

Zu Beginn des Jahres 1985 wurde die Weltöffentlichkeit von einer spektakulären Aktion tief bewegt, die an die Anfangsjahre nach Staatsgründung zu erinnern schien. Durch eine Indiskretion war vorübergehend die ›Operation Moses‹ zum Stillstand gekommen, die in einer gigantischen Luftbrücke die – nebst allen anderen Bürgern Äthiopiens vom Hunger bedrohte – Gemeinde der schwarzen Juden nach Israel einflog. Die äthiopischen Juden, die sogenannten Falaschen sind das Überbleibsel eines noch im 16. Jahrhundert großen jüdischen Reiches in Äthiopien, das sich auf die Verbindung von König Salomo mit der Königin von Saba berief. Tatsächlich sind die Falaschen eine der ältesten jüdischen Gemeinden der Welt, wahrscheinlich Nachkommen und Missionskinder der Flüchtlinge aus Jerusalem, die auch den Propheten Jeremia mit sich nach Ägypten nahmen und die sich in Papyrusdokumenten aus dem 5. vorchristlichen Jahrhundert, die auf der südlichen Nilinsel Elephantine gefunden wurden, verewigt haben. Sie hatten den Kontakt zum Judentum schon vor der Tempelzerstörung verloren und haben deshalb Bräuche bewahrt, die sonst im Judentum nicht mehr bekannt sind. Seit den 70er Jahren hatten sich die israelischen Regierungen um die Heimführung dieser äthiopischen Brüder bemüht, nachdem der sefardisch orientalische Oberrabbiner die Falaschen als Juden anerkannt hatte.

Über lange und strapaziöse Landrouten von Äthiopien nach dem Sudan, kamen viele, man spricht von Tausenden, durch Hunger und Angriffe der äthiopischen Luftwaffe, durch Soldaten oder räuberische Banditen um. In Israel angekommen wurden die Einwanderer medizinisch versorgt, für das viel kältere Klima eingekleidet und in Auffangszentren und Hotels untergebracht. Wie jede Einwanderung bedeutete auch diese eine Anhäufung von Problemen. Die Eingliederung der Äthiopier sollte sich aber als besonders schwierig erweisen.

Die Regierung Peres hatte zwei Hauptaufgaben zu lösen: das Wirtschaftsproblem und das Libanonproblem. Bei der letzteren hatte Peres zuerst Erfolg. Im Januar 1985 nahm das Kabinett mit den Stimmen der Arbeiterparteiminister, aber auch einiger des Likud einen Rückzugsplan in drei Stufen an, der im Sommer 1985 abgeschlossen wurde. Im Gefolge des israelischen Rückzugs flackerte in den geräumten Gebieten des Libanon der alte Bürgerkrieg zwischen christlichen, moslemischen und drusischen Milizen wieder auf, später zwischen schiitischen und sunitischen, dann zwischen den beiden schiitischen Bewegungen, Amal und Hizbola. Im Norden des Landes bekämpfte eine Splittergruppe der Palästinensischen Befreiungsbewegung PLO-Führer Arafat, der sich mit 4000 Getreuen zum zweiten Mal in kurzer Zeit nur per Schiff ins Ausland retten konnte. Auch die multinationale Friedenstruppe, Amerikaner und Franzosen, verließen nach mehreren, viele Menschenleben fordernden Überfällen das Land. Dies war aber nicht mehr der Krieg der Israelis. Die Israelis behielten lediglich einen ca. 10 km breiten Sicherheitsstreifen im Südlibanon unter ihrer Kontrolle. Dieser wurde mit israelischer Unterstützung und Ausrüstung von der Südlibanesischen Armee beherrscht, die formal ein Teil der libanesischen Armee ist, sich von Beirut aber faktisch unabhängig gemacht hatte.

Einen weiteren Erfolg konnte die Peres-Regierung auf wirtschaftlichen Gebiet erreichen. nach zahlreichen Bemühungen gelang es ihr, die Inflation, die inzwischen auf 400 Prozent angestiegen war, einzudämmen. Nach einer Übereinkunft zwischen Regierung, Gewerkschaft und Arbeitgeberverband wurde im Juli 1985 ein Wirtschaftsabkommen vereinbart, das unter anderem Löhne und Preise für drei Jahre einfror. Die Inflation ging daraufhin schlagartig auf ca. 20 Prozent in den nächsten Jahren zurück. Steigende Arbeitslosigkeit und Probleme in Industrie und Landwirtschaft mußten dafür aber in Kauf genommen werden.

Nach dem Erfolg im Kampf gegen die Inflation und der Räumung des Libanon hatte Peres vor, seine zwei Regierungsjahre mit einem besonderen Höhepunkt abzuschließen, der ihm auch ein Come-back nach Ende der Regierungszeit von Shamir sichern sollte. Dies war nicht mehr und nicht weniger als ein Friedensschluß mit den Palästinensern und den arabischen Nachbarn. Da er sich wie alle seine Vorgänger im Amt vor direkten Verhandlungen mit der PLO fürchtete, verhandelte er mit Jordanien und versuchte Jordanien zu bewegen, Palästinenser in die eigene Friedenskommission aufzunehmen. Ende 1985 reiste Peres nach Marokko und versuchte in einer spektakulären Begegnung mit König Hassan diesen als Vermittler für einen nahöstlichen Frieden zu gewinnen, nachdem die Ägypter die kalte Schulter gezeigt hatten. Im September 1986, einen Monat vor dem Termin der Rotation, gelang es Peres endlich, mit Husni Mubarak in Alexandrien zusammenzutreffen. Durch diese Begegnungen mit den arabischen Staatsmännern wurde Peres klar, daß die Araber nur zu einem Treffen auf internationaler Ebene bereit waren. Um dem Frieden eine Chance zu geben, willigte Peres in eine internationale Konferenz ein oder zumindest in eine Konferenz mit einer internationalen Eröffnungsrunde.

Im Oktober 1986 wurde Peres durch Shamir als Premierminister abgelöst. Als Außenminister versuchte Peres den Gedanken der Friedenskonferenz weiterzuführen. Im April 1987 kam es in London zu einem weiteren spektakulären Treffen mit einem arabischen Staatsoberhaupt, mit König Hussein von Jordanien. Sie unterzeichneten ein Abkommen, eine internationale Friedenskonferenz abzuhalten. Peres, der zum ersten Mal in der israelisch-jordanischen Geschichte einen unterschriebenen Vertrag vorweisen konnte, brachte den Vertrag im Kabinett nicht zur Abstimmung, weil er wußte, daß er dafür keine Mehrheit bekommen würde. In der Folgezeit arbeitete Peres weiter an der Durchführung der Friedenskonferenz, während Shamir alles hintertrieb, was zu einer solchen Konferenz führen konnte unter dem Hinweis, daß das Kabinett Peres nicht mit dieser Aufgabe betraut habe. In den zwei Jahren der Shamirregierung kam der Friedensprozeß so um keinen Schritt weiter. Auch die Amerikaner hielten sich den Plänen von Peres gegenüber neutral, da sie an einer internationalen Konferenz in der Ausgangsphase des Kalten Krieges nicht interessiert waren.

10. Das fünfte Jahrzehnt

Intifada – der Aufstand der Palästinenser

Einundzwanzig Jahre Besetzung hat es bedurft, bis das Fanal zum Volksaufstand gegeben wurde. Nicht, daß die ersten einundzwanzig Jahre ruhig und friedlich verlaufen wären und die palästinensische Bevölkerung sich in den besetzten Gebieten an die neuen Herren, die die jordanischen, beziehungsweise ägyptischen im Gazastreifen ablösten, abgefunden hätten. Die Eroberung der besetzten Gebiete in weniger als einer Woche 1967 hatte die arabische Bevölkerung unter Schock gesetzt, so daß zu Anfang wenig Widerstand in den besetzten Gebieten spürbar wurde. Bald danach, Ende 1967, begann jedoch der Widerstand. Er wurde von den Israelis durch einen gut organisierten Geheimdienst und scharfe militärische Maßnahmen, besonders im Gazastreifen, auf ein für die Israelis durchaus erträgliches Maße reduziert. Durch die Vollbeschäftigung und die verhältnismäßig gut bezahlten Arbeitsmöglichkeiten in Israel arrangierten sich viele Westbankaraber im Laufe der Jahre mit der politischen Lage. In Kreisen junger Intellektueller, wie an der einzigen Westbankuniversität, deren Gründung die Jordanier in der Westbank zugelassen hatten, Bir Zeit, schwelte aber die Flamme des Aufruhrs, so daß die Hochschule von den israelischen Behörden immer wieder geschlossen wurde. Die anderen von den Israelis während der Besetzung zugelassenen Universitätsgründungen, in Hebron, Nablus oder Gaza, verhielten sich in diesem Kampf viel ruhiger.

Besonders ein Problem sorgte für steigende Spannung, die andauernde jüdische Siedlungstätigkeit in den besetzten Gebieten. Hatte es noch vor der Machtübernahme durch den Likud in den besetzten Gebieten mit Ausnahme des Raumes Jerusalem zusammengenommen nur an die 3000 jüdische Siedler gegeben, und dies vorwiegend in arabisch dünn, oder zuvor nicht besiedelten Gebieten, so gab es jetzt, 1987, vor Ausbruch der Intifada bereits 60.000 bis 70.000 jüdische Siedler, gerade auch im Herzen des arabischen Siedlungsbereiches. Wenn auch die Siedler zu jener Zeit nur 8 Prozent der Gesamtbevölkerung in den besetzten Gebieten ausmachten, so verfügten sie doch über 80 Prozent der Wasserquellen dieses Raumes und über einen Großteil der Böden. Im Gazastreifen, einem der dichtbesiedelsten Plätze der Welt, in dem die jüdische Bevölkerung weniger als zwei Prozent ausmachte, war ein Drittel des Gebietes den Neusiedlern vorbehalten. Mit der Intensivierung der Siedlungstätigkeit nahm auch der Widerstand dagegen zu. Hatte es noch Mitte der siebziger Jahre an die 400 bis 500 »feindliche Terrorakte« jährlich gegeben, so waren es Mitte der achtziger Jahre an die 4000. Auch die Angriffe von kleinen palästinensischen Kampfeinheiten aus den benachbarten arabischen Staaten nahmen zu. Neu aber waren sporadische und spontane Überfälle, Messerstechereien, Molotowcocktailangriffe, aber auch Feuerüberfälle in den besetzten Gebieten und im Kernland Israels, die mit keiner der organisierten palästinensischen Gruppen in Zusammenhang gebracht werden konnten. Der Terror individualisierte sich und geriet außer Kontrolle.

Nach der palästinensischen Zählung brach die Intifada, 'Erwachen' auf deutsch, am 9. Dezember 1987 in Gaza los. Auslöser war ein Verkehrsunfall am 8. Dezember gewesen, bei dem ein israelischer Lastwagen mit einem arabischen Taxi auf der Heimfahrt in den Gazastreifen kollidiert war. Vier Palästinenser kamen dabei ums Leben. Die Palästinenser beschuldigten den Lastfahrer, den Verkehrsfall als Racheakt für einen kurz zuvor in Gaza ermordeten Israeli absichtlich verursacht zu haben. Dieser Vorwurf stellte sich später bei einer Polizeiuntersuchung als unbegründet heraus. Der Vorfall zeigt aber, wie geladen die Spannung war. Bei Demonstrationen am 9. Dezember kam ein Palästinenser ums Leben. Die Unruhen griffen auf die Westbank über. Das israelische Militär reagierte ohne einheitlichen Plan. Es dachte, es handele sich wieder um eine der Unruhen, die mit militärischer Strenge zu bewältigen seien. Verteidigungsminister Rabin war bei Ausbruch der Unruhen auf einer Auslandsreise, sah aber keinen Grund, deshalb früher nach Hause zu kommen.

Als dem Aufstand nicht beizukommen war, reagierte das Militär irritiert mit ungewöhnlicher Strenge und immer noch ohne einheitliches Konzept. Die Kommandos wichen voneinander ab und wurden verschieden interpretiert. Das israelische Militär war ausgebildet worden, gegen fremde Heere zu kämpfen, nicht, einen Volksaufstand niederzuschlagen. Die jungen israelischen Soldaten, die kaum älter als die gegen sie mit Steinen, Molotowcocktails, Eisenstangen und Bauquadern kämpfenden palästinensischen Jugendlichen waren, wußten manchmal nicht, wie sie ihr eigenes Leben retten sollten. Der Kampf wurde auf beiden Seiten immer brutaler geführt. In den ersten Monaten der Intifada kamen monatlich Dutzende von Palästinensern ums Leben. Die Revolution wurde dadurch nur angestachelt. Die Ausschreitungen, die in späteren Prozessen gerade gegen Angehörige israelischer Eliteeinheiten geahndet wurden, ereigneten sich in diesen ersten Monaten der Intifada.

Die Intifada hatte viele Auswirkungen: auf die Palästinenser selbst, auf die Israelis, aber auch auf die PLO Führung im Ausland, die von den Ereignissen genauso überrascht war wie die Israelis und die Palästinenser im Land. Die im Land kämpfenden Palästinenser wurden allmählich zu einem wichtigeren Faktor als die Auslands-PLO.

Die Israelis reagierten durchaus unterschiedlich. Während ein Teil der Bevölkerung den Palästinensern gegenüber zu mehr Zugeständnissen bis zur Zubilligung eines eigenen Staates bereit war, verhärtete sich ein anderer Teil der palästinenesischen Frage gegenüber und kam zu dem Schluß, das bei schärferem Durchgreifen von Anfang an die Aufstandsbewegung in sich zusammengebrochen wäre. Zu dem letzteren Lager gehörten besonders die jüdischen Siedlern in den besetzten Gebieten, die das Ausmaß der Intifada am ehesten zu spüren bekamen. Da viele der Meinung waren, das Militär greife nicht genügend hart durch, begannen sie schon in den ersten Monaten zur Selbsthilfe zu greifen und verübten ihrerseits Terrorakte innerhalb der arabischen Bevölkerung, die nach der Meinung vieler Israelis von den israelischen Gerichten nicht immer mit der nötigen Strenge geahndet wurden. Überhaupt ist festzuhalten, daß die israelischen Medien mit größter Kritik und einer unbarmherzigen Berichterstattung gegen Übergriffe in der Bekämpfung der Intifada vorgingen, so daß ein beliebter Autoaufkleber die Aufschrift hatte: »Das Volk ist gegen die feindlichen Medien«.

Je länger die Intifada dauerte, um so mehr stumpfte die breite Öffentlichkeit in Israel dem Geschehen gegenüber ab. Eine größere Verhärtung griff um sich und der Glaube, auch in breiteren Schichten, durch entschiedeneres Eingreifen und Ausschalten der Presse als Zeugen des Geschehens die Intifada beenden zu können. Im Gegensatz zum Libanonkrieg gab es auch keine Massendemonstrationen. Der Libanonkrieg spielte in einem fernen Land, dem man sich durch Rückzug leicht entziehen konnte. Der Intifada, die bald auch in das israelische Hinterland eindrang und durch Messerstechereien, Autobusattentate und Bombenanschläge auch unter der jüdischen Zivilbevölkerung Dutzende von Todesopfern forderte, konnte man schlecht entgehen. Wie die rechten Gruppierungen verzeichnete in dieser Zeit dennoch auch die Friedensbewegung einen Zuwachs. Neue Gruppen entstanden, wie die Bewegung *Das einundzwanzigste Jahr*, die zwar schon einen Monat vor dem Ausbruch der Intifada gegründet worden war, mit ihrem Programm, 21 Jahre Besetzung sind genug, durch die Intifada aber besonderen Auftrieb bekam. Eine Reihe von Frauenfriedensbewegungen entstanden, die bekannteste unter ihnen wurde die Gruppe *Frauen in Schwarz*, die trotz aller Anfeindungen durch Rechtsgruppen jeden Freitag eine Stunde in den Zentren der Großstädte und an großen Kreuzungen von Landstraßen schweigend gegen die Fortsetzung der Besetzung demonstriert.

Der Dachverband Shalom Achshav veranstaltete immer wieder Treffen in verschiedenen arabischen Dörfern und Städten zwischen friedensbereiten Israelis und Palästinensern, die nach einigen Schwierigkeiten, auch Sprachschwierigkeiten, es fertigbrachten, gegenseitiges Vertrauen aufzubauen. Es bildeten sich Nachbarschafts- und Patengruppen, wobei sich Israelis und Palästineser regelmäßig trafen und untereinander austauschten. Manche der ›Nachbarschaftsbesuche‹ – wie Nach-

barn, die gute Freunde im Ausland besuchen und nicht wie
Besetzer im besetzen Land – wurden vom Militär verhindert,
aufgelöst oder verboten. Die Nachbarschaftstreffen machten
in der israelischen Presse besonders während eines Steuerboy-
kotts des christlichen Städtchens Beit Sahur bei Bethlehem
auf sich aufmerksam, als sich im Winter 1989/90 Hunderte
von Israelis mit Palästinensern in den Kirchen von Beit Sahur
trafen, bevor es dem Militär gelang, die nicht genehmigten
Treffen aufzulösen. Die spektakulärste Friedensaktion fand
am 30. Dezember 1989 statt, als Zehntausende Israelis und
Palästinenser unter dem Motto, »das Jahr 1990, ein Jahr des
Friedens« eine lebende Mauer um die Altstadt von Jerusalem
bildeten. Die Demonstration, die streckenweise als ›Happe-
ning‹ gefeiert wurde und zum größten Teil ausgeprochen
friedlich verlief, wurde gegen Schluß an einigen Stellen von
der Polizei gewaltsam gesprengt.
Die stärksten Veränderungen hat die Intifada im palästinensischen Lager hervorgerufen. Eine neue Führerschicht
bildete sich heraus. Kinder und Jugendliche übernahmen die
Straße und verloren jede Angst vor den Besetzern, so daß
auch die Älteren von diesem Virus angesteckt wurden. Eine
weitere Gruppe wurde durch die Intifada bedeutsam, die bisher in der arabischen Gesellschaft nicht viel Einfluß gehabt
hatte, die pästinensischen Frauen. Sie gingen mit den Kindern
auf die Straße und zeigten sich unerschrocken wie diese. Die
alte Führungsschicht, die Männer und die Familienväter, die
bisher für den Unterhalt meistens durch Arbeit in Israel ge-
sorgt hatten und deshalb immer zu Kompromissen und einem
Sich-Abfinden mit der Lage geneigt hatten, hatte nicht mehr
viel zu sagen.
Je länger die Intifada dauerte, um so mehr waren aber auch
ihre Auswüchse nicht mehr zu verkennen und um so bedrük-
kender wurde die Lage der Palästinenser selbst. Die ständigen
Streiks, die selbst auferlegte Verkürzung der Arbeitszeiten im
Geschäftsleben, die häufigen Ausgangssperren und Schließungen der grünen Grenze durch die israelischen Behörden,
führten viele palästinensische Haushalte in den Ruin. Zuge-
sagte Unterstützungsgelder aus dem propalästinensischen

oder arabischen Ausland wurden nicht gezahlt oder konnten
nicht ins Land kommen. Die Intifada selbst veränderte ihr
Gesicht. Ermüdungserscheinungen wurden sichtbar. Die
Volksbewegung wurde allmählich zu einem Kampf jugendli-
cher Gruppen von Vermummten, die sich auch untereinander
befehdeten und die eigene Bevölkerung teilweise mehr be-
drohten als die israelischen Besetzer. Je weniger Palästinenser
durch israelisches Militär umkamen, um so mehr Palästinenser wurden von den eigenen Leuten umgebracht, angeblich als Kollaborateure. in Wirklichkeit handelte es sich häufig um private Fehden und kriminelle Taten. Aufrufe der allgemeinen Aufstandsführung gegen diese Entgleisungen blieben ergebnislos. Die Intifada drohte außer Kontrolle zu geraten. Die palästinensische Bevölkerung begann unter ihrem
Joch zu stöhnen, konnte die gerufenen Geister aber nicht so
leicht loswerden. Immer wieder sorgten israelische unkon-
trollierte Akte für einen erneuten Ausbruch des Intifadafie-
bers, so wie die Wahnsinnstat eines jungen Israelis, der im
Mai 1990 sieben auf den Autobus wartende Araber unweit
von Tel Aviv erschoß, oder das Massaker, das israelische Po-
lizisten und Grenzpolizisten in Panik unter Palästinensern
auf dem Tempelberg am Laubhüttenfest 1990 verursachten,
bei dem 17 Palästinenser ums Leben kamen. Immer, wenn es
so aussah, als habe sich die Intifada innerlich erschöpft, brach
sie mit neuer Gewalt wieder aus. Ende 1991 stand die inoffi-
zielle UNO-Zählung der Palästinenser, die bei Demonstrationen oder Einzelaktionen durch israelische Siedler oder Militärs ums Leben gekommen waren, bei ca. eintausend. Im selben Zeitraum, in den vier ersten Jahren der Intifada, waren
mehr als fünfhundert Palästinenser durch Palästinenser ums
Leben gekommen.

Der Intifada drohten auch in anderer Weise die Zügel aus den
Händen zu gleiten. In der Aufstandsführung hatten sich alle
Kräfte vereint, aber schon im März 1988 trennte sich von ihr
der islamisch fundamentalistische Flügel, ›Hamas‹, die ›Islamische Widerstandsbewegung‹. Diese schlug im Lauf der Zeit
einen unversöhnlichen Kurs ein, besonders nachdem sich die
PLO, die wichtigste Gruppe in der Allgemeinen Aufstands-

führung, zu Verhandlungen mit dem Feind und zu einer Anerkennung Israels bereitfand. Sie gab in der Folgezeit eigene Flugblätter heraus, rief eigene Streiktage aus und wurde in manchen Gebieten, so im Gazastreifen, wichtiger als die PLO-gelenkte Aufstandsführung. Für Hamas gab es nur ein politisches Ziel: die Vernichtung Israels und die Aufrichtung eines fundamentalistischen islamischen Staates nach iranischem Vorbild in Palästina.

Die Intifada und ihre Gegenmaßnahmen haben sich im Laufe der Jahre eingependelt. Die Intifada ist zu schwach, als daß sie den israelischen Staat wirklich zum Einlenken bewegen könnte. Sie hat es erreicht, daß die meisten Israelis, bis auf die Siedler, nicht mehr in die besetzten Gebiete fahren. Andererseits sind das israelische Militär und die Grenzpolizei nicht in der Lage, den palästinensischen Aufstand niederzuknüppeln, jedenfalls nicht mit den mehr oder weniger rechtsstaatlichen Methoden, mit denen sie es bisher versucht. Viele Maßnahmen, die zum Teil noch aus der englischen Mandatszeit stammen, wie Vorbeugehaft, Häuserdemolierungen und Deportationen widersprechen allerdings dem internationalen Recht. Israelische Menschenrechtsorganisationen haben die Behörden auch beschuldigt, folterähnliche Maßnahmen bei Verhören anzuwenden und Geständnisse zu erpressen, was von Regierungskreisen aber bestritten wird. Zweifelsohne führt ein längeres Anhalten der Intifada auf beiden Seiten zu einer Verrohung, zu Verachtung des anderen oder zu Selbstverachtung und zu einer Gefährdung oder zum Verlust der Menschenwürde.

Die Shamir-Regierung

Die Vorbereitungen zu den Vierzig-Jahrfeiern des Staates fielen in die Anfangszeit der Intifada. Das fünfte Jahrzehnt brach an, ohne daß sich die Sicherheit nach innen wie nach außen gefestigt hatte. Ende 1988 ging die Regierungsperiode der Rotationskoalition zuende. Auch der Wahlkampf stand unter dem Einfluß der Intifada. Einen Tag vor der Wahl, am

1.11.88, kamen bei einem Molotowcocktail-Angriff auf einen
Bus, der auf der Route Tiberias – Jerusalem durch die Jorda-
nebene unterwegs war, bei Jericho eine ultraorthodoxe Jüdin
mit ihren zwei Kindern ums Leben, sowie ein Soldat, der versucht hatte, sie und die Kinder zu retten. Politische Beobachter haben dies für einen bestimmten Rechtsrutsch verantwortlich gemacht, den die Wahlen erbrachten. Der Likud ging aus
diesen Wahl mit 40 von 120 Abgeordneten als stärkste Partei
hervor, während die Arbeiterpartei nur 39 Mandate erreichte.
Die eigentlichen Wahlsieger waren aber die religiösen Parteien, besonders die drei nichtzionistischen ultraorthodoxen
Parteien, Shas (6 Abgeordnete), Aguda (5) und die neu gebildete Degel ha-Tora (2), das ›Fähnlein der Tora‹, eine an-
tichassidische Absplitterung der Aguda. Alle orthodoxen Parteien zusammen, einschließlich der zionistischen Nationalre-
ligiösen Partei (5 Mandate), erreichten 18 Abgeordnete, 15
Prozent der Stimmen, soviel wie noch nie zuvor. Die übrigen
Sitze im Parlament verteilten sich wie in der israelischen Par-
lamentsgeschichte schon üblich auf drei Blöcke: rechts vom
Likud, links von der Arbeiterpartei und die sogenannte azo-
nistische Linke. Zum Rechtsblock gehörten die ›Tehia‹ (3
Abgeordnete), ›Tzomet‹ (2) und die »Transfer«-Partei ›Mole-
det‹ (2). Der Linksblock bestand aus der Bürgerrechtspartei
›Ratz‹ (5 Abgeordnete), der ›Mapam‹ (3), die diesmal mit ei-
gener Liste angetreten war, und der Mitte-Partei ›Shinui‹ (2).
Die 'nichtzionistischen' Listen, fast ausschließlich arabische
Listen, bestanden aus den Kommunisten, ›Rakach‹ (4 Abgeordnete), den Progressiven (1) und der arabischen Liste des
ehemaligen Abgeordneten der Arbeiterpartei Derausche (1).
Der Staatspräsident hatte den Kandidaten des Likud, Jizchak
Shamir, als Anführer der stärksten Liste zur Regierungsbil-
dung aufgefordert. Er begann Verhandlungen mit den Religiösen, die sich durch ständig steigende Forderungen wochenlang
hinzogen, bis sich herausstellte, daß sie nicht erfüllbar waren,
wollte der Likud je wieder gewählt werden. Neben der Ver-
schärfung der bestehenden strengen Schabbatgesetze, einer
größeren Unterstützung für die ultraorthodoxen Schulwerke,
war besonders die Forderung nach Änderung des Gesetzes

›Wer ist Jude‹ ein Haupthindernis bei der Bildung einer
rechts-religiösen Regierung. Die Gesetzesänderung sah vor,
dem Paragraphen über die Konvertierung zum Judentum ein
Wort in Hebräisch hinzuzufügen, das ins Deutsche übersetzt
»entsprechend der Halacha«, »entsprechend dem jüdischen
Religionsgesetz«, heißt. Hiermit wären nur die Konvertiten
als Juden anerkannt worden, die nach orthodoxem Ritus zum
Judentum übergetreten sind, und nicht die zahlreichen Konvertiten der beiden anderen, besonders in Amerika stark ver-
tretenen religiösen Zweige des Judentums, der Konservativen
und des Reformjudentums. Diese Gesetzesänderung hätte
also den Bruch mit dem Judentum in der Diaspora bedeutet
und den Ausstoß von Abertausenden, ja Hunderttausenden
Konvertiten, ihren Kindern und Kindeskindern, wie sie die
Mischehensituation in den westlichen Zentren des Judentums
mit sich gebracht hat.

Da die religiösen Forderungen nicht zu erfüllen waren, und
alle Rechtsparteien zusammengenommen für eine Regie-
rungsbildung zu schwach waren, verfiel man schließlich wieder auf das Patent einer großen Koalition, angesichts der
Schwächung des linken Flügels aber diesmal ohne Rotation.
Shamir wurde wieder Ministerpräsident, Peres diesmal Finanzminister und Rabin blieb Verteidigungsminister. Ein Teil
der Religiösen schloß sich der großen Koalition an, um am
großen Geldkuchen nicht unbeteiligt zu sein. Der Rest der
Religiösen folgte später in die Regierung nach. Da sie aber
nicht mehr Zünglein an der Waage waren, konnten sie auch
ihre Forderungen nicht verwirklichen. Der rechte und die beiden Linksblöcke bildeten die Opposition. Da sich die Zusam-
mensetzung der Regierung nicht wesentlich geändert hatte,
blieb es auch in der Regierungspolitik mehr oder weniger
beim alten. Im Grunde genommen hatte sich die alte Pattsi-
tuation erhalten, nur war das Friedenslager innerhalb der Regierung noch schwächer geworden, da die Arbeiterpartei an
Einfluß verloren hatte.

Dies geschah zu einem Zeitpunkt, an dem die Suche nach
Frieden auch in der Weltöffentlichkeit dringender erschien
als je. Die nun schon über ein Jahr alte Intifada hatte die

Unhaltbarkeit des status quo signalisiert. Darüberhinaus gab es auch in der Palästinenser-Diaspora entscheidende Entwicklungen. Auf der Palästina-Nationalrat-Versammlung in Algier im November 1988 hatte sich die Palästinensische Befreiungsbewegung zum ersten Mal in ihrer Geschichte mehrheitlich zu einem gemäßigten Konzept durchgerungen und sich zu einer Anerkennung Israels, wenn auch nur halbherzig, bewegen lassen. Die PLO verzichtete auf ihr Konzept eines profanen Staates in ganz Palästina und erklärte sich mit einem Teilstaat Palästina an der Seite Israels einverstanden. Einundvierzig Jahre zu spät anerkannte das palästinensische Volk die Uno-Erklärung 181 von 1947, die eine Teilung Palästinas in einen jüdischen und arabischen Staat vorgesehen hatte. Durch weitere Zugeständnisse Arafats, in denen er vor allem auf Terror zu verzichten bereit war, gelang es der PLO, vorübergehend von den USA als Verhandlungspartner anerkannt zu werden. In dieser Situation hatte Jizhak Shamir den Eindruck, auch etwas für ein besseres Abschneiden Israels in der Weltmeinung tun zu müssen. So überraschte er die Weltöffentlichkeit mit einer eigenen Friedensiniative, indem er im Mai 1989 die Abhaltung freier Wahlen in den von Israel besetzten Gebieten vorschlug, um so einen palästinensischen Partner zu gewinnen, mit dem Israel eine Friedensregelung aushandeln könne. Gespräche mit der PLO waren für ihn ebenso ausgeschlossen wie sie es zuvor für die Arbeiterpartei gewesen waren. Die Arbeiterpartei hatte auf die jordanische Karte gesetzt, das hieß Einschließung einer palästinensischen Delegation innerhalb der jordanischen. König Hussein hatte diesen Plan im Sommer 1988 dadurch zum Scheitern gebracht, daß sich Jordanien für die Palästinafrage als unzuständig erklärte. Die Trumpfkarte des Likud waren jetzt direkte Gespräche mit einer frei gewählten palästinensischen Führerschaft, die selbstverständlich nicht die PLO repräsentieren durfte. Ausgangsmodell war für Shamir das Camp-David Abkommen, das eine Autonomie für die Palästinenser einräumte, das aber Shamir seinerzeit als Außenminister der Begin-Regierung abgelehnt hatte.

Wohl zu seiner eigenen Überraschung gingen sowohl die Ägypter als auch die Amerikaner mit ihrem neu gewählten Präsidenten George Bush auf seine Vorschläge ein, erweiterten sie aber, Hosni Mubarak zu dem sogenannten 10-Punkte Plan, der amerikanische Außenminister James Baker zu dem 5-Punkte Plan. In beiden Plänen vermochte Shamir seine Friedensvorstellungen aber nicht mehr wiederzuerkennen. Hauptstreitpunkt dieser Zeit war die Beteiligung von Palästinensern aus Ostjerusalem und Exilpalästinensern an den Friedensverhandlungen. Umstritten war auch, in welchem Rahmen eventuelle Gespräche stattfinden sollten. Während Ägypter und Amerikaner eine gewisse internationale Plattform anstrebten, wollte Shamir nur etwas von direkten Gesprächen, separat mit jeder Seite, wissen.

Auf Grund der unnachgiebigen Haltung Shamirs und verschiedener anderer Probleme, die innerhalb der Koalition zwischen dem Likud und einzelnen religiösen Parteien entstanden waren, kam es zu größeren innenpolitischen Auseinandersetzungen zwischen Shamir und Peres, wobei Peres von der Annahme ausging, daß seine Friedensbereitschaft von einem Teil der Religiösen, besonders von der Shas-Partei und dem jugendlichen Innenminister dieser Partei, Arie Deri, getragen würde. In einem Versuch, die große Koalition aufzulösen und eine kleine Koalition mit den Linksparteien und einem Teil der Religiösen zu bilden, verließ er die große Koalition, ohne daß es ihm aber gelang, die Shas-Partei auf seine Seite zu bringen. Ergebnis dieser Manipulationen war eine kleine Koalition des Likud mit den Rechtsparteien und einem Großteil der Religiösen. Israel hatte damit wie noch nie zuvor in seiner Geschichte eine Rechtsregierung mit allen Extremen, die sich in den Fragen der Friedensbereitschaft als besonders schwerfällig erweisen sollte.

Die äthiopische und die sowjetische Einwanderung

In einer Zeit, in der Veränderungen in einem Teil der Welt auch die übrige Welt beeinflusssen, hatten die revolutionären Vorgänge, die sich gegen Ende der achtziger Jahre in der Sowjetunion abzuzeichen begannen, auch auf den Nahen Osten und Israel in seiner Mitte entscheidenden Einfluß. Durch die Befreiung der unter sowjetischer Herrschaft stehenden Ostblockstaaten, veränderte sich die Haltung dieser Staaten zu Israel. Ab 1989 begannen sie nach und nach diplomatische Beziehungen zu Israel anzuknüpfen, die sie zusammen mit der Sowjetunion – mit Ausnahme von Rumänien – 1967 abgebrochen hatten. Sogar die DDR versuchte in den letzten Monaten ihrer Eigenexistenz, noch unter Honecker, die Fühler nach Israel auszustrecken, um dadurch in den Genuß der Begünstigten-Klausel im Handel mit den Vereinigten Staaten zu gelangen. In dem einen Jahr der Übergangszeit zwischen der reform-kommunistischen Regierung bis zur Wiedervereinigung verstärkten sich diese Bemühungen, scheiterten aber endlich an dem Widerstand der Bundesrepublik, die Angst davor hatte, erneut Wiedergutmachungsleistungen zahlen zu müssen für den Teil Deutschlands, der seinerzeit aus den Wiedergutmachungsleistungen bis zu einer eventuellen Wiedervereinigung ausgespart worden war.

Aber nicht nur die Anknüpfung von diplomatischen Beziehungen mit den Ostblockstaaten ist auf die Veränderungen in der Sowjetunion zurückzuführen. Auch andere Staaten in Afrika und der sonstigen Dritten Welt begannen, wieder die abgebrochenen diplomatischen, sowie Handels- und Kulturbeziehungen zum jüdischen Staat aufzunehmen.

Die stärkste Veränderung, die Gorbaschows Glasnost und Perestroika in Israel auslösten, war aber die Anfang 1990 einsetzende Masseneinwanderung aus der Sowjetunion, die immer weniger Beschränkungen unterlag und sich in Ausmaß und Geschwindigkeit mehr oder weniger nach den innerpolitischen Entwicklungen in der Sowjetunion orientierte. Mit dem Wegfallen der kommunistischen Oberaufsicht über die Ostblockstaaten und die Sowjetunion selber, kamen wieder nationale und religiöse Bewegungen zum Vorschein, die auch ihre antisemitischen Züge zeigten. Da angesichts dieser Massenflucht der Juden aus der Sowjetunion fast alle Länder den Auswanderern ihre Tore versperrten, blieb den Juden wieder nur Israel als letzter Zufluchtsort, in dem sie sich notgedrungen so gut wie möglich einzurichten versuchten. Dies zeigt, daß auch in der modernen Geschichte Israel seine alte zionistische Funktion, verfolgten Juden Asyl zu gewähren, nicht eingebüßt hat.

Die Auswanderungsbewegung nahm 1990 von Monat zu Monat zu, begann im Januar mit unter 5 Tausend und endete im Dezember mit 35 Tausend, und dies angesichts der sich zuspitzenden Situation im Nahen Osten durch die Golfkrise. Waren im Jahr 1989 lediglich 24.000 Juden nach Israel eingewandert, davon 16.000 aus der Sowjetunion, so waren es im Jahr 1990 über 200.000, davon fast 190.000 aus der Sowjetunion. Der Golfkrieg und die Schwierigkeiten Israels, die Masseneinwanderung gebührend zu integrieren, schränkten diese Zahlen 1991 leicht ein. Für die nächsten Jahre, je nach Entwicklung der Situation in der Sowjetunion und im Nahen Osten, ist aber mit einer Einwanderung von 1 Million Juden zu rechnen, eine Zahl, die die Bevölkerungszahl Israels in wenigen Jahren um ein Fünftel anschnellen lassen wird – vergleichbar etwa mit der Situation, in der die Bundesrepublik statt einer Wiedervereinigung gezwungen gewesen wäre, die gesamte Bevölkerung der ehemaligen DDR im alten Bundesgebiet aufzunehmen, anzusiedeln und mit Arbeitsplätzen zu versehen.

Ohne Hilfe von außen war und ist eine solche Masseneinwanderung, wie sie seit den Zeiten der ersten Staatsjahre nicht mehr dagewesen ist, nicht zu bewältigen. Ein besonderes Problem stellt die einseitige Berufsschichtung der Einwanderung aus der Sowjetunion dar. Über die Hälfte der Einwanderer hat eine akademische Ausbildung absolviert: 5 Prozent sind Künstler, 11 Prozent Ärzte und medizinisches Personal, 37 Prozent Ingenieure und Techniker, 15 Prozent Lehrer. Ende 1990 lag die Zahl der Ärzte in Israel pro Kopf der Bevölkerung doppelt so hoch wie in der Bundesrepublik. Neueinwanderer waren bereit, alle möglichen Beschäftigungen zu akzeptieren, um nicht erwerbslos zu sein. Trotzdem stieg die Arbeitslosigkeit unaufhörlich, besonders unter den Akademikern. Mitte 1991 waren noch 40 Prozent der während des letzten Jahres Eingewanderten arbeitslos. Die Neueinwanderer machten zu diesem Zeitpunkt 2 Prozent der arbeitenden Bevölkerung aus, aber 15 Prozent der Gesamtheit der Arbeitslosen. Im Oktober 1991 stieg die Arbeitslosenquote insgesamt zum ersten Mal in der Geschichte des Staates auf über 10 Prozent an.

Die größten Schwierigkeiten stellen sich meist erst nach dem ersten Jahr ein, denn für ein Jahr werden die Einwanderer vom Staat unterhalten. Entweder können sie in den Einwanderungszentren unterkommen, wo sie Hebräisch lernen, berufliche Umschulung erfahren und weitgehend versorgt sind, oder sie bekommen eine monatliche Rente im Rahmen der sogenannten ›direkten Integration‹, mit der sie versuchen müssen, auszukommen. In der Regel beträgt die jährliche Unterstützung für eine Familie mit zwei Kindern umgerechnet ca. 20.000 DM.

Zu der Einwanderung aus der Sowjetunion kam im Mai 1991 aus einem ganz anderen Teil der Welt und einem ganz anderem Kulturkreis eine andere Masseneinwanderung. In einer Luftbrücke, dem sogenannten ›Unternehmen Salomo‹, wurden innerhalb von 36 Stunden 15.000 Juden aus dem bürgerkriegsumkämpften Äthiopien eingeflogen, ein neuer Rekord in der an Überraschungen reichen Einwanderungsgeschichte des Landes. Damit befand sich fast die gesamte antike jüdische Gemeinschaft in Israel, die die Beziehungen zum übrigen Judentum schon vor der Tempelzerstörung vor über 1900 Jahren verloren hatte, 40.000 äthiopische Juden, während ca. 3000 Juden zunächst in ihrer Heimat zurückblieben, weil sie nicht rechtzeitig genug aus ihrer vom Bürgerkrieg besonders umtobten Heimatprovinz Gondar im Norden des Landes nach Addis Abeba gebracht werden konnten.

Auch diese Einwanderung war ein indirektes Ergebnis der schwindenden Macht der Sowjetunion, die sich nicht mehr in der Lage sah, ihrem afrikanischen Verbündeten, dem Äthiopier Mengistu Haile Mariam, gegen seine zahlreichen nationalen wie ideologischen Gegner beizustehen. In die Isolierung getrieben, streckte Mengistu erste Fühler in den Westen aus und nahm im November 1989 diplomatische Beziehungen zu Israel auf, wohl auch in der Hoffnung, Militärhilfe von Israel zu erhalten, eine Hoffnung, die die Israelis klugerweise unerfüllt ließen. Für die Freiheit der Juden hatte Israel 35 Millionen Dollar zu zahlen.

Zwischen dem ›Unternehmen Moses‹ 1984 und dem ›Unternehmen Salomo‹ 1991 waren ca. 8.000 bis 10.000 Juden nach Israel gekommen, die meisten seit November 1989. Die langsame und stockende Einwanderung hatte Unwillen unter den in Israel befindlichen Äthiopiern hervorgerufen. Zahlreiche Familien waren durch die verschiedenen Einwanderungswellen getrennt worden. Als nun endlich die Mehrheit der äthiopischen Juden ins Land kam, stellte sich heraus, daß die Probleme dadurch nicht geringer wurden. Viele der Juden aus der Einwanderung 1984/85 waren noch nicht integriert, wohnten gegen die Regel immer noch in den Integrationszentren und waren auch in den Arbeitsprzozeß nicht eingegliedert worden.

Sogar die Anerkennung der äthiopischen Juden als Juden war problematisch. Nur langsam setzte sie sich nach mehreren Demonstrationen beim Oberrabbinat und im Religionsministerium durch. Aber immer noch gab es osteuropäische Kreise, die die Äthiopier nicht als Juden anerkannten und nicht bereit waren, sie in ihren Schulen aufzunehmen, so die große chassidische Bewegung der Chabad. Aber auch das religiöse Establishment forderte »zur Beseitigung jeden Zweifels« vor der Trauung von Äthiopiern ein symbolisches rituelles Bad, das die meisten Äthiopier gezwungenermaßen, wenn auch nicht ohne Murren akzeptierten. Die Kinder der äthiopischen Einwanderer kamen zumeist in die religiösen Staatsschulen, wo sie das normative religiöse Judentum kennenlernten und akzeptierten. Die alten eigenen religiösen Traditionen gerieten in Vergessenheit. Die religiöse Führerschaft, die Kessim, wurden in Israel nicht anerkannt und verloren allmählich ihre Vormachtsstellung und ihr Ansehen. Eine junge, profan

eingestellte Führungsschicht wuchs heran. Durch die Masseneinwanderung 1991 wurde dieser Assimilationsprozeß allerdings vorübergehend aufgehalten.

Durch die Zusammenpferchung von Einwanderern aus der
Sowjetunion und Äthiopiern in Hotels und anderen Not-
quartieren kam es zeitweilig zu ernsten Auseinandersetzungen, bis hin zu Handgreiflichkeiten, so daß die Integrations-
behörden beschlossen, eine gemeinsame Unterbringung abzubrechen. Auf manchen Sektoren kam es zu Benachteiligun-
gen von Kindern der schwarzen Juden, wie zum Beispiel Verweigerung der Aufnahme in private Kindergärten und ähn-
lichem. Vorkommen dieser Art wurden jedoch von Regie-
rungsämter hart geahndet und blieben Ausnahmen, denn die
einheimische Bevölkerung begrüßte die bei ihrer Ankunft
zum Teil halb nackten Äthiopier mit einer ungemeinen Herz-
lichkeit und Offenheit.

Der Golfkrieg und die Suche nach Frieden

All diese Probleme ließ die Einbeziehung Israels in den zweiten Golfkrieg für einen Augenblick vergessen. Für eineinhalb
Monate verschwand Israel wie gelähmt in seinen abgedichte-
ten Räumen, die hin und wieder von irakischen Raketen zerstört wurden, während andernorts gutgemeinte Friedenskundgebungen für Geduld mit dem Diktator Saddam Hussein eintraten. Die absolute Hilflosigkeit war es denn auch, die diesen
Krieg von den übrigen Kriegen unterschied, dem einzigen
Krieg, in dem Israel von Anfang bis Ende passiv blieb und in
dem die Frontlinie nicht in Feindesland verlief und von
Soldaten verteidigt oder vorangetrieben wurde, sondern mitten durch das Herz von Tel Aviv. Anders als sonst war in
diesem Krieg Opfer die Zivilbevölkerung.

Am 14. Januar hatten sich auf dem Vorplatz der Westmauer
des Tempelberges, der sogenannten Klagemauer, 60.000 orthodoxe Juden eingefunden, um für den Frieden zu beten.
Eine solche Menge hatte die heiligste Stätte des Judentums
noch nie zuvor gesehen. In ganz Israel waren Gasmasken an

die Bevölkerung ausgeteilt worden, klare Anweisungen waren ergangen, einen Raum in den Wohnungen abzudichten und alles für einen längeren Aufenthalt in diesem Raum vorzubereiten. Die meisten Ausländer verließen bis zum 15. Januar panikartig das Land, nachdem ihre Regierungen sie dazu aufgefordert hatten. Der Strom jüdischer Flüchtlinge hielt sich in Grenzen und wurde bald übertroffen von dem Rückstrom aus dem Ausland heimkehrender Israelis, besonders in den ersten Kriegstagen.

Am 18. Januar fielen die ersten Scud-Raketen auf Tel Aviv. Bis Ende Februar gingen noch weitere 40 Raketen auf Israel nieder, meistens in der Umgegend Tel Avivs. Der Sachschaden war groß, aber wie durch ein Wunder war die Zahl der Toten und Verletzten gering. Durch direkten Raketeneinschlag kam ein Mensch ums Leben, mehrere starben an Herzschlag und durch falsche Anwendung der Sicherheitsmaßnahmen. Bis zum Ende des Krieges fiel keine Rakete mit einem chemischen Spengkopf.

Die Raketendrohungen führten aber zu einer Lähmung des öffentlichen und geschäftlichen Lebens, besonders zu Beginn des Krieges. In der ersten Zeit verkehrten mit Einbruch der Dunkelheit nicht einmal Autobusse. Die meisten Cafés, Vergnügungsstätten und dergleichen waren geschlossen, die Schulen hatten nach den ersten Raketeneinschlägen auch ihre Tore zugemacht. Viele Eltern, besonders mit Kleinkindern, waren dadurch ans Haus gefesselt. Es war eine Kriegserfahrung, wie sie Israel zuvor noch nicht erlebt hatte.

Viele Bürger verließen den Großraum Tel Aviv und zogen vorübergehend nach Jerusalem, nach Eilat oder sogar zu jüdischen Verwandten in die besetzten Gebiete. Araber in den israelischen Gebieten zeigten sich solidarisch mit ihren jüdischen Mitbürgern und nahmen einen Teil der Flüchtlinge und Ausgebombten auf. Arabische Freiwillige halfen beim Wiederaufbau oder spendeten Blut. Im Gegensatz dazu solidarisierten sich die Palästinenser in den besetzten Gebieten mit Saddam Hussein und bejubelten die Raketenangriffe auf Tel Aviv. Der »Tanz auf den Dächern«, wie die israelische Presse die palästinensische Schadenfreunde bezeichnete, wurde erst dann etwas schwächer, als wohl durch Zielungenauigkeit einige Raketen in den besetzten Gebieten niedergingen, ohne allerdings irgendwelchen Schaden anzurichten. Nach dem Krieg ersetzten die Palästinenser den Jubel durch Trauer. Saddam Hussein war jetzt der Märtyrer, der von einer Übermacht in die Knie gezwungen worden war, weil das Gute in dieser Welt nicht siegen kann.

Die Sympathiekundgebungen der Palästinenser hinderten die israelische Friedensbewegung nicht daran, auch während des Krieges weiter an einem friedlichen Ausgleich mit den Palästinensern festzuhalten. Auf mehreren Friedenskundgebungen kam dies zum Ausdruck. Recht auf Selbstbestimmung sei das natürliche Recht eines jeden Volkes und könne nicht vom Wohlverhalten des Volkes abhängig gemacht werden, sagte Jael Dayan auf einer der Friedenskundgebungen im Februar in Tel Aviv. Im Gegensatz zu den Friedenskundgebungen im Ausland, forderten die israelischen Friedenssucher aber die bedingungslose Vernichtung Saddam Husseins und die Zerstörung des irakischen Kriegspotentials. Alle Friedenskundgebungen waren zugleich auch Protestkundgebungen gegen die in den Augen der israelischen Partner im besten Falle ›naiven‹ Friedensdemonstrationen im Ausland, die die Situation Israels und die Bedrohung, in der es sich befand, nicht verstanden.

Das für viele überraschend plötzliche Kriegsende fiel in Israel mit dem Purimfest zusammen. Religiöse Kreise, die durch den ganzen Krieg hindurch von Wundern und wundersamen Bewahrungen geredet hatten, sahen auch hierin ein Zeichen Gottes. Noch etwas benommen und unsicher feierte Israel die Befreiung und vertauschte mit Freuden die Gasmasken mit den Purimsmasken. Wie ein Spuk war der Krieg plötzlich vorbei. Auch die meisten Verstimmungen, besonders zwischen Deutschland, das das Gas an den Irak geliefert hatte, und Israel, das traumatische Erinnerungen mit deutschem Gas verband, nahmen mit größerem Abstand zu den Ereignissen ab. Israel war wieder einmal einer großen Gefahr entronnen. Andererseits hatte es erneut erfahren, wie bedroht Israels Lage immer noch ist, zumal einige Nachbarn Israels, zum Beispiel

Syrien, ein mindestens ebenso großes Gift- und Kriegsmaterial besitzen wie jenes, das Saddam Hussein teilweise eingebüßt hatte.

Nach dem Krieg, so hatten die Amerikaner versprochen, sollte im Nahen Osten eine neue Weltordnung entstehen, zumindest eine Friedenslösung gefunden werden, die derartige Bedrohungen für die nächste Zukunft ausschließen sollte. Der langsam in Gang kommende Friedensprozeß zeigte aber, daß der zweite Golfkrieg nicht viel verändert hatte und die Fronten zwischen Israel, den arabischen Nachbarn und den Palästinensern nicht aufgeweicht worden waren. Der Friedensprozeß setzte dort wieder ein, wo er bei Ausbruch der Golfkrise im August 1990 eingefroren worden war. Die Palästinenser hatten durch die einseitige Parteinahme für Saddam Hussein in ihrem Ansehen international, aber auch in der arabischen Welt gelitten. Eine Umfrage in den ersten Nachkriegsmonaten in den arabischen Staaten zeigte, daß nur noch eine Minderheit auch in der arabischen Welt für einen politisch unabhängigen Palästinenserstaat eintrat. Bei der Konterrevolution in der Sowjetunion im August 1991 verscherzten sich die Palästinenser noch einmal die Sympathien der Weltöffentlichkeit, als sie spontan für die Putschisten Partei ergriffen. Gorbaschow warfen sie vor, die Sache der Araber, und besonders die der Palästinenser verraten zu haben, weil er den Amerikanern zu viel Macht eingeräumt und vor allem Israel durch die Gestattung der großen jüdischen Masseneinwanderung zu einer Vormachtsstellung im Nahen Osten verholfen habe. Der Golfkrieg hatte eine große Bedrohung von Israel genommen, der Region aber noch nicht den bitter benötigten Frieden beschert.

Bei den Vorbereitungen zu Friedensgesprächen, die den amerikanischen Außenminister James Baker mehrfach in den Nahen Osten brachten, stellten sich Palästineser wie Israelis gleichermaßen schwerfällig und konnten sich nur halbherzig zu einem ›Ja‹ durchringen. Baker hatte den Eindruck, daß der israelische Wohnungsbauminister Arie Sharon jedesmal bei seinem Kommen, sozusaen als Begrüßungsgeste, eine neue Siedlung in den besetzten Gebieten anlegte. Dies war nach einer langen Periode des Siedlungsstopp, zu dem sich die Regierung auf amerikanischen Druck hin durchgerungen hatte, umso auffallender. Die Zahl der Siedler war inzwischen über die 100.000 Marke angestiegen, besonders durch Verstärkung der bereits bestehenden Siedlungen. Die Pläne von Sharon sahen für die nächsten Jahre eine Verdoppelung dieser Zahl vor. Streitpunkt mit den Amerikanern war zeitweise auch die Frage, ob die neuen Wohngebiete Jerusalems in den besetzen Gebieten als besetzte Gebiete zu rechnen seien. Hier wohnten inzwischen über 100.000 Juden. Die Frage war darauf zugespitzt, ob ein Siedlungsverbot für sowjetische Einwanderer, das die Amerikaner für die Zahlung von Darlehen verlangten, auch für Ostjerusalem gelte. In der Verweigerung von Darlehen kam es zu vorübergehenden Spannungen zwischen der amerikanischen und israelischen Regierung.

Hatten sich in der Vergangenheit sowohl Jordanien als auch der Libanon zu Friedensgesprächen mit Israel bereit gefunden, so erreichten es die Amerikaner zum ersten Mal in der Geschichte des Nah-Ost Konflikts auch die Syrer zu Verhandlungen zu bewegen. Dies bedeutete für die Israelis, auch über die Golanhöhen verhandlungsbereit sein zu müssen, die Israel im Gegensatz zu den anderen besetzten Gebieten 1981 annektiert hatte.

Am längsten dauerte die Diskussion um Für und Wider einer Beteiligung von Palästinensern an der Friedenskonferenz. Die Israelis machten deutlich, daß sie nicht bereit seien, mit der PLO-Führung zu verhandeln. Auch Verhandlungen mit einer gesonderten Palästinadelegation lehnten sie ab. Nur im Rahmen einer gemeinsamen palästinensisch-jordanischen Delegation waren Palästineser den Israelis akzeptabel. Trotz dieser schwierigen Ausgangssituation akzeptierten die Palästinenser auf der Nationalratssitzung in Algier Ende September 1991 die amerikanisch-israelischen Bedingungen, besonders auf Druck führender Verhandlungspartner aus der Westbank. Jordanien hatte damit wieder eine stärkere Verantwortung für die Palästinenser übernommen.

Nachdem alle Seiten nach achtmonatigen Verhandlungen positive Signale gegeben hatten, gab sich James Baker auf der gemeinsamen Pressekonferenz mit seinem sowjetischen Kollegen Boris Pankin am 18.10.1991 in Jerusalem, auf der er die Erneuerung der sowjetisch-israelischen diplomatischen Beziehungen und die Einberufung der Friedenskonferenz zwischen Israel, den arabischen Staaten und den Palästinensern ankündigte, hoffnungsvoll, wenn er auch gleichzeitig einräumte, daß ein langer und dorniger Weg auf der Friedenssuche bevorstehe. Wörtlich sagte er:

»Wir sind Zeugen für Neubeginne in anderen Teilen der Welt. Der Verhandlungsprozeß, den wir mit dieser Einladung einzuleiten versuchen, bedeutet eine Hoffnung auf eine neue Ära im Mittleren Osten. Die Hoffnung auf eine Ära, die durch Bereitschaft gekennzeichnet ist und nicht durch Zurückweisung, durch Dialog und nicht Gewalt, durch Zusammenarbeit und nicht durch Konflikt – und die Hoffnung auf eine Ära, die durch Hoffnung selbst gekennzeichnet ist und nicht durch Verzweiflung. Die Einladung bietet den Völkern dieser Region einen gebahnten Weg, die Ära der Konfrontation zu beenden und legt die Basis für eine neue Zukunft: die Straße zum Frieden.«

Offene Fragen – ungelöste Probleme

Nach all den Jahren des zionistischen Siedlungswerkes, nach all den Jahren des Aufbaus in einem unabhängigen Staat, ist eins noch nicht erreicht worden, die Selbstverständlichkeit des Judenstaates inmitten des Orients, seiner angestammten Heimat – eine Selbstverständlichkeit wie die der Staaten in Europa, wie die von England, Frankreich und Deutschland. Ein einziger verlorener Krieg kann all das wieder zunichte machen, was jüdischer Schweiß und Opferwille in hundert Jahren aus dem Nichts geschaffen haben. Aber nicht nur der Feind von außen, die Nachbarn, die immer noch zum größten Teil nicht bereit sind, sich mit der Existenz dieses Staates in ihrer Mitte abzufinden, auch von innen her drohen Probleme den inzwischen erwachsenen Staat zu zerreißen und an den Abgrund seiner Existenz zu bringen.
Israel hat es bisher nicht erreicht, und konnte das angesichts seiner Probleme auch nicht, autark, das heißt unabhängig vom Ausland zu werden. Momentan ist Israel auf die Unterstützungsgelder, besonders aus Amerika, angewiesen, so wie

es in den frühen Jahren der Wiedergutmachungsgelder aus
der Bundesrepublik zu seiner Existenz bedurfte. Solange dieser Staat gezwungen ist, verfolgte Teile seines Volkes aufzunehmen und einzugliedern, wird sich diese Situation nicht
verändern lassen. Auf die Dauer verhindert sie aber eine wirtschaftliche Gesundung des Staates.

Daß Israel nicht nur ein Staat für seine Bürger ist, sondern im
Notfall auch für das jüdische Volk in aller Welt, schafft ein
weiteres Problem, das wenige Staaten in der Welt in diesem
Ausmaß kennen. Israel kann diese Verantwortung aber nicht
abgeben, begründet es doch darauf seine Existenz. Inwiefern
haben nun Juden in aller Welt sich in die internen Angelegenheiten des Judenstaates einzumischen? Und wieviel haben
sie zu seiner Unterstützung auch finanziell beizutragen? Israelis bestreiten Juden, die nach Israel einwandern können, es
aber aus welchen Gründen auch immer nicht tun, das Recht
der Mitsprache. Sie verlangen aber von den Juden in aller
Welt finanzielle Unterstützung, denn einmal kann auch für
sie Israel der einzige schützende Hafen werden. Bei all dieser
Problematik bleibt zu fragen, wieweit sich Diasporajuden und
Israel schon auseinandergelebt haben, und ob man noch von
einem Volk mit einheitlichen Interessen reden kann.

Ein weiteres Problem ist die Integration der einzelnen Ein-
wanderungsschichten zu einem Volk. Israel, ein Staat im
Orient, mit vielen Einwanderern aus dem Morgen- wie
Abendland, was soll daraus werden? Ein Kulturträger und
Vorposten des Abendlandes im Morgenland, der immer ein
Fremdkörper in der Region sein wird? Oder soll sich Israel an
den Orient angleichen und selber ein orientalischer Staat werden? In der vorstaatlichen Geschichte war das jüdische Sied-
lungswesen besonders durch europäische Einwanderungswellen geprägt. Nach der Staatsgründung kamen orientalische Juden, die bald die Mehrheit im Staate darstellten. Mit der Einwanderung aus der Sowjetunion vergrößert sich wieder das
europäisch/westliche Element. Israel hat noch keine Antwort
auf diese Frage gefunden, die eine der schwierigsten ist, weil
Orient und Okzident immer mehr das Verständnis füreinan-
der verlieren. Eine Synthese scheint nicht erreichbar zu sein.

Hier setzt eine noch tiefere Problematik ein, nämlich die zwischen religiöser und profaner Bevölkerung im Staat. Ein Volk wie jedes andere zu werden, wozu?

»Es wäre eine verhängnisvolle Politik, . . . wenn wir darauf hoffen wollten, wie die andern zu sein. Es wäre nicht Wiedergeburt, aber sicherer Tod. Man überdauert nicht Jahrtausende, um in einer kleinen Zeitlichkeit zu versinken.«

So schreibt Robert Raphael Geis, einer der führenden Rabbiner Nachkriegsdeutschlands, der aber selber nicht in Israel eingewandert ist. Die Forderung nach einer Theokratie, zumindest nach einer Herrschaft der Gesetze der Tora, von der Orthodoxie, der Minderheit, vorgetragen, stößt bei der nichtreligiösen Mehrheit auf erbitterten Widerstand.

Wenn die Tora heute auch nicht die Grundlage des Staates ist, so haben die Religiösen doch einige ihrer Forderungen durchsetzen können, weil sie im Kampf der politischen Parteien das Zünglein an der Waage sind. So liegt die Rechtsprechung über Personenstandsfragen, wie Eheschließung, Scheidung, Unterhalt und Bestätigung des Testaments, soweit es sich um Juden handelt, ausschließlich bei den Rabbinatsgerichten. Gegen ein Urteil des Obersten Rabbinatsgerichts kann nicht mehr bei einem Zivilgericht Berufung eingelegt werden. Das Rabbinatsgericht hat allerdings selber keine Exekutive, sondern überträgt diese an die zivilen Behörden, die unter Umständen eine Vollstreckung verweigern können. Auch auf vielen anderen Gebieten konnten sich die Religiösen durchsetzen. So können die Mädchen aus religiösen Gründen den Wehrdienst, zu dem auch Frauen in Israel verpflichtet sind, verweigern, auch sind Schüler von Talmudschulen vom Wehrdienst befreit. Am Sabbat fahren auch keine Autobusse der öffentlichen Verkehrsunternehmen.

Auf Grund dieses Gegensatzes zwischen religiösen und profanen Anforderungen an den Staat, gibt es auch kein Grundgesetz, sondern nur die Unabhängigkeitserklärung, die die Bedeutung eines Grundgesetzes hat. Diese Probleme können nicht einfach nach demokratischen Mehrheitsprinzipien entschieden werden. Der jüdische Staat hat der Staat aller Juden zu sein, auch der religiösen Minderheit. Religiöse wie Nicht-

religiöse sind gleichermaßen vorsichtig, einen ›Kulturkampf‹
heraufzubeschwören, obwohl es in beiden Lagern eine militante Minderheit gibt, die die Konfrontation sucht.
Aber auch innerhalb der Lager, und besonders im religiösen,
sind die Standpunkte sehr verschieden. Im religiösen Lager ist
vor allem die Verbindung zu nationalen Ideen sehr umstritten. Es gibt die streitbare Minderheit der Neture Karta, der
›Wächter der Stadt‹, einige hundert fromme Juden, die den
Staat überhaupt ablehnen, weil er eine Auflehnung gegen
Gott selbst bedeutet. Nach ihrer Meinung wird erst der Messias die Juden befreien; alles andere ist menschlicher Vorgriff
auf die Heilsgeschichte Gottes. Wenn diese Gruppe auch zah-
lenmäßig klein ist, so hat sie doch viele Sympathisanten im
nichtzionistischen religiösen Lager. Auf der anderen Seite gibt
es militante religiöse Gruppen, die zu einem extremen Nationalismus neigen. Kreise der Siedlergruppe ›Gush Emunim‹
gehören dazu, bis hin zu extremen Kleinstgruppen, den ›Getreuen des Tempelberges‹, die die Araber vom Tempelberg
vertreiben und den Dritten Tempel errichten wollen, und
Gruppen des rechten Untergrundes, die bei dem Versuch gefaßt wurden, Kirchen und islamische Heiligtümer, einschließlich der auf dem Tempelberg, in die Luft zu sprengen.
Es ist schwer zu entscheiden, was denn das Hauptproblem des
jüdischen Staates heute ist. Zweifelsohne ist aber seine Existenz oder Nichtexistenz von der Möglichkeit abhängig, zu
einem Frieden mit den Palästinensern und den arabischen
Nachbarn zu kommen. Auch hier spielen religiöse Kompo-
nenten mit hinein. Gewisse religiöse Kreise sagen, kein Stück
des historischen ›Landes Israel‹ dürfe zurückgegeben werden,
weil gerade dieses Land von Gott ausschließlich Israel verheißen worden sei. Seine Rückgabe würde darum eine Ablehnung der göttlichen Gnade bedeuten. Demgegenüber vertreten andere religiöse Kreise die Ansicht, daß Frieden und
die Erhaltung von Menschenleben das höchste göttliche Gebot seien, und man um dieser Ideale willen bereit sein müsse,
Land für Frieden einzutauschen.
Im Brennpunkt aller dieser Fragen steht Jerusalem. 1982 hatte
Israel ganz Jerusalem, Ost und West, zur ewigen Hauptstadt

des Landes ernannt. Jerusalems Bürgermeister Teddy Kollek hatte dies damals mißbilligt und als »bloße, leere Formel« bezeichnet, die der Stadt nur schaden werde. Tatsächlich hatten in der Folge die meisten ausländischen Botschaften Jerusalem verlassen und waren nach Tel Aviv übergesiedelt. Kollek, der sich gegen zahlreiche weitere Schritte der Rechtsregierung, wie die Siedlungspolitik in den besetzten Gebieten, und für die Errichtung eines palästinensischen Staates, ausgesprochen hatte, ist andererseits auch nicht für eine neue Teilung der Stadt Jerusalem und auch nicht für Ostjerusalem als möglichen Regierungssitz eines palästinensischen Staates. 1991 erklärte der gerade achtzig gewordene Bürgermeister nach 25-jähriger Regierungszeit:

»Jerusalem war immer die Hauptstadt von Israel und des jüdischen Volkes und wird es auch ewig bleiben. Und überhaupt, die Araber verwandeln ihre heiligen Städte nicht in politische Hauptstädte. In Saudi-Arabien sind weder Mekka noch Medina Hauptstädte, sondern das Dorf Riad. Jordanien hat 19 Jahre lang über den Ostteil Jerusalem regiert und hat ihn nicht zur Hauptstadt erklärt. Jerusalem ist die Hauptstadt von Israel. Nur von Israel«.

Dies alles sind innerisraelische Diskussionen, die noch keine Lösung gefunden haben, von deren Lösung aber Existenz und Untergang des jungen Staates abhängen kann. Ganz anders ist die Diskussion in der internationalen Beurteilung Israels. Israel gerät immer mehr in eine Isolierung, die nicht allein von Israel abhängig ist, sondern eher die Doppelmoral der Welt gegenüber Israel charakterisiert. Der israelische Dichter Amos Oz, ein Sprecher der israelischen Friedensbewegung, hat das so ausgedrückt:

»Noch immer gibt es viele Menschen, für die Israel entweder ganz oben steht – wie der Fiedler auf dem Dach – oder sonst besser gar nicht existiert. Es gibt sie auf der rechten, wie auf der linken Seite, unter den Tauben wie unter den Falken – vor allem unter den Moralpredigern im Ausland. Manche wollen uns verbieten, was anderen Völkern erlaubt ist: Wir dürfen keine Demonstrationen auflösen, weil man uns einst in Ghettos gesperrt hat. Wir dürfen nicht über ein anderes Volk herrschen, weil wir in den Gaskammern gewesen sind. Muß sich ethischer verhalten, wer in Gaskammern war? ..
Vergleicht man Israel nicht mit den Träumen seiner Gründer, sondern mit den 159 Mitgliedstaaten der Vereinigten Nationen, dann befindet es sich in der rund 30 Länder umfassenden Liga der mehr oder weniger anständigen Staaten, in denen der Bürger seine Regierung in freien Wahlen zum Teufel jagen, über sie schimpfen, den Staatchef parodieren und noch einiges mehr tun kann. Man

darf nicht vergessen, das unter den 100 Staaten, die nach dem Zweiten Weltkrieg – oft als Demokratien – gegründet wurden, heute nur noch einer oder
eineinhalb in diesem sympatischen Klub verblieben sind: Israel und vielleicht
auch in gewissem Umfang Indien. Auf dieser Vergleichsbasis ist Israel sogar ein
moralpolitischer Erfolg.«

Zeittafel

I. Das Exil

70 n. Chr.	Zerstörung Jerusalems und des Tempels
132–135	Aufstand der Juden unter Bar Kochba
395	Beginn der byzantinischen Herrschaft in Palästina
415	Auflösung des jüdischen Patriarchats von Palästina
638	Eroberung Palästinas durch die Araber
1099–1187	Herrschaft der Kreuzfahrer in Palästina
1211	Einwanderung von dreihundert jüdischen Gelehrten nach Palästina
1267	Einwanderung Rabbi Mosche ben Nachmans Aufkommen der Kabbala in Palästina
1492	Vertreibung der Juden aus Spanien
1517	Eroberung Palästinas durch die Türken
1530	Messianische Bewegung des David Reubeni
1540	Messianische Bewegung des Shlomo Molcho
um 1550	Josef Nassis Judenstaatsprojekt
1567	Josef Karos ›Schulchan Aruch‹
1568	Messianische Bewegung des Jizchak Lurja
1621	Einwanderung von Jesaja Horowitz nach Palästina
1666	Messianische Bewegung des Sabbatai Zwi
um 1750	Messianische Bewegung des Jakob Frank Auftreten des Chassidismus
1777	Einwanderung von dreihundert Chassidim nach Palästina

II. Zionistische Geschichte

1833	Aufstand Mohammed Alis in Syrien
1834	Jehuda Alkalays ›Schma Jisrael‹
1838	Judenstaatsprojekt im Blatt des englischen Außenministeriums ›Globe‹
1840	Ritualmordprozeß in Damaskus
1857	Erste Siedlungsgründung vor den Mauern Jerusalems durch Sir Moses Montefiore
1860	Gründung der ›Alliance Israelite Universelle‹
1861	Zwi Kalischers ›Drischat Zion‹
1862	Moses Hess‹ ›Rom und Jerusalem‹
1869	Gründung der zionistischen Zeitschrift ›Haschachar‹
1870	Gründung der landwirtschaftlichen Schule Mikve Jisrael
1871	Peres Smolenskis ›Am Haolam‹
1878	Gründung der ersten landwirtschaftlichen jüdischen Siedlung Petach Tikva in Palästina
1882	Pogrome in Rußland Gründung des zionistischen Vereins ›Chowewe Zion‹ Leo Pinskers ›Autoemanzipation‹ Einwanderung der ›Bilu‹ und Beginn der ersten Alija Gründung von Rishon Lezion
1884	Gründung des zionistischen Vereins ›Esra‹ in Berlin
1889	Achad Haams ›Nicht dies ist der Weg‹
1890	Pogrome in Rußland

1891	Gründung von Chadera
1896	Theodor Herzls ›Judenstaat‹
1897	1. Zionistischer Kongreß und ›Baseler Programm‹
1898	Zusammentreffen Herzls mit Kaiser Wilhelm II.
1901	5. Zionistischer Kongreß und Gründung des Jüdischen Nationalfonds
1901/1902	Verhandlungen Herzls mit Sultan Abdul Hamid II.
1902	Verhandlungen mit England um Zypern und El Arish
1903	Kischinew Pogrom
	Englands Siedlungsangebot in Uganda
1904	Tod Herzls
	Beginn der zweiten Alija
1908	Revolution in der Türkei
1909	Gründung von Tel Aviv
	Gründung des ersten Kibbuzes Degania
1914	Ausbruch des Ersten Weltkrieges
1917	2. November: Balfour-Erklärung
1917/1918	Eroberung Palästinas durch England
1919	Beginn der dritten Alija
1920	Arabische Unruhen
	Erster Hoher Kommissar in Palästina:
	Sir Herbert Samuel
	Haim Weizmann, Präsident der Zionistischen Organisation
1921	Erster Nachkriegskongreß
	Arabische Unruhen
	Heldentod Trumpeldors in Obergaliläa
1922	Ratifizierung des Palästinamandats durch den Völkerbund
1924	Beginn der vierten Alija
1925	Einweihung der Hebräischen Universität
	Neuer Hoher Kommissar: Lord Plumer
1927	Neuer Hoher Kommissar: Sir Chancellor
1929	Bildung der ›Jewish Agency‹
	Arabische Unruhen
1930	Passfield-Weißbuch
1931	Aufhebung des Passfield-Weißbuches
	Sokolow, Präsident der Zionistischen Organisation
	Neuer Hoher Kommissar: Sir Arthur Wauchope
1933	Machtergreifung des Nationalsozialismus in Deutschland
	Einsetzende jüdische Flucht- und Auswanderungsbewegung
1935	Weizmann wieder Präsident der Zionistischen Organisation
1936–1938	Arabische Unruhen
1937	Teilungsplan der Peelkommission
1939	St.James-Konferenz
	Aufhebung der Balfour-Erklärung durch ein Weißbuch
	21. Zionistenkongreß in Genf
	Ausbruch des Zweiten Weltkrieges
1941–1945	Ausrottung von sechs Millionen Juden im deutschen Einflußgebiet
1942	Biltmore-Programm
1944	Bildung der Jüdischen Brigade
1946	Erster Zionistenkongreß nach dem Krieg in Genf
1947	Exodusaffäre

29. November: Beschluß der Teilung Palästinas und der Errichtung eines jüdischen Staates durch die UNO-Vollversammlung
30. November: Beginn des arabisch-jüdischen Krieges
1948   Februar: Eintreffen der ›Arabischen Befreiungsarmee‹ in Palästina

III. Der Staat Israel

1948   14. Mai: Proklamation des Staates Israel und Abzug der britischen Truppen
15. Mai: Kriegserklärung Transjordaniens, Ägyptens, Syriens, des Irak und des Libanon an Israel und Einfall der feindlichen Truppen
11. Juni: Erster Waffenstillstand
9. Juli: Beginn erneuter Feindseligkeiten durch die Araber
18. Juli: Zweiter Waffenstillstand
1949   24. Februar: Waffenstillstandsabkommen mit Ägypten
23. März: Waffenstillstandsabkommen mit dem Libanon
3. April: Waffenstillstandsabkommen mit Jordanien
11. Mai: Aufnahme Israels in die UNO
20. Juli: Waffenstillstandsabkommen mit Syrien
1952   10. September: Reparationsabkommen mit der Bundesrepublik
1956   29. Oktober: Beginn der Sinai-Aktion
1965   Diplomatische Beziehungen zur Bundesrepublik
1967   5. Juni: Ausbruch des Sechs-Tage-Krieges
22. November: Resolution des Sicherheitsrates der UNO Nr. 242
1969   Golda Meir wird Ministerpräsidentin
1970   Feuereinstellungsabkommen am Sueskanal
Vertreibung der PLO aus Jordanien
Tod Nassers
1971   Demonstrationen der ›Schwarzen Panther‹
Beginn der Einwanderung der sowjetischen Juden
1972   Terroranschläge in Lod und in München bei den olympischen Spielen
Ausweisung der sowjetischen Militärberater aus Ägypten
1973   6. Oktober: Ausbruch des Jom-Kippur-Krieges
1974   Entflechtungsabkommen mit Ägypten und Syrien
Jizchak Rabin wird Ministerpräsident
Arafats Rede vor der UNO
1977   17. Mai: Menachem Begin wird Ministerpräsident
19. November: Friedensbesuch Sadats in Jerusalem
1978   März: Israelische Invasion im Südlibanon
17. September: Camp-David-Abkommen
1979   26. März: Unterzeichnung des Friedensvertrages mit Ägypten
1979–1982   Rückzug Israels aus dem Sinai
1982   6. Juni: Ausbruch des Libanon-Krieges
September: Arabisches Gipfeltreffen in Fez
1984   Shimon Peres wird Ministerpräsident
Dezember: Erste Einwanderungswelle äthiopischer Juden
1985   Israelische Räumung des Libanon
Juli: Ende der hohen Inflationsrate
1986   Jizchak Shamir wird Ministerpräsident

1987	9. Dezember: Ausbruch des palästinensischen Aufstandes
1988	1. November: Likudwahlsieg
	15. November: Zweistaatenplan der PLO
1989	Mai: Friedensplan von Jizchak Shamir
1990	Beginn der Masseneinwanderung aus der Sowjetunion
1991	Zweiter Golfkrieg
	Zweite Einwanderungswelle äthiopischer Juden
	Wiederherstellung diplomatischer Beziehungen mit der Sowjetunion
	Beginn der Friedenskonferenz

Namensregister

Orts- und Länderregister

Quellennachweis

S. 11: E. Bloch: Das Prinzip Hoffnung. Band II. Berlin 1955, S. 176
S. 15: Sidur Sefat Emet. Übersetzt von S. Bamberger. Basel 1960, S. 43f
S. 16: The historical connection of the Jewish people with Palestine. Memorandum submitted to the Palestine Royal Commission on behalf of the Jewish Agency for Palestine. Jerusalem 1938, S. 16
S. 18: ebd., S. 20
S. 18: General Council (Waad Leumi) of the Jewish community of Palestine: Historical Memoranda. Jerusalem 1947, S. 94
S. 19: M. Buber: Israel und Palästina. Zürich 1950, S. 127
S. 20: A. Böhm: Die Zionistische Bewegung. Bd. I, Tel Aviv 1935, S. 66f
S. 22: M. Hess: Rom und Jerusalem. Leipzig 1862, S. 29f
S. 22f: Böhm I, S. 93f
S. 26f: L. Pinsker: Autoemanzipation. Berlin 1882, S. 4; 7; 11; 15
S. 30: Böhm I, S. 106 u. 112
S. 32: M. Smilansky: Hadera. Tel Aviv 1935, S. 38
S. 35: Böhm I, S. 130
S. 35: H. Bergmann. In: Jüdische Rundschau 1926, S. 432
S. 36: H. Bergmann: Jawne und Jerusalem. Berlin 1919, S.42
S. 36: Böhm I, S. 148
S. 39: Th. Herzl: Der Judenstaat. Leipzig / Wien 1896, S. 85f
S. 40: Böhm I, S. 173
S. 41: Zionisten-Congreß in Basel. Officielles Protokoll. Wien 1898, S. 114 u. 119
S. 42: Theodor Herzl's Tagebücher. Band II, Berlin 1923, S. 24
S. 43: ebd., S. 181f
S. 44: B. Fürst v. Bülow: Denkwürdigkeiten. Band I, Berlin 1930, S. 254
S. 45: Böhm I, S. 183
S. 47: Stenographisches Protocoll der Verhandlungen des VI. Zionisten-Kongresses in Basel. Wien 1903, S. 216 u. 219
S. 48: ebd., S. 8; 71 u. 340
S. 49: R. Weltsch: Theodor Herzl und wir. In: Vom Judentum. Leipzig 1913, S. 165
S. 52: Böhm I, S. 400
S. 53: ebd., S. 245
S. 53: ebd., S. 253
S. 54: D. Ben Gurion: Jüdische Arbeit. Tel Aviv 1933, S. 86
S. 54: Böhm I, S. 370
S. 55: V. Ch. Arlosoroff: Über das neue Leben. In: Land und Arbeit. Berlin 1918, S. 14
S. 55: A. Böhm: Die Zionistische Bewegung. Band II, Jerusalem 1937, S. 75
S. 56: Böhm I, S. 553
S. 56: A. D. Gordon: Briefe aus Palästina. Berlin 1919, S. 14
S. 56: ebd., S. 13
S. 57: M. Buber: Die Eroberung Palästinas. In: Land und Arbeit. Berlin1918, S. 8
S. 59: A. Ruppin: Die Landwirtschaftliche Kolonisation der zionistischen Organisation in Palästina. Berlin 1925, S. 129

S. 60:   F. Oppenheimer: Genossenschaftliche Kolonisation in Palästina. Köln
          1915, S. 3
S. 65:   B. Klar: Chajim Nachman Bialik. Wien 1936, S. 234
S. 71:   Böhm I, S. 667f
S. 71:   ebd., S. 670
S. 73:   Ch. Weizmann: Memoiren, das Werden des Staates Israel. Zürich 1953,
          S. 350f
S. 74:   ebd., S. 363f
S. 76:   C. Steuernagel: Die politische und wirtschaftliche Entwicklung Palä-
          stinas. In: Zeitschrift des deutschen Palästina-Vereins. 1925, S. 409
S. 77:   Böhm II, S. 67
S. 78f: H. B. Samuel: Unholy memories of the Holy Land. London 1930,
          S. 65f
S. 81:   Weizmann, Memoiren. S. 409
S. 83:   Böhm II, S. 50
S. 83:   Hechalutz (Herausgeber): Tel Chaj. Berlin 1934, S. 7
S. 83:   Jisrael, Volk und Land. Berlin 1935, S. 338
S. 85:   Böhm II, S. 242
S. 86:   Weizmann, Memoiren. S. 422 u. 431
S. 88:   Böhm II, S. 424
S. 90:   Weizmann, Memoiren. S. 472
S. 90:   Flugschrift der Hebräischen Universität. Jerusalem 1939
S. 91:   M. Y. Gavriel: Israel, Wiedergeburt eines Staates. München 1957,
          S. 66f
S. 93:   The Historical Connection. S. 38
S. 94:   Weizmann: Memoiren. S. 445f
S. 94:   E. Simon: Chajim Nachman Bialik. Berlin 1936, S. 132
S. 95:   Böhm II, S. 302
S. 95:   M. Buber: Der heilige Weg. Frankfurt a.M. 1919, S. 18f u. 23
S. 96:   Der XII. Zionistenkongreß (Protokoll). Berlin 1922, S. 47
S. 96:   M. Buber: Kampf um Israel. Berlin 1933, S. 423
S. 97:   Jüdische Rundschau vom 4.4.1933
S. 97:   A. Wiener: Kritische Reise durch Palästina. Berlin 1927, S. 117f
S. 99:   Qu. Reynolds: Adolf Eichmann. Konstanz / Stuttgart 1961, S. 76
S. 100:   Weizmann, Memoiren. S. 563f
S. 101:   ebd., S. 584
S. 105:   W. Scheffler: Die Nationalsozialistische Judenpolitik. Berlin 1960,
          S. 28
S. 113:   H. J. Reinowski: Heimat, Pflugschar, Schwert und Brücke. Darmstadt
          1960, S. 302
S. 115:   Ben Gavriel, S. 67
S. 118:   O. J. Janowsky: Foundation of Israel. Princeton 1959, S. 168
S. 119:   Israel Mission (Herausgeber): Arabische Boykott-Politik. Köln ohne
          Jahr, S. 13
S. 121:   D. Joseph: Die Belagerung von Jerusalem 1948. Frankfurt a.M. 1962,
          S. 128
S. 122ff: Das Israel Buch. Köln 1960, S. 7ff
S. 126:   Ch. Sykes: Kreuzwege nach Israel. München 1967, S. 387
S. 126:   Zur Zahl der Opfer von Deir Jassin vgl. Shaif Knaani / Jihad Zitaui:
          Deir Jassin. Bir Zeit und Ha-aretz vom 11.9.1991
S. 129:   Ben Gavriel, S. 76f
S. 132:   Encyclopedia Judaica (engl), Band 9, S. 374

S. 133ff: Keren Hajesod (Herausgeber): The Exodus from Yemen. Jerusalem 1950. Abschnitt: On Eagles' Wings
S. 140: Israel Informations-Dienst, Nr. 51, S. 11
S. 141: Jediot Chadaschot vom 29.12.1961
S. 141: Israel Informations-Dienst, Nr. 50, S. 7
S. 144: Israel-Africa. A story of cooperation. Jerusalem 1962
S. 151: History from 1880. Jerusalem 1973, S. 197
S. 151: A. Eban: Dies ist mein Volk. München / Zürich 1974, S. 406f
S. 162: R. Halabi: Die Westbank Story. Athenäum 1981, S. 75
S. 163: H. Jendges: Der israelisch-arabische Konflikt. Bonn 1981
S. 164: ebd.
S. 164: ebd.
S. 166: ebd., S. 50
S. 204: eigener Mitschnitt am 18.11.1991
S. 205: G. Jaspers: Wandlungen im Judentum. Stuttgart 1954, S. 37
S. 207: Semit 3/91, S. 23
S. 207: Susann Heenen-Wolff: Erez Palästina. Frankfurt/M 1990, S.242f

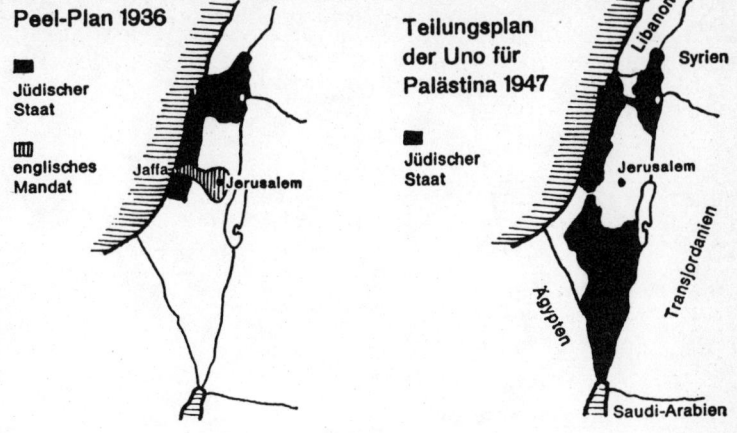

Peel-Plan 1936

■ Jüdischer Staat

▥ englisches Mandat

Jaffa Jerusalem

Teilungsplan der Uno für Palästina 1947

■ Jüdischer Staat

Libanon
Syrien
Jerusalem
Ägypten
Transjordanien
Saudi-Arabien

Palästina 1949

■ Israel

Jerusalem

Israel und besetzte Gebiete nach 1967

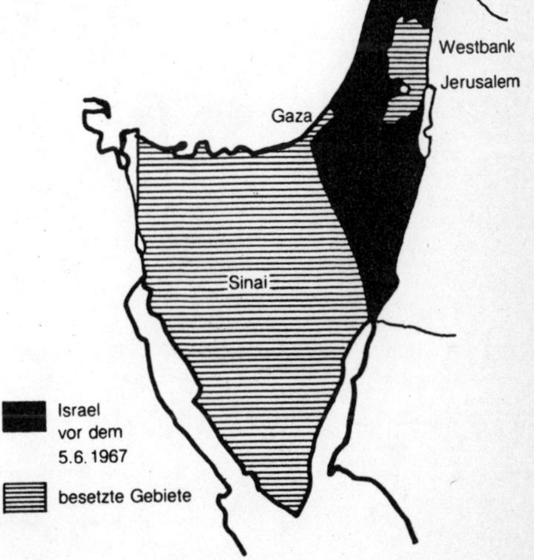

Golan
Westbank
Jerusalem
Gaza
Sinai

■ Israel vor dem 5.6.1967

▤ besetzte Gebiete

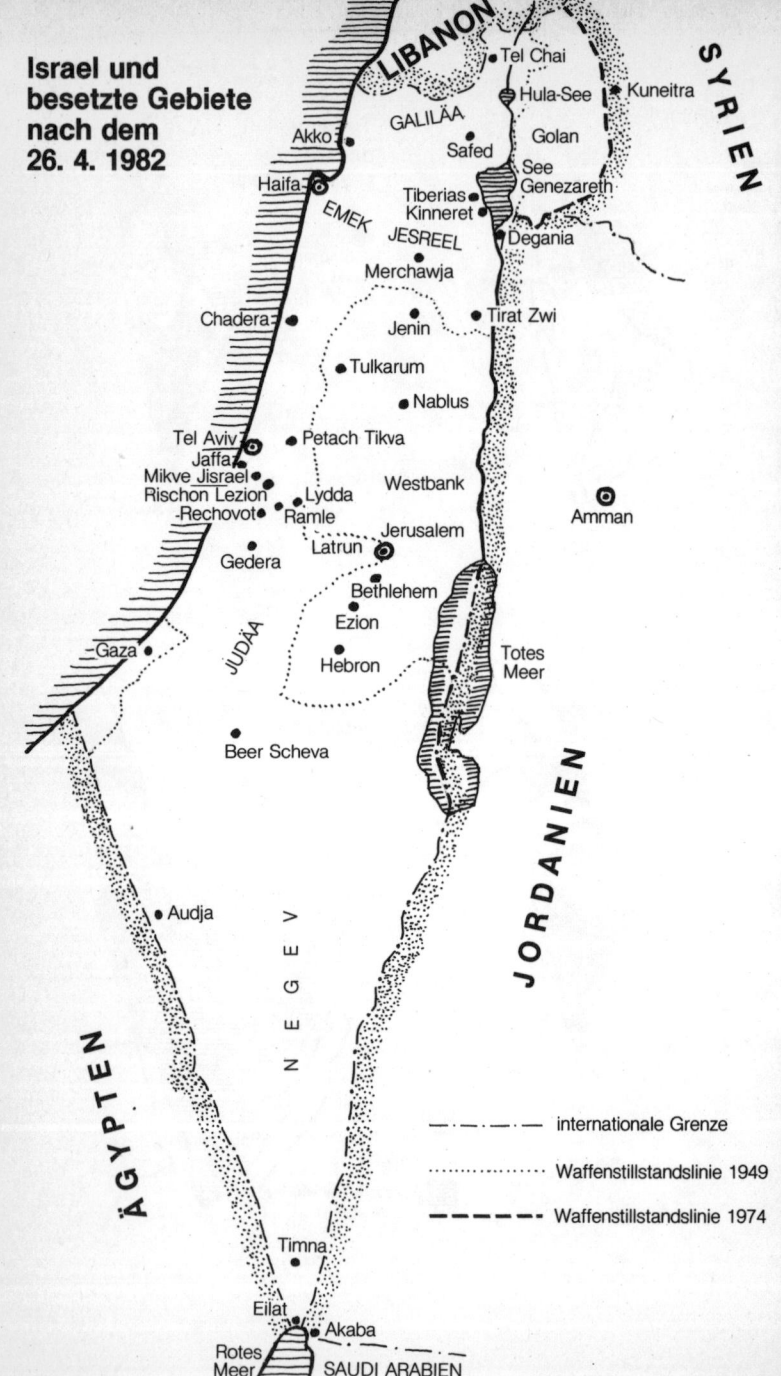

**Israel und
besetzte Gebiete
nach dem
26. 4. 1982**

LIBANON

SYRIEN

Tel Chai

Hula-See

Kuneitra

GALILÄA

Akko

Golan

Safed

See
Genezareth

Haifa

EMEK

Tiberias

Kinneret

Degania

JESREEL

Merchawja

Chadera

Jenin

Tirat Zwi

Tulkarum

Nablus

Tel Aviv

Petach Tikva

Jaffa

Mikve Jisrael

Rischon Lezion

Lydda

Westbank

Rechovot

Ramle

Jerusalem

Amman

Gedera

Latrun

Bethlehem

Ezion

Gaza

JUDÄA

Hebron

Totes
Meer

Beer Scheva

JORDANIEN

Audja

N E G E V

ÄGYPTEN

Timna

Eilat

Akaba

Rotes
Meer

SAUDI ARABIEN

internationale Grenze

Waffenstillstandslinie 1949

Waffenstillstandslinie 1974